新时代 北京卷
教育文库

北京航空航天大学实验学校中学部

逐梦星空　筑梦北航

吴鹏程◎主编

中国言实出版社

图书在版编目(CIP)数据

逐梦星空　筑梦北航 / 吴鹏程主编. -- 北京：中国言实出版社，2022.12

（新时代教育文库.北京卷）

ISBN 978-7-5171-4350-5

Ⅰ.①逐… Ⅱ.①吴… Ⅲ.①中学教育—北京—文集

Ⅳ.①G63-53

中国国家版本馆CIP数据核字（2023）第006632号

逐梦星空　筑梦北航

责任编辑：张　丽

责任校对：王战星

出版发行：中国言实出版社

地　　址：北京市朝阳区北苑路180号加利大厦5号楼105室

邮　　编：100101

编辑部：北京市海淀区花园路6号院B座6层

邮　　编：100088

电　　话：010-64924853（总编室）　　010-64924716（发行部）

网　　址：www.zgyscbs.cn　　电子邮箱：zgyscbs@263.net

经　　销：新华书店

印　　刷：北京虎彩文化传播有限公司

版　　次：2023年1月第1版　　2023年1月第1次印刷

规　　格：710毫米×1000毫米　　1/16　　19.25印张

字　　数：330千字

定　　价：89.00元

书　　号：ISBN 978-7-5171-4350-5

文库编委会

主　任：顾明远

编　委：（以下按姓氏笔画排序）

尹后庆　代蕊华　朱卫国　朱旭东

李　烈　李有毅　吴颖民　陈如平

罗　洁　姚　炜　唐江澎　韩　平

褚宏启

本书编委会

主　编：吴鹏程

副主编：宿　霞　沈　莉　孙　英

　　　　杨兆元　吴　红

编　委：（以下按姓氏笔画排序）

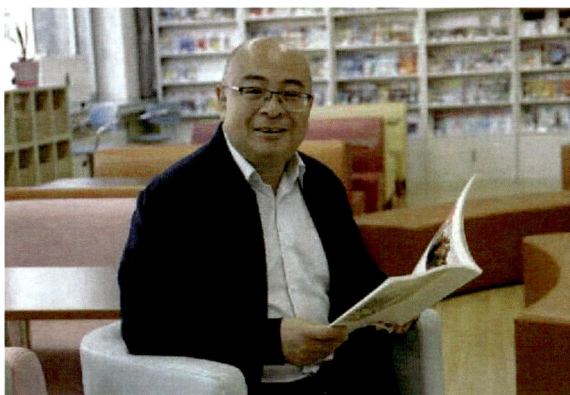

本书主编简介

吴鹏程，北京航空航天大学实验学校校长、党委副书记。北京市中小学先进基层党组织的领头人，学校特色办学的探索者，九年一贯办学模式的践行者。秉持"星空教育观"的教育理念，聚焦立德树人的育人目标，关注师生发展的多元需求，在探索以科技教育为特色的大学中学联动育人模式方面卓有建树。多篇文章在各级各类刊物发表，主持市、区级多项课题，获北京市基础教育教学成果二等奖。获得海淀区"育人先进个人"、"好书记、好校长"、"德育工作带头人"，北航"优秀共产党员"等荣誉称号。

总　序

　　党的二十大报告中指出，"高质量发展是全面建设社会主义现代化国家的首要任务"、"教育、科技、人才是全面建设社会主义现代化国家的基础性、战略性支撑。必须坚持科技是第一生产力、人才是第一资源、创新是第一动力，深入实施科教兴国战略、人才强国战略、创新驱动发展战略，开辟发展新领域新赛道，不断塑造发展新动能新优势"。为深刻领会以习近平同志为核心的党中央作出这一战略部署的深义和赋予教育的新使命新任务，加快建设教育强国，加快推进教育高质量发展，展示新时代我国基础教育的发展变革和取得的重大成就，中国言实出版社策划、出版了"新时代教育文库"丛书。

　　进入新时代以来，教育系统全面贯彻党的教育方针，落实立德树人根本任务，培养德智体美劳全面发展的社会主义建设者和接班人；促进教育公平、提升教育质量，加快推进教育现代化，办好人民满意的教育。教育的中国特色更加鲜明，教育面貌正在发生格局性变化。新时代以来，我国教育普及水平实现了历史性跨越，更好地保障了人民受教育的机会；教育服务能力稳步提升，为国家重大战略实施和经济社会发展提供了强大的人才和智力支撑；教育改革开放持续深化，服务全民终身学习的教育体系进一步完善。"新时代教育文库"丛书记录了、见证了基础教育事业的发展变革，对研究我国基础教育具有一定的史料价值。

　　本丛书选题视野开阔，立意深远。丛书以地区分卷，入选学校办学特色鲜明、教学教研成果突出，既收录了办学者、管理者高水平的理论研究创新成果，也收录了一线教师对课堂教学的真实感悟案例，收录了一线管理者的成功经验总结，这些，对基础教育工作者、研究者具有一定的参考价值。

是为序。

著名教育家，中国教育学会名誉会长、北京师范大学资深教授

2022 年 12 月

仰望星空　脚踏实地

北京航空航天大学实验学校校长　吴鹏程

哲学家康德曾说过，在这世界上最令他敬畏的有两件东西：一件是头顶上灿烂的星空，一件是内心深处崇高的道德。作为一名教育工作者，我认为：星空，代表未知世界的至真，要探求不息；道德，诠释精神世界的至善，要追寻不止。我也把这种理解和感悟融入我的教育工作中。在组织的信任和关怀下，带着对教育的思考和积淀，2007 年，我离开了工作 11 年的人大附中来到北航实验学校，开启一段新的逐梦旅程。如何将人大附中的办学经验和北航的文化底蕴相融合，带动北航实验学校进入发展的快车道，是我职业生涯面临的又一重大命题。

在多年的办学实践中，我认识到：育人为本、提升质量是教育事业发展的主题，更是我们教育教学工作的出发点和落脚点。而注重内涵式发展，则是学校提高教育质量的必经之路。近年来，面对深化教育领域综合改革和招生考试制度改革带来的机遇和挑战，北航实验学校进一步依托大学资源，深化与人大附中的合作共建，扩大办学规模，不断规范科学管理体系，发展科技特色，走上了一条内涵式发展道路。

一、以"星空教育观"指引学校办学使命

北京航空航天大学实验学校（简称北航实验学校）创建于 20 世纪 50 年代，是北京航空航天大学的二级单位，隶属于工业和信息化部。学校坐落在大学校园内，浸润在大学浓郁的书院气息和航空航天的高科技氛围中，教育资源丰富，为

教师的发展和学生的成长创造了良好的条件。在综合分析学校办学历史、办学资源、办学优势、办学特色、师情生情等因素的基础上，我们不断探索实践、挖掘提炼，形成了北航实验学校颇具航空底蕴和文化特色的"星空教育观"。

"星空教育观"强调的是对每一位学生的尊重与关注，让每一位学生都能够在璀璨无垠的星空下，自由快乐地成长，成为星空中的闪亮之星，成就最好的自己。教育不同于其他的事业，它所面对的是成长中的、有差异性的生命个体。正如苏霍姆林斯基所说："世界上没有才能的人是没有的，问题在于教育者要去发现每一位学生的禀赋、兴趣、爱好和特长，为他们的表现和发展提供充分的条件和正确的引导。"仰望星空，繁星璀璨，每一个看似平凡而普通的人，只要找到适合自己的成长方向，并拥有足够的发展空间，付出足够的努力，就能够成为浩瀚星空中的一颗闪亮之星，绽放属于自己的灿烂光芒。"星空教育观"既是对有教无类、因材施教等经典教育理念的深度解读与诠释，又是立足学校自身特色和优势、推进立德树人工作的重要探索与实践。

在"星空教育观"的引领下，北航实验学校提出了"成为'STAR（闪耀）'的实验学校"的办学目标，努力建成以师生发展为根本，以科技教育为特色，以大中小联动育人为模式，与北京航空航天大学同步发展的基础教育品牌学校，成为首都基础教育领域中的一颗闪耀之星。同时提出"成就'STAR（闪耀）'的实验学校人"的育人目标，则聚焦学生发展核心素养，努力把学生培养成具有丰厚人文底蕴、乐于探求科学真知、心怀家国天下的社会主义建设者和接班人，让学生在多元发展的生态校园中自信、阳光地成长，成为一颗颗闪烁着独特光芒的闪亮之星。

学校紧紧围绕"星空教育观"，外显的人文景观、自然景观，布局合理，环境氛围静心灵；内隐的文化建设，充分利用宣传橱窗、壁报、板报，布置以爱国荣校、文明教育等为主题的宣传画、手抄报，解读中小学生行为规范、社会主义核心价值观、抗疫精神、伟大建党精神等内容，让每一面墙壁会说话，外显于形，内化于心，彰显"星空教育观"。校园学习节、体育节、科技节、艺术节及五四青年节、成人仪式等主题教育、社区志愿服务等已成为学校的品牌，学生们在实践中乐学悦动、探索未知。

二、用"航天精神"打造高质量教师队伍

（一）将载人航天精神作为做人做事的核心价值追求

学校提出"师德为先、视野开阔、学术精良、守正创新"的教师专业发展目标，打造"充分依托北航等大学特色资源，以实践为导向优化学科研修模式"的校本研修特色。形成了老、中、青骨干教师结构比例合理，具有深厚的专业功底、丰富的实践经验、良好的研究能力的优秀教师队伍，形成了精诚合作、勤于思考、勇于创新的教风。

（二）以课题研究为载体促进教师专业发展

引导教师以创新方法为途径，研究、解决教育教学发展中遇到的实际问题，回归教育初心、探寻育人规律，不断提升教育教学质量。近5年来，老师们以教师成长共同体和教研组方式全员参与课题研究，开展北京市科学规划课题6项、海淀区科学规划课题36项，全国课题子课题、市区学会级课题、市区群体课题若干，课题研究内容涉及学校科技特色发展、创新人才培养模式、教师专业素养提升、学习科学素养提高、作业与命题的研究、学科实践活动设计、教学方式优化、STEM教育等多个维度。部分成果获北京市基础教育教学成果奖二等奖、海淀区"十三五"优秀教育科研成果一等奖，论文成果多次被《北京教育》、《创新人才研究》、《教育》等刊物发表。

（三）以丰富多样的教科研活动为教师搭建学习和发展的平台

学校每年暑期举办的全员培训和寒假举办的教科研年会至今已召开了15届，提升了全体教师对学校"星空教育观"和学校文化的认同，通过专家讲座、互动交流等形式提高教师的专业水平和研究能力。同时充分利用北航等高校和科研院所优质资源，组成以教研组、"青蓝工程"、"青年教师教研沙龙"、"骨干教师教研沙龙"、"班主任工作坊"、"专题研究共同体"等多层级教师学习共同体，为教师相互学习和发展搭建平台，形成教学研究与课题研究相结合的学术氛围，以团队共研促进教师专业发展。

（四）引导教师关注课堂教学的研究

课堂是教学实践的主阵地，学校带领教师聚焦"教与学方式"的改进。在高

中新课程改革以及海淀区"双新"示范区建设背景下，老师们通过对项目式学习和"深度学习"的主动探索，关注教学改进的策略和方法，以核心素养为导向，以知识为载体，以有效问题情境为媒介，不断创新教学设计，深化基于情境和问题导向的教与学方式变革，有效促进学生学科关键能力的发展，努力构建"智慧课堂"。

三、"'五育'并举"助力学生全面发展

如何让校园充满生机和活力，成为小而精的生态校园，我们一直用脚踏实地的行动来回答，将立德树人根本任务细化在学校的每一项工作中。

（一）"星空课程"体系构筑学生成长跑道

学校根据办学基础、特色优势、发展方向制订具体的课程实施规划，坚持以课程为核心构建学校特色发展模式，进一步提高教师课程育人能力，优化核心素养导向下的课程体系。学校课程建设关注学生需求、聚焦核心素养，形成"基础课程"、"拓展课程"、"特长课程"三层级"星空课程"体系。在将国家课程进行高质量校本化实施的基础上，针对不同阶段学生的身心特点，设置不同的课程目标；注重小初高衔接，通过对学生心理特点和发展规律的深入了解，因势利导，相互渗透，帮助学生顺利完成小初高的过渡。同时，学校还开设了丰富的校本选修课程，包括科学与技术、人文与社会、体育与健康、艺术与审美四大类。各类课程，充分利用大学的科技教育资源，深受学生的喜爱。在海淀区首届中学课程方案评选中，高中课程方案获得海淀区一等奖，初中课程方案获得海淀区二等奖。

（二）特色体育项目培养专业体育人才

学校高度重视体育工作，坚持以排球、羽毛球、乒乓球为体育特色，是全国青少年校园排球特色学校、奥林匹克基地筹备校。羽毛球和乒乓球项目是北京市体育传统项目校。排球队在北京市体育传统项目学校排球比赛中进入前三名，乒乓球队和羽毛球队在北京市运动会中屡获团体和个人冠军，为高校输送了一批又一批体育人才。探索出了一条"小学培养兴趣，中学渗透竞技，大学向着专业化发展"的"大中小学联动"发展模式。

（三）传统文化艺术涵养学生审美素养

学校有着良好的艺术教育传统，以"感知真美，陶冶情趣，提升素养，浸润心灵"为引领，致力于学生审美能力的提升。2016年国家级非遗项目"十竹斋木版水印"进校园，我校是海淀区第一批"非遗进校园示范校"；星艺画星社曾获全国绘画比赛一等奖，星辰合唱团曾获北京市合唱比赛金奖，星悦管乐队在海淀区第22届器乐展演中获得铜奖；此外，我校还开设京剧、篆刻、剪纸、动漫鉴赏与技法等艺术课程，学生拥有广泛的选择，各美其美，美美与共。

（四）赋予劳动教育科技内涵

劳动教育是国民教育的重要内容，是学生成长的必要途径，具有树德、增智、育美、强体的综合育人价值。作为海淀区首批劳动教育实验学校，学校依托AI智能教室，开设AI智能劳动课程；依托通航实验室，开设通航实验课程；依托生物实验室，推进智能控制的"火星基地食物供给"、"太空育种"实验对比项目等，提高学生的劳动素养和劳动技能。学校受海淀区教科院的邀请，参加了"新时代中小学劳动教育的实践与探索"校长论坛，做了"利用资源优势 推进劳动教育课程的实践与探索"主题分享，与10余位专家、名校长从不同的视角阐述了对劳动教育的深度思考。

四、"大中联动培养模式"孕育学校科技教育品牌

在大学校园内办基础教育，是北航实验学校得天独厚的区位优势，也是学校不断彰显的办学优势。在市区领导和北航的鼎力支持下，学校已经初步形成了大学中学联动培养后备人才的育人模式，在资源联动、课程联动、社团联动、课题合作、师资互动等方面不断推进。北航实验学校的科技教育建立在普及基础上，兼顾拔尖人才培养。一年一度的科技节，学生参与率100%，丰富多彩、趣味性与科普性并重的科技比赛项目，覆盖了全校所有年级，深入有效地推动了学校科技教育的普及与特色形成。

大学雄厚的师资和强劲的科研实力更是北航实验学校发展科技教育独一无二的优势。学校鼓励学生开展各种方向的课题选题和研究工作，并为学生推荐大学院系和研究所的专家作为指导教师，对学生进行指导和点拨。在此基础上，学校

还为一部分有志于航空航天科技领域的学生创造条件、搭建平台，让他们能够直接进入到北航实验室对自己感兴趣的科研项目进行实验研究，体验科学研究的过程。与专家教授面对面交流，得到他们的答疑解惑，不论对学生进行研究学习还是提升自身修养都是一笔难能可贵的财富，同时也弥补了中学老师在高端学生辅导方面的不足。

"忽如一夜春风来，千树万树梨花开。"北航实验学校联动培养科技后备人才的人才培养模式取得了丰硕的成果：优秀学生被选入翱翔计划、英才计划；在多个国家举办的国际科技节、国际青年科学家论坛等活动中，在北京市青少年科技创新市长奖、明天小小科学家、木梁承重、天文、机器人等多个项目上，北航实验学校学子们尽展风采，表现出众，成绩优异。北航实验学校的航模队近年来也是屡创佳绩，连续获得个人、团体全国第一的金牌，代表中国参加了国际青年航模比赛并取得优秀成绩，连续四届成功申请了北京市学生金鹏科技团模型（航模）分团。

五、促进教育均衡发展彰显学校责任担当

为深入贯彻落实国家科教兴国、人才强国战略，加大优质教育资源的辐射力度，北航实验学校勇于承担社会责任，以开放的心态、开拓的姿态，尽己所能为区域教育均衡发展和教育基础相对薄弱地区的提升做着自己的努力。

2017年4月，为进一步提升海淀区东部地区基础教育整体水平，受海淀区教委委托，我校承办北京市中关村中学分校，并将其更名为北京航空航天大学实验学校分校。5年来，北航实验学校锐意改革，大胆创新，本校、分校的教师和学生统一管理，在全区率先开创出一种本分融合、级部制一体化管理的新模式，使北航实验学校的教育教学理念和优质资源迅速辐射到分校，带动分校教育教学水平不断提升，中考成绩节节攀升、稳步提高。同时，分校的硬件建设也在突飞猛进地发展，增大了办学空间，增加了满足现代化教育的信息化装备……5年来，分校的双测评数据从93%提高到98.18%，位居海淀区前茅，学校社会满意度逐年提高，由基础薄弱校上升到中等学校水平，得到海淀区教委、学生和家长的普遍认可和赞誉，为区域教育均衡发展做出了应有的贡献。

同时，学校以教育扶贫为己任，多次到北航定点扶贫的山西中阳县进行教师培训，学生志愿团走进当地中小学开展志愿服务。老师们还走入中航国际定点扶贫的贵州安顺、陕西汉中等贫困县进行支教活动，各教研组骨干教师组成的专家团队对口支持保定望都县中小学教育发展，促进县域教育，助力乡村振兴。

"仰望星空、脚踏实地"是北航实验学校建校60多年来的坚守，已融入学校的血脉之中。风正时济，自当破浪扬帆；任重道远，更需策马扬鞭。经过多年的探索和实践，北航实验学校在不断发展，星光汇聚，星河万顷，为学生撑起一方璀璨的星空，让每一位学生都能够自由快乐地成长始终是北航实验学校的理想和目标，为了这个目标我将和全校师生一起逐梦星空，筑梦北航！

目　录

仰望星空之管理创新

脚踏实地之实践探索

北航实验学校中学部
Experimental School of Beihang University

仰望星空之管理创新

"双减"背景下的"加法"思考

吴鹏程

教育部关于加强中学生作业、睡眠、手机、读物、体质等"五项管理"相关文件的印发，《关于进一步减轻义务教育阶段学生作业负担和校外培训负担的意见》（简称"双减"）等政策的陆续出台，引发了社会各界持续而广泛的关注。力度大、变化快的教育改革政策，给基础教育带来了新的挑战。在此形势下，北航实验学校中学部准确识变、科学应变、主动求变，在切实推进"双减"及"五项管理"政策的落地、推进教育教学发展方面做了一些有益的探索，特此聚焦"双减"工作，从"加法"视角谈谈我们的思考和实践。

一、思想认识上做"加法"，理解"双减"政策

2021年7月24日，中共中央办公厅、国务院办公厅印发了《关于进一步减轻义务教育阶段学生作业负担和校外培训负担的意见》。这是党中央、国务院从为党育人、为国育才的战略高度，坚持以人民为中心的教育理念，克服功利化、短视化教育行为，为落实立德树人根本任务、发展素质教育，保障每位青少年健康成长做出的重大决策。实施"双减"政策，不仅是对我国教育格局的重大调整，更是教育观念的大变革。学校在第一时间组织干部认真学习，同时加强对全校教职员工的培训力度，让每一位教职员工充分认识到"双减"工作是中央关心、社会关注、群众关切的民生实事；是党和国家现阶段及未来一段时间在教育领域里的重要工作；是坚持教育方向、落实"五育"并举、引领未来发展的重要举措。全体教职员工要统一思想与行动，凝聚智慧和力量推进"双减"政策的落地。

二、教科研上做"加法"，提升教学质量

《关于进一步减轻义务教育阶段学生作业负担和校外培训负担的意见》指出，推进"双减"工作，学校育人主体作用意义重大。而课堂教学是育人的主渠道，"育人"目标的实现要求学校必须是从有质量转变到高质量，而"双减"的本质追问是提升"课上高质量育人"和价值引领，这就需要教师进一步加强教研。北航实验学校中学部在原有教学研究共同体推进的基础上，做好每次教研活动的规划和设计，充分聚焦核心素养的落实、关键问题的解决、大单元教学设计的研究等，让教研活动更加规范深入，更加助力课堂质量的提高，更加赋能教师的专业发展。以高质量的常态课堂成就学生的成长。

"双减"政策对教师在提升课堂主阵地功能、提升作业管理效能等方面提出了要求，教师不仅要理解、执行"双减"政策，更要做"双减"政策创造性的实施者，同时教师也是教育教学的研究者。教育观念转变为人的实际行动需要经历感悟、体验、接收、内化以及反馈等过程。北航实验学校中学部鼓励老师们跳出"实施者"的角色，以"旁观者"的角度审视、梳理、反思"双减"背景下的教育教学工作，以科学的思维方式、多元的研究方法、清晰的探究路径，研究真问题，发现新规律，提炼鲜活的教育案例，不断升级认知、构建新型思维模式，助力学生成长、学校发展。北航实验学校中学部公众号"悦·读思·享"专栏推送的一线教师有关"双减"的文章，被海教思维和花园路学区转载，就是老师们不断升级认知、构建新型思维模式，反推教育教学最好的例证。

三、"五项管理"做"加法"，丰富教育内涵

"双减"政策着重强调"坚持学生为本、回应关切，遵循教育规律，着眼学生身心健康成长，保障学生休息权利"、"有效缓解家长焦虑情绪，促进学生全面发展、健康成长"。为实现这些目标，我们严格规范、不断完善"五项管理"的相关制度，保障学生的合法权益，让学生健康快乐地成长！

——切实减轻学生作业负担，让作业"精"起来

北航实验学校中学部认真学习和落实教育部办公厅《关于加强义务教育

学校作业管理的通知》以及《海淀区义务教育阶段学科作业设计与实施指导意见》等相关文件精神，制定了《北航实验学校中学部作业实施与管理措施》，切实减轻学生作业负担，让作业"精"起来。在学校统筹下，加强对作业的管理，各年级各学科"双协调"，严格控制作业总量，同时通过教学评价监管教师对作业的批改情况；加强对作业的研究，备课组针对学生差异，精心选择和设计作业，探索分层布置作业，进一步聚焦核心素养和关键能力在学科作业中的落地，依托现有"基于培养学生核心素养的作业设计研究"的在研课题，以教研组为单位开展研究，全体教师共同参与，以提升作业质量。学校建立学生作业监控机制，公开学校的相关管理规定，同时设立校长信箱、提交提案、接待日等方式接受各方的监督，促进各项措施的落实。

　　——重视学生睡眠情况，让睡眠"足"起来

　　保障学生充足的睡眠时间，是学校和家庭共同的责任。按照教育部办公厅《关于进一步加强中小学生睡眠管理工作的通知》及市区相关文件的要求，北航实验学校中学部严格按照上级部门规定的作息时间执行，上午上课时间不早于8：00，且8：00前不安排任何统一的教育教学活动。学校充分借力班队会、男女生课堂、学生会和家长会，引导学生及家长认识到睡眠质量的重要性和睡眠不足的危害性，让学生养成良好的作息习惯，学会合理安排时间，注重课堂的高效率。同时温馨提示家长每天督促孩子准时入睡，保证孩子每天有8小时以上的充足睡眠。

　　——规范学生手机管理，将手机"束"起来

　　自教育部办公厅发布《关于加强中小学生手机管理工作的通知》后，学校在征求教师、家长和学生意见的基础上，拟定了《北航实验学校中学部学生手机管理工作方案》。严格执行学生手机带入校园的准入审批制度，入校后关闭手机，进班后存放手机。若学生确有与家长联系的需求，可以向班主任申请使用手机或使用校内公共电话。学生管理部门就手机管理制度，在全校广播班会进行专题解读，对合理使用手机进行引导，切实将手机"束"起来。

　　——加强学生读物管理，让学生的读物"优"起来

　　北航实验学校中学部认真学习和落实教育部印发的《中小学生课外读物进校园管理办法》及市区教委的相关文件精神，充分认识加强课外读物进校园管理的目的及重要意义，制定《北航实验学校中学部课外读物进校园管理办法》，细化落实教育部规定的进校园课外读物范围、原则、推荐程序及要求，规范课

外读物进校园的管理流程，把好各个关口，确保进校园课外读物质量。学校利用场地空间，建立开放式的阅读区域，打造开架式图书馆，营造书香校园；按照要求增加中学生图书、刊物，配备适合青少年阅读的精美图书；建立校园阅读活动激励机制，大力倡导爱读书、读好书、善读书的阅读习惯；组织"好书推荐"、"一书一得"等读书推荐活动，同时学校积极组织师生参加各级各类读书征文比赛。让每一位师生，在书香中工作学习。

——注重学生体质健康管理，让学生的体质"强"起来

北航实验学校中学部认真学习和落实教育部办公厅《关于进一步加强中小学生体质健康管理工作的通知》、《海淀区全面加强和改进新时代学校体育工作实施方案（试行）》的通知、《海淀区中小学增加体育课时的建议安排》等相关文件精神，落实体育教学和锻炼要求。初中每周4节体育课进入课程表，第5节体育课可统筹使用课后服务时间进行。高中每周3节体育课进入课程表，第4、5节体育课可统筹使用课后服务时间进行。合理安排大课间，课间及休息时间鼓励学生进行室外活动，室外乒乓球场、排球场、篮球场、足球场等对学生开放。确保学生每天参加1小时以上的体育锻炼。同时开展丰富多彩的体育活动，如春季趣味运动会、秋季田径运动会、体育节、球类比赛、拔河比赛等，提高学生对体育运动的兴趣。学校规范落实体质健康测试制度，测试程序规范、器材安全标准、数据实事求是。同时建立学生体质健康测试复核制度，确保数据的准确性和客观性。体育教研组针对各年级学生体质情况进行分析，通过专业锻炼和引导，不断增强学生的体质。学校注重对学生体质健康重要性的宣传，积极推进学生近视眼的防控工作，促进学生全面发展。

四、课后服务做"加法"，促进全面发展

"双减"政策，就是要将学生从过重的作业负担和校外培训负担中解放出来，将时间还给学生，引导学生全面而有个性发展，成长为德智体美劳全面发展的社会主义建设者和接班人。聚焦"双减"政策落地，关注学生综合素质提升，学校课后服务如何满足学生基本需求？如何创造性地提供更多样化的服务？我们一直在思考，不断在完善。基于校情、学情，学校将课后服务工作纳入德、智、体、美、劳"'五育'并举"的全面育人体系，制定了《北航实验学校中学部课后服务方案》并在实践中不断完善。

学校充分依托大学的资源优势，与学校特色发展相结合，以"请进来"方式，开展大学中学联动形式的课后服务，深受学生喜爱。北航校团委副书记带来的少年先锋团校的讲座、北航离退休处老党员带来中学生业余党校的报告，为青春少年注入红色基因、打下爱国的底色。学校邀约北京航空航天大学高等教育研究所共同开展的众多科技实验体验项目，如魔法泡泡、扎不破的气球、空气大炮、角动量守恒等，让同学们"触摸"科技的深度，感受科学的力量。北航社区开展不同主题与劳动相关的志愿服务活动，如垃圾桶前值守，擦洗健身器材，摆放共享单车，到北航图书馆整理书籍，到北航思源楼离退休教师活动中心打扫活动场地、为老人作画等，让同学们践行青春的责任、感受共建社区的温暖。借力大学专家学者，开设 AI 智能劳动课程、通航实验课程，推进智能控制的"火星基地食物供给"项目和太空育种对比实验项目，深化了大中联动育人模式下对未来劳动教育的探索，提高了学生创造性劳动能力。

各年级遵循教育规律和学生成长规律，在充分尊重学生和家长意愿的基础上，有针对性地开展科学实践教育、美育、劳动教育、安全教育、德育主题教育。开放、灵活、多元的菜单式课后服务课程满足了学生个性化的需求，自主学习时段给了学生"自主"学习的时间和空间；学科课业辅导，为有疑问的学生答了疑、解了惑；学科实践活动，提高了学生的动手能力；社团及兴趣小组为学生的校园生活增添了绚丽的笔墨……课后服务形式的多样性、内容的多元化、覆盖的全面化，让学生真正成为"课后服务"的受益者。初二语文备课组的学科活动"我们的双减"，让学生了解政策、采访撰稿，让学生感悟到"双减"政策的精髓、领会了"双减"的目的和意义，在对"双减"的持续关注中自我调整、成长。

在学校的内部督导及接受市区的外部督导中，我们不断完善各项工作，聚焦"双减"核心，对合理设计作业、优化课堂教学效率、提升课后服务水平、改进学生评价等方面我们还会继续进行深入的思考探索，做到"减负不减责任，减负不减质量"，构建教育良好生态，促进学生全面发展、健康成长。《教师减负必须与学生减负同向而行》一文再度引发我们的关注，推动课后服务良性发展，推动"双减"政策落地，还需要我们做哪些"减法"，我们再思考，再行动，再提高！

打造学校星空课程　促进学生多元发展

许金哲　谭翠红　沈　莉

北航实验学校中学部依据普通教育课程方案和课程标准，从课程方案的严谨性、课程设置的科学性、课堂实施的有效性等角度出发，依照学校育人目标和办学理念，对学校课程进行顶层设计，形成了以育人目标为核心，关注学生需求、聚焦核心素养、发展学生特长的课程结构；课程建设依托北航资源，与北航倡导的"仰望星空、脚踏实地"相契合，建构了三层级星空课程体系。

目前学校课程体系已基本完善，课程内容丰富，课程形式多样，极大满足学生多元需求，同时实现学生全面发展与特长发展并行，凸显学校办学特色，提升学校办学品质，推动学校高质量发展。

一、建构课程体系

为落实国家课程要求，结合学校办学特色和资源优势，实现学校育人目标，学校不断开发各级各类课程，丰富课程内容，拓宽课程领域，加强课程之间的关联与融合，将课程结构化、体系化，形成"基础通识课程"、"兴趣拓展课程"、"特长提高课程"三层级结构，学生从全员参与到分类选择再到个性发展，构建出"星空奠基—星空融合—星空贯通"三个层级历阶而上的星空课程体系（见图1）。

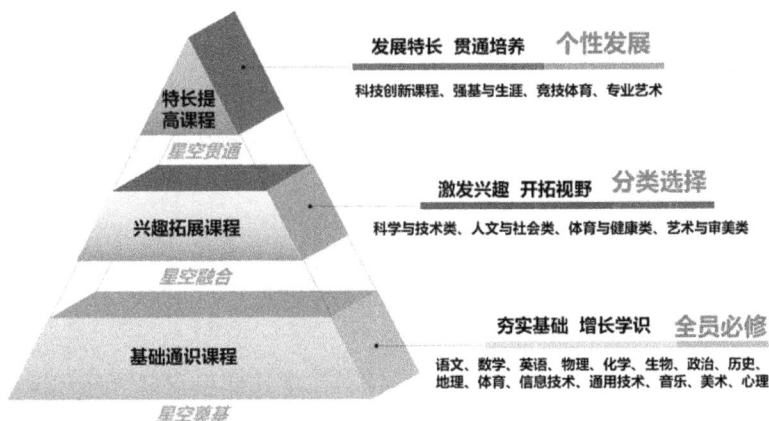

星空课程体系

发展特长 贯通培养 **个性发展**
科技创新课程、强基与生涯、竞技体育、专业艺术

特长提高课程

星空贯通

激发兴趣 开拓视野 **分类选择**
科学与技术类、人文与社会类、体育与健康类、艺术与审美类

兴趣拓展课程

星空融合

夯实基础 增长学识 **全员必修**
语文、数学、英语、物理、化学、生物、政治、历史、地理、体育、信息技术、通用技术、音乐、美术、心理

基础通识课程

星空奠基

图1

星空课程体系三级课程的内容及目标如下：

基础通识课程是指国家规定的面向全体学生开设的必修类与选择性必修类课程，学生通过该类课程的学习达到夯实基础、增长学识、培养核心素养的目标。基础通识课程构成星空课程体系的坚实基础，为学生未来成为浩瀚星空中的闪亮之星奠定知识基础，实现"星空奠基"。

兴趣拓展课程主要是指校本选修课程，由人文与社会类、科学与技术类、体育与健康类以及艺术与审美类四类课程组成，大部分课程依托北航等高校的师资、实验室、场馆等资源，由本校教师、高校教师独立开设或联合开发。兴趣拓展课程的设计有两个层面：一是跨学科拓展，拓宽知识领域，开展跨学科的学习，开设多学科融合课、项目式学习等课程；二是学科内拓展，加强学习进阶，在所修课程学习的基础上，在中学和大学教师指导下深化知识的学习，提升学科能力与素养，学生依照兴趣和自身发展需求进行课程选择。兴趣拓展课程构成星空课程体系中承上启下的第二层级，促进学生跨学科学习和中学大学学习的进阶，在满足学生多样化需求的同时，努力把学生培养成具有丰厚人文底蕴、乐于探求科学真知的社会主义建设者，绽放属于自己的灿烂光芒，实现"星空融合"。

特长提高课程是面向具有不同兴趣和特长的学生开设的主要依靠北航等高等院校的高端研究类课程，主要由科技创新课程、强基与生涯、竞技体育、专业艺术四类课程构成，其中科技创新课程包括未来空天技术、材料科学与工程、电子信息技术与人工智能、环境科学与工程和物理科学与工程等领域。特长提高课程的建设是动态发展的，学校会根据学生的需求动态开设不同内容的课程，以满足学生面向未来的个性化发展需求。特长提高课程构成星空课程体系的最高层级，融通北航实验学校中学部与北航等高校、科研院所，为有特长、有专长的学生提供个性化的培养支持，使其成为浩瀚星空中闪烁着独特光芒的闪亮之星，实现"星空贯通"。

二、优化课程管理

学校教学与课程中心加强对课程的领导，优化课程常规管理和课程质量管理。为保障课程的有序实施，制定学校教学管理制度，如线上线下教学管理规程、作业实施与管理制度、选修课与拓展课管理条例、教研组教研管理制度、备课组备课管理制度、课堂教学评价标准、学生学业评价方案等，做到管理职责清楚、管理程序清晰，提高了工作的实效性。

（一）基础通识类课程的管理

学校严格执行国家课程方案，根据国家、地方、学校三级课程管理的要求，首先保证国家课程和市区规定的地方课程的开设。学校按照规定的课程和课时，制订课程计划和课程表，并严格按照课程计划和学校课程表开展教育教学，做到开齐课程科目，开足课时，不随意增减课时，同时确保每天一小时的体育活动。

学校通过组织各类培训与学习研讨，使教师深入理解课程与教材改革的目的、目标与要求，对为什么改、改什么、怎么改达成共识，为校本化实施《课程方案》提供理论基础。使教师准确理解和把握各类课程标准的内容和要求，组织教师按照各类课程标准的要求实施教学。

学校根据基础通识类课程中各学科的特点、学生的学情以及教学活动的实际需求，对教学组织形式实行改革和创新，建立了学科课程实施的规范化模式（见图2）。要求老师们要依据学科课程标准要求，注重学生核心素养的培养、学科能力与学科思想方法的提升以及社会主义核心价值观的形成。

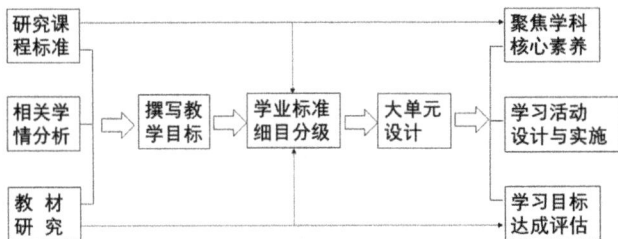

图2

通过教学周例会制度和教学检查制度，及时反馈教学、教研活动实施中的问题，加强与教师、教研组的沟通，不断完善教学管理。组织由校教学管理干部、督导专家、教研组长、备课组长共同参与的"四级联动听课评课活动"，深入课堂了解教情、学情，每次听课及时给出评价，帮助教师分析课堂教学中的亮点和问题，提出进一步改进教学的策略，促进教师加强课堂教学的研究，提高课堂教学的实效性。

（二）兴趣拓展类课程的管理

兴趣拓展类课程立足学生学习兴趣及发展需求，以服务学生、促进学生发展为宗旨，在充分评估师资配给、器材场地、保证学科均衡的条件下，由开课教师选定内容实施开发。学校在课程开发、课程审核和课程实施过程中加强对兴趣拓展课程的管理，流程如图3所示。

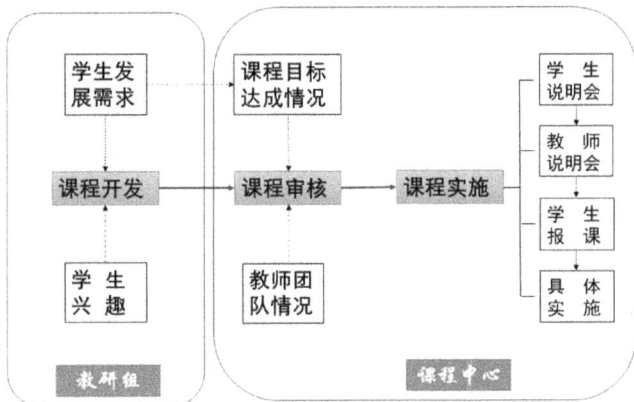

图3

在课程开发阶段，初次申报课程的教师除需证明其具有专业专长外，还要提交完整的课程纲要和涵盖全部课程内容的教学设计，经教学与课程中心组织专家评议后方可列入学生选课系统参加选课。学生社团课程的开发申报，要求学生能够自行提供较为完备、可行性高的课程设计参加评审，参加由教学与课程中心组织专家召开的评审会，投票通过后方可参加选课。在课程实施过程中，积极开展评教评学活动，除了日常巡检关注学生参与度外，还在注重收集学生对课程种类、质量的需求，如在学期结束后组织召开学生座谈会，以备未来予以合理调整。

积极采取多元化评价的方法，不仅增强管理的科学性、规范性，更使课程提升获得动力和方向。在开发阶段对教师提供的课程纲要、教学设计根据国家课程标准、学校实际、学生需求等方面予以初步评价，指导教师修改、完善。在实施阶段，通过教师自评反思、学生课程反馈、教学与课程中心现场巡视、学科专家听课感受等多个角度展开评价，确保课程达成预期。

（三）特长提高类课程的管理与实施

学校充分依托北京航空航天大学的资源，以科技教育为底色和特色，以学生发展为核心，在资源共享、课程联动、师资互动等方面不断推进"大学中学联动"培养模式的实践探索，形成了"联动培养通航科技课程群"，为有特长、有专长的学生提供个性化的培养支持。

学校坚持"五育"并举，课程建设关注学生需求、聚焦核心素养。我校与大学相关院系的教师合作开发系列校本课程，发挥大学教师的专业优长与我校教师了解学生实际的双重优势，以满足中学生系统学习某一领域知识不同层次的需要。学校科技教育课程建立在普及的基础上，兼顾拔尖人才培养。同时，学校鼓励学生开展多种方向的课题选题和研究工作，并为学生推荐大学院系和研究所的专家作为指导教师，对学生进行指导。在此基础上，学校还为一部分有能力、有创新想法的学生搭建平台，让他们能够直接进入北航实验室对自己感兴趣的项目进行学习和研究，体验科学研究的过程。

通过深入与北京航空航天大学的协同共建，在大学和中学共同组成的师资团队的基础上，学校各个部门配合，形成学生个性化课程的保障机制，保障学生个性化课程的持续开设，推进高端人才的选拔和培养工作。

三、丰富课程资源

（一）对学校内部资源挖掘利用

学校基于各级各类课程需求，挖掘内部空间资源，建设了通航实验室、AI

智能课程专业教室、地理专业教室、语文国学专业教室、星辰合唱教室、美术素描专业教室、航模专业教室以及体育场馆，推进各级各类课程的建设与实施。例如，依托 AI 智能教室开设 AI 智能劳动课程，依托通航实验室开设通航实验课程，依托生物实验室推进智能控制的"火星基地食物供给"项目和"太空育种"实验对比项目。

根据教师的专业及特长开发符合学生学情的课程，如天文、剪纸、手工编织、手工串珠、西班牙语、心理学等课程。

根据学生的兴趣和特长成立了学生社团，如合唱团、管乐团、模联社、滑板社、悠悠球社团、动漫社团、《三国》同好会等。

（二）对北航资源的开发和利用

北京航空航天大学拥有众多国家和北京市重点实验室，其中很多实验室对实验学校开放，成为我校课程强大资源。

我校对北航资源进行详细的调研、梳理，编写了《北京航空航天大学联动基地资源手册》，教师人手一册，充分挖掘、利用这些资源设计开展以讲座、实验、体验、项目式学习等各种形式的课程，在北航专家的指导下开展课题研究。目前我校与北航所有院系、研究所、实验室都结成了稳固的合作关系，并制定制度，保障大、中、小联动课程顺利地开展与实施，教研组深入研究北航教育资源与教学内容的结合，努力实现北航教育资源在学校课程建设中的效益最大化，不断完善大、中联动育人模式。

（三）对市、区教育资源的开发和利用

北京市、海淀区作为经济文化发达地区有着丰富的教育资源，大学院系、文化场馆、名胜古迹、名人故居、专家学者等都是重要课程资源，各学科教师认真研讨，发掘资源，开发建设拓展课程。例如，地理组经过几年的探索，开发了地质大学（北京）博物馆课程，在博物馆的不同展厅，针对馆藏展品的特点，设计了针对地理、生物学科不同的探究任务，语文、美术学科辅助支撑学生完成探究学习任务，形成了多学科融合特色；在知识和能力层面上设计了针对同一内容的不同层级的学习和探究任务，实现初、高中知识、能力的进阶，形成了跨学段进阶的特色。（见表 1）

表1　北航实验学校部分学科拓展实践课教育资源

学科	课程	教育资源
语文	伟大的世界文明	中华世纪坛
	中国现代文学馆博览课	中国现代文学馆
	京味文化研究之老北京胡同	老北京胡同
	红楼梦探秘	大观园、曹雪芹纪念馆
数学	数学世界探秘	中国科技馆
	数学思维开发	中科院数学所
	校园建筑立体模型设计——软件绘图与设计	中科院软件所
英语	英语趣配音	电影学院
	中西文化对比	北京使馆
	北京著名游览区英语导览设计与翻译	北京各大风景名胜区英语介绍
地理	地质博物馆课程	地质大学博物馆、中国地质博物馆
	气象探秘	中央气象台
	物候观察	海棠花溪
	现代设施农业	中国农业科学院科技展示园
	地质野外观察	房山石花洞等
	区域工业可持续发展	首钢工业园区
艺术	经典音乐赏析	北京音乐厅
	名画我来画	北京美术馆
	京剧进校园	京剧专业教师
物理	中考物理试题情境体验	中国科技馆
	物理科普小实验、科学梦工厂、疯狂科技秀	周边科研院所
化学	化学实践应用	化学教育基地
	污水处理站设计	北京自来水厂
	化学工业文明	中国化工博物馆
生物	我是医生	北京大学医学部
	留民营生态工程博览课	留民营生态基地
	走进植物园、亲近大自然	北京教学植物园
	现代农业技术	"中粮"智慧农场
	多彩的海底世界	北京海洋馆
历史	认识青春期的我	海淀科技中心
	走进首博、国博、抗战纪念馆	首博、国博、抗战纪念馆
	"走进国子监孔庙"、"走进故宫"、"走进世纪坛"	国子监孔庙、故宫、世纪坛
政治	法治教育	海淀法院
	走进各部委	国家机关、政府部门
	走进各国使馆	各国使馆
	漫游北京（设计线路、剖析文化价值、提出合理建议）	北京
	经济观察员（对海淀经济现象进行调查并作汇报）	海淀各类与经济相关场所

四、提升课程质量

在国家课程改革的大背景下，学校注重课程质量的提升，以促进学生全面发展，落实立德树人的根本任务。

为保障课程设计的科学性，教学与课程中心制定了课程纲要模板，通过组织对老师们的培训，每门课程均要明确课程目标、课程实施和课程评价方案，以保障课程设计的规范性，增强课程实施的可行性。

认真落实"五个一"教研制度，促使教师进行行动研究，加强反思意识，积累意识，增强教研能力。"五个一"包括：一节研究课，每位教师每学年开设一节校级以上研究课；一门选修课，做到有课程方案，有讲义，有评价；一项学生成果，教师要积极促进学生成功，挖掘学生潜能，为学生展示才华创造条件，至学期末，教师个人、备课组、教研组均要出学生成果；一个科研课题，每个教研组开展一项校级以上课题的研究；一个资料包，每个教研组、备课组、每位教师建立一个包含教案、课件、备课资料、单元及统练试题的资料包，并留给下一届同学科教师进行改进、共享，提高教师备课的起点，减少教师的重复性劳动。

学校注重加强学科课程群的建设，打造学科特色课程。各学科在学校星空课程体系的基础上，结合学科特点，形成各具特色的课程群。经过多方学习和研讨，根据学校实际情况与社会发展的现实状况，我校针对现有课程进行进一步的梳理与设计，系统构建了符合我校星空教育观的特色课程群——联动培养通航课程群，本课程群在开发与建设中充分利用北航等高校资源，增加了课程的宽度与深度，提高了课程的针对性和开放性，满足了学生的多样化需求。

发挥数学、化学、地理三个学科基地的带头作用，加强学校各学科教研组、备课组的建设。以立德树人为中心，以社会主义核心价值观为引领，以提升学生核心素养为出发点进行"深度学习"的研究，进行大单元教学设计。学校在海淀区新课程新教材示范区建设、"海淀区学科建设2.0行动计划"不断深入的背景下，以"深度学习"教与学改进项目为重要载体，聚焦学科教学关键问题，不断加强课程建设，成效显著。在原有教研组、备课组活动不断加强的基础上，越来越多的教师走出去，通过参与各级各类课题研究、区域教学展示等方式引领教学改进。关注学科的育人价值与功能，融通知识世界与学生生活世界，以人为本，落实学科课程标准，改进教与学的方式。

学校与兄弟学校联合开展指向学科教学关键问题解决的跨校课例展示研讨活动。由教学与课程中心做好规划设计，教研组积极筹备各项工作，与学科专家及参与校的教研组教师以线上、线下的方式共同备课、磨课，专业引领，把脉课堂。跨校交流研讨拓宽了教研渠道，老师们对新课程新教材有了更深的理解，聚焦学科核心素养，不断深化教学改革，提升了课堂教学质量和整体育人水平，有助于帮助学生全面发展。同时，学校依托海淀区"十三五"群体课题《应用信息技术提高教学质量的实践与研究》，"信息技术"正从学习方式、资源供给、教研交流、教学管理、课程建设和教学实施等多个方面助力课程质量的提升。老师们还积极开展与课程相关的课题研究，如北京市教育学会"十四五"教育科研课题《"双减"背景下创意美术三级课程的开发与探究》、《"双减"政策下少儿趣味田径与中小学田径课程融合的实践研究》、《太空育种主题 STEM 课程群的建设与实施研究》等，通过课题研究提升学校课程质量。

五、完善课程评价

随着课程改革的深入，课程评价的重要性日益凸显。我校注重对课程质量的评价，以确保学校课程的有效实施。

（一）评价原则

1. 导向正确

符合党和国家的教育方针及相关政策要求，立德树人、"五育"并举，无意识形态及相关问题；体现普通高中课程改革深化的基本理念和相关要求；紧扣学校教育价值追求和育人特色，回应学生学习与发展需求。

2. 科学严谨

落实课程方案和课程标准要求，在学情分析、课程目标、内容选择、实施方式等方面表述准确，无科学性问题；课程内容系统、完整，有针对性，并体现发展进阶或与其他学科的联系；对核心素养落实和学生综合素质培养有整体考虑，实施路径清晰且有保障。

3. 实施规范

国家课程校本实施整体设计或校本课程开发要素完备、过程或环节完整；实施方式、策略等具有创新性且与整体设计一致，能较好地实现预期目标；认定材料中实施方案或课程纲要及支撑材料系统、完整（包括单元或主题、课时的教学设计等），呈现规范。

4. 特色突出

学生覆盖面广，体现减负增效，促进学生核心素养发展和综合素质提升；教师参与度高，促进教师团队专业发展，体现学科优势或特色；支撑学校发展定位和育人特色，促进学校多样化特色发展。

在课程设计的多个要素如基本理念、课程目标、内容组织、呈现形态等要素上有特色；在课程实施如课程安排、教学实施、学生学习、评价管理、资源开发、课程管理等环节上有特色；课程设计、开发、实施及可持续发展等体现出整体特色。

5. 可辐射性

国家课程校本实施或校本课程开发的理念、思路、策略等具有可辐射性；课程实施的具体安排、教与学过程、组织管理、保障条件等具有启发性；国家课程校本实施的方案文本或校本课程纲要、实施过程及相关资源可转化为可利用或借鉴的优质课程资源。对其他学科的课程开发有启发，课程成果能在区域分享。

（二）评价内容

课程质量评价体系由四个部分的评价组成：课程目标与课程规划评价；课程开设准备与投入评价；课程实施过程评价；课程实施效果评价。四个评价部分分别在课程质量的四个控制点进行，通过评价对课程实施全程质量管理和质量保障。

1. 课程目标与课程规划的评价

课程目标与课程规划的评价主要包括：课程设计的意义，开设课程的必要性、可实施性，课程目标与课程标准、核心素养的一致性。

2. 课程开设准备与投入评价

课程开设准备与投入评价主要判断教师开设课程的准备程度，包括教师个人的知识准备、教学资源的准备、教学设计、实验参观调查等。

3. 课程实施过程及效果评价

课程实施过程评价主要是对课堂教学过程的评价，包括对教师的评价和对学生的评价：教师评价侧重教学目标的达成、教学活动的组织实施、教学方法的适恰性、信息技术的合理使用；对学生的评价侧重学生的参与度、学生对知识的理解掌握情况等。

北航实验学校中学部的课程建设全面落实中国学生发展的核心素养，关注学生个性化成长的需求，让每一个学生都能选择适合自己发展的课程，促进学生的健康成长与多元发展。

探索以科技教育为特色的中小学与大学联动育人模式

吴鹏程　杨文静　都　炜

引　言

为了迎接知识经济时代的挑战，需要培养以创新精神和创新能力为价值取向的创新教育，培养满足国家发展需求的创新型人才。中小学是培养学生创新思维的关键期，我校依托丰富的大学教育资源，积极寻求大学支持并与当前中小学教育相衔接，努力通过中小学与大学联动培养方式，探索培养创新人才的途径和方法，逐步形成以科技教育为特色的中小学与大学联动育人模式。

一、问题研究必要性

为了迎接知识经济时代的挑战，需要培养以创新精神和创新能力为价值取向的创新教育，从而激发学生的创新意识、创新精神与创新能力，培养满足国家发展需求的创新型人才。中小学是培养学生创新思维的关键期，是科教兴国征途的重要实施阶段，然而培养学生创新思维的教育过程存在如下系列瓶颈：

一是我国中小学教育对青少年创新思维的培养缺少长期有效的系统性，缺少多领域、分层次的科技创新教育课程体系，也缺少高水平的师资和实践环境，这些困境是中小学单方培养创新人才亟待解决却又无法完全突破的。大学作为培养高素质综合人才的承载体，在科学研究、师资队伍、环境配置等方面具有显著优势，借助大学和中学双方的"教育合力"将有效克服上述问题。

二是在大学和科研院所资源丰厚的地区已经有多所学校进行了中学与大学联动创新型实践研究。然而，实施对象通常只关注少数成绩优异的中学生，缺少对全体学生进行科学素养教育和潜在创新型人才培养的辐射作用，需要进一步提高中小学与大学联动育人过程的普适度。

三是人才培养是一项长期复杂的系统工程，涉及各个阶段人才培养理念、培养目标的定位、培养机制的优化调整、培养模式的改革与课程结构的优化等各方面的设计与协调问题。目前我国的小学、中学、大学的教育体系是各自独立的，学段衔接但教育体系中的许多方面是不衔接的，体现在课程标准不衔接、不统一，课程设置方面重复现象较多，教育资源不统筹，教师教育理念不统一等方面，尤其各个学校在师资、硬件等资源配套方面并不均衡，更容易出现人才培养断层。一个学生从小学阶段到大学本科长达 16 年的教育时段中，对感兴趣的方向不能保证系统化、连续性的学习，这一点是本研究着力探索并寻求解决的问题。

四是中小学与大学联动创新育人模式符合我国对人才培养的需求，国内多所学校的做法各具特点，但都反映出同样的问题，就是缺少长期稳定的保障机制，不利于实践成果的巩固和推广，可持续发展性差。因此，需要探索具有长久持续性的中小学与大学联动创新育人体系和保障机制。

二、实施过程与方法

我校作为大学附属学校，依托大学资源具有一定的优势和经验。为了解决上述瓶颈问题，我校在相关课题研究资助下，理论研究方面查阅大量文献资料，了解国内外大学与中小学合作培养现状，寻找可借鉴的经验。实践行动方面充分了解大学资源特点，积极寻求大学支持并与当前中小学教育相衔接，努力通过中小学与大学联动形式，探索培养创新人才的途径和方法。到目前为止，整个过程历经预研阶段、理论阶段、探索阶段、实践阶段、总结阶段、推广阶段近 10 年时间。各阶段的实施过程如图 1 所示。

1. 建立大学科普教育基地	2008—2010 预研究阶段
2. 文献与理论研究	2010.1—2010.6 理论研究阶段
3. 依托大学资源系统规划课程	2010.7—2011.8 行动研究阶段
4. 全员参与，形成联动育人模式	2011.9—2015.8 全面实践阶段
5. 厘清问题构建体系	2015.9—2016.7 实践总结阶段
6. 形成特色，挖掘教育潜能	2016.9 至今成果推广阶段

图 1 中小学与大学联动育人实践研究进程

在各个实施阶段采取相应措施推进联动创新育人模式的建设和实践。首先对各学段的学生进行访谈和调研，了解学生的想法和需求，并结合学生需求对大学教育资源进行调研，初步建立大学面向中小学的科普教育基地。在系统分析的基础上，与大学部分院系协作，在为期5年的时间里，通过教研组和年级组双线并行方式，开发了系列以科技教育为特色的面向全体学生的校本课程及共享型校内外资源。通过几年的实践，面向中小学开放的高等教育资源更加丰富和完善，满足了不同学段学生的需求，为学校综合实践活动、学科实践课程和校本课程的实施提供了高等教育的优质资源。基于这些资源我校老师设计构建以参观、讲座、实验、实践体验、项目式学习、科学研究等形式的活动体系。在不断总结实践成果和教育案例的过程中，进一步改进方法，坚持实践，积累策略，逐渐形成我校小学中学大学联动培养模式的办学特色，构建了联动型创新育人教学体系，对我校的全体学生科技教育方面效果显著，特色鲜明。

三、成果主要特色

科学技术的发展与进步充分体现了国家的综合国力和国际影响力。科技兴国是任何教育阶段的重要内容。本成果主要体现在借助大学优质资源，通过中小学与大学联动形式，探索中小学阶段以科技教育为特色的学生培养体系、联动机制建设、课程及活动体系建设、师资培养及资源体系构建等内容，探寻多元化的创新人才培养途径，构建依托大学资源的科技教育育人策略和方法，推进中小学全面提升教育教学水平和人才质量，走特色发展之路。

（一）关注全体学生发展，凸显科技教育特色

经过多年的摸索和积淀，我校已逐步形成面向全体学生和教师的科技教育课程体系（见表1），具有在全面普及基础上、兼顾创新后备人才培养的特点。体系中的许多课程是与大学合作开发并持续多年，课程的活动类型和形式多样，以多种教育渠道调动全体学生参与的积极性，保证了科技教育的普及性，体现教育公平。同时兼顾学生兴趣与优长，采用多种方式培养学生，保证了航模、木梁承重、科技创新比赛等一些科技项目的优秀水平。

表1 大学支持中小学科技课程建设

实验学校科技教育		大学支持方式
基础普及课程	学校科技节	讲座 参观
	研究性学习	
	博览课	
	科学家进校园	
	课堂主渠道	
兴趣提高课程	Science Fair	社团指导 课题点评 课程建设
	选修课、校本课程	
	社团活动	
	学科活动/年级活动	
专题探究课程	专题性科技课程	个性化指导 课程开发/师资培养 发展性活动设计
	科技课题	
	科技小组	
高端研究课程	科学研究	加入大学实验团队、课题选择指导、实验研究 指导、研究成果评价、"冯如杯"竞赛
学生联合培养、课程开发、教师联合培养		

在大学各院系支持下，我校成功举办三届中学生国际科技节（Science Fair），邀请来自世界各国的几十名参与科技项目的高中生来我校开展中学生科技项目交流活动，同时了解大学的一些重点实验室的科研项目以及体验中华传统文化，为我校学生搭建国际交流平台。

实施案例1：每一届高二年级学生在学习到"恒流半偏法测电阻"阶段时都会走进中法工程师学院的实验室完成一节物理实验，我校物理教师同大学中法工程师学院教授等共同设计了学生拓展实验课，学生在大学实验室见识了更精密的仪器并学习了使用方法，亲身体验了实验的全过程，弥补了中学物理实验仪器在精确度和实验探究拓展等方面的不足。

实施案例2：2021—2022学年，我校参加《致敬航天英雄，传承航天精神》等大型科技类讲座8场，共计约3000人次。7月21—22日我校组织暑期科技夏令营，邀请来自北京航空航天大学空间与环境学院、电子信息工程学院以及航空学院多位老师为同学们带来丰富多彩的科技交流展示活动。10月8—17日我校陆续举办了14场大型科技节比赛，近千名师生参与。截止到2022年12月，共有约20000人次参加了联动活动带来的特色课程和活动。

实施案例3：2022年我校学生参加多项科技类比赛，获得海淀区金鹏科技论坛一等奖2名、二等奖1名；北京市第二十二届中小学金鹏科技论坛活动二等奖 1 名；北京市中小学环境教育系列活动二等奖 1 名；第 41 届海淀区青少年科技创新大赛一等奖 1 名；第 41 届北京市青少年科技创新大赛二等奖 1 名。

（二）凸显科技教育特色，建设层次结构分明的课程结构

特色课程建设主要是从本校实际出发，努力把蕴含在师生中的科技与人文素养转化为与学校特色建设方向相一致的课程资源。在课程实施过程中，学生对科学技术表现出强烈的好奇心和求知欲，使我们充分认识到科技特色课程开发与建设的必要性。我校以学校管理体制和大学联动机制做保障，充分挖掘、利用大学和周边科研院所的资源优势，调动学生家长的资源优势，依靠教研组和年级组的双导向积极探索校外课程资源的开发和利用，同时结合必修课和选修课内容利用中小学与大学联动的培养模式引导学生合作学习、参与探究，培养学生的科学精神和创新能力。围绕核心素养，分别从课程内容和范围、资源建设情况、学生学习方式、课程层级设计四个维度进行深入思考，依托大学课程资源，建设具有我校特色的进阶式联动校本课程，完善创新后备人才培养模式。

为了能充分、有规划地利用大学资源为师生服务，学校与大学相关部门沟通，由我校科技办老师会同相关学科教师和学生代表，结合学科教学内容，对大学资源进行了详细的调研、记录，并将这些信息整理成册，教师人手一本。在手册的指导下，课程资源利用更加高效，资源与教学内容结合更紧密，授课针对性更强，也让大学资源单位对中学教学有了比较深入的了解，在此基础之上我校教师与大学联合开发了系列中小学与大学联动课程，如化学教研组利用大学实验资源延伸中学化学教学情况（部分内容）如表 2 所示。

表 2 利用大学实验资源延伸高中化学教学情况

高中化学必修 1（人教社）——高一学段		利用大学实验资源延伸	目标达成情况
第一章第一节	化学实验基本方法（4）	进入化学系无机化学实验室，了解更多实验规范和实验方法，了解实验安全事项，规范严谨的安全意识	中学实验教材实验方法（尤其仪器使用）介绍较少，到大学实验室可以了解更多的实验方法；大学实验室更强调实验安全事项，让学生从中学时代树立较强的安全意识
第三章	金属及其化合物	增加物质结构与物质性质的关系实验	结构决定性质，但高中教材中多以验证性实验为主，缺少结构与性质关系探究的实验内容；大学相关实验的补充，让学生对结构和性质关系认知上有所提升
	正确选用金属材料	材料学院——了解更多金属材料的组成和性能	材料是中学教材中资源比较薄弱的内容，大学材料学院的资源进行了很好的补充

续表

高中化学必修1（人教社）——高一学段		利用大学实验资源延伸	目标达成情况
第四章	非金属及其化合物	增加物质结构与物质性质的关系实验	非金属结构决定其性质，在中学教材中的实验多以验证性实验为主；大学的材料、环境等相关学院的研究对非金属材料的性质及应用知识的补充非常有益
	无机非金属材料	材料学院——相关演示样品	高中教材中只有文字介绍的高温结构陶瓷、超导陶瓷、电绝缘陶瓷等在大学都能见到实物并研究性能

实施案例4：北京航空航天大学在每年一届的大学生"冯如杯"科技创新大赛中为我校学生开设中学组赛区，不同院系大学教授担任评审专家，完全按照大学生科技项目的评审过程进行，学生们通过展示科技制作、讲解参与的科研项目，锻炼了科研思维以及表述和论证能力，对于科学研究有了更加深入的认识和理解，一些项目也得到大学老师的关注和重视。

目前我校与北京航空航天大学所有院系、研究所、实验室都结成了稳固的合作关系，并制定制度，保障中小学与大学联动课程顺利开展与实施，形成以科技教育为特色的中小学与大学联动培养育人模式。

（三）鼓励学生学有所长，建设通用航空科技教育实验班

我校探索的中小学与大学联动培养模式主要面向全体学生，开展以航空航天科技为特色的综合实践活动，在此基础上，学校为一部分有理想、有志向的学生创造条件，让他们可以在中学阶段直接进入北京航空航天大学实验室，有大学教授面对面的指导，利用大学的基础实验设施对自己感兴趣的科研项目进行实验研究，体验科学研究过程。

2012年，北航实验学校中学部与北京航空航天大学共同开办"通用航空科技教育实验班"（简称"通航班"），面向北京市招收高中学生。通航班的开设符合我校办学现状和发展目标，是以北京航空航天大学雄厚的科技研究实力和北航实验学校"大中小学联动培养创新后备人才"工作经验为基础的，为基础教育阶段学生搭建的另一个高远平台。学校为通航班学生专门定制个性化课程，组织通航班每位同学进入大学实验室，在专家教授的指导下开展专业水准较高的科学研究。为促进通航教育可持续、高水平发展，在大学领导的支持下，学校开创高中向大学各院系贯通培养的育人模式，邀请大学的博士生、专家、教授走进通航班的课堂，结合中学课程的内容、学生的特点，开发拓展类、提高类课程，满足通航班学生学习的需要，拓宽学生的视野，激发学生的

潜能，增强学生的能力，真正实现通航人才的贯通培养。这一做法对于探索高中阶段通用航空科技人才的培养机制、形成普通高中学生多元化培养模式、为我国航空航天事业持续高速发展培养后备人才具有重要促进意义。

（四）传承航空航天特色，创新金鹏团模型项目建设

作为北京航空航天大学附属基础教育学校，以航空航天科技教育为特色的校本课程是我校的传统课程，航空模型是学校的传统科技项目。作为航空模型传统校，中学部和小学部的航模队伍具有多年的历史。中学部航模队自 20 世纪 60 年代起就多次参加市区级、国家级和世界级的各项比赛，在历史上屡创佳绩。近几年在全校科技教育高速发展的进程中，航空模型教育一直保持着稳定的优势：我校在全国和世界航模的多个项目比赛中获得多项冠军及其他优秀成绩。2014 年起，我校被评为北京市金鹏团航空模型分团。

我校航模项目的发展不仅仅是建立在航模队一支队伍上，还以"全校播种——校本课程全校开展"、"重点提升——选修课程带动优秀"、"拔尖培养——比赛队伍训练成长"的递进培养模式，保证了我校航模项目稳定的一流水平。

此外，北航实验学校的航空航天教育高端课程得到了北京航空航天大学的大力支持。大学的航空模型队伍在全国乃至世界比赛中均保持一流水平，多年来北京航空航天大学航模队在多方面对北航实验学校航模队进行指导帮助，大学很多模型设计的思路和技术是我们进步的重要动力和保障，我校航模队师生可以无障碍地使用北京航空航天大学的训练场地与训练器材。北京航空航天大学航空学院万志强教授、航模队李永新教练等一大批专家教授在课程、社团、训练等多方面支持着北航实验学校航空模型项目的发展。万教授领衔为实验学校师生设计开设《飞机为什么会飞》、《航空航天概论》等多个航空航天校本课程，并形成了相关的课程教材出版发行。

在航空模型理论提升方面，北京航空航天大学拥有众多国家和北京市重点实验室，其中大部分实验室为实验学校开放，学校利用这些资源开展以参观、讲座、实践学习为主要形式的学生活动。同时，我校积极聘请多位专家、学者作为我校学生的校外辅导员。丰富的实验室资源、优秀的校外专家辅导员队伍，为我校的航模教育的深入开展提供了坚实的保障。2019—2022 年，我校航模队均取得了多项全国航模比赛冠军的优秀成绩，其中 2022 年全国青少年航空航天模型锦标赛获得个人单项冠军 1 名、获得团体冠军 3 名，获得个人一等奖 2 名、个人二等奖 2 名。

四、总结与反思

我校充分利用社会资源，尤其是大学资源创建的中小学与大学联动培养创新人才模式，是建立在校内浓厚科技教育氛围之上的，是符合教育未来发展方向的。一系列实践过程表明：我校积极寻求高校支持中小学办学的着力点，从机制、人力、财力、物力等方面探索出了一条值得其他学校借鉴的有效途径。

在中小学教育改革背景下，后续我们将继续努力坚持实践，并结合实践过程进一步提升理论高度，再应用于指导实践过程，真正做到理论和实践的高度统一。

求真启善　以美育人

冯　爽　孙　英　黎健清

2020年10月，中共中央办公厅、国务院办公厅在印发的《关于全面加强和改进新时代学校美育工作的意见》中指出：以习近平新时代中国特色社会主义思想为指导，全面贯彻党的教育方针，坚持社会主义办学方向，以立德树人为根本，以社会主义核心价值观为引领，以提高学生审美和人文素养为目标，弘扬中华美育精神，以美育人、以美化人、以美培元，把美育纳入各级各类学校人才培养全过程，贯穿学校教育各学段，培养德智体美劳全面发展的社会主义建设者和接班人。作为海淀区艺术示范校，北航实验学校在60多年的发展历程中，逐渐形成了"以艺润德、全员美育；普及与提高并重、兴趣与特长并举"的艺术教育体系，并根据时代发展要求，不断优化资源配置，增强育人成效，提升学生审美和人文素养。

我校是海淀区艺术示范校，艺术教育围绕我校"秉承航天精神，润泽至美人格，锻造实践能力，培育创新人才"的理念，在已形成的"星空教育观"，即"让每一个看似平凡的学生找到适合自己的成长方向，同时提供足够的发展空间，只要孩子付出足够的努力，就能成为浩瀚星空中的一颗闪亮之星，绽放属于自己的灿烂光芒"基础上，加强美育工作，引导学生立足艺术，放眼人生，以提高艺术教养与审美素质，追求更有意义、更有价值、更有情趣的人生为目标，通过鉴赏品味、技艺传承、氛围熏陶、实践创作等多种形式，提升学生审美情趣，涵养创美潜能，引导学生树立高远的精神追求，享有高尚的精神生活。

北航实验学校在已有的美育课程基础上，不断完善课程和教材体系，树立学科融合理念，有机整合相关学科的美育内容，扎实推进课堂教学、社会实践和校园文化建设。美育的目标是将普及与提高并重、兴趣与特长并举，润泽至美人格，培养学生拥有一双发现美的眼睛，能用审美的眼光去看待身边的人和事物。要达到这样的目标，首先需要一支稳定的、优秀的美育教师团队。本校7位专职美育教师，均具有10年以上课堂教学经验，其中4位硕士，是海淀区和本校的音乐、美术学科带头人、骨干教师，他们开设国家级艺术课程的同时，带出我校特色艺术团队，是我校美育的中坚力量。如海淀区艺术学科带头人高榆楠老师、高自平老师，海淀区艺术骨干教师高原老师、王婷老师，非物质文化遗产传承课程指导教师冯爽老师、梁云岭老师、傅颖老师等都在自己擅长的领域做出了突出的贡献。美育教研团队定期进行教研活动，开展美育教学课题和课程研究，探讨美育教育理念，整合资源，协同创新，深入研究学校美育改革发展中的理论和具体的现实问题，以美育促教研，以教研带教学，共同设计美育实践活动，交流课堂美育教学设计心得，开展美育大教研活动，互相评课，有效提升教学水平和质量。充分发挥学科带头人和骨干教师在美育教学研究上的引领作用，开展专项课题研究，将本校学生作为课题研究对象，从审美的认知、创意思维的培养、各学科融合交互思维模式的探索等方面，开展课题实践研究，提高学校美育教学工作和科研水平。

在打造优秀的美育教师队伍同时，我校定期聘请国家级非遗传承人，国家一级美术师，中央戏剧学院教授，北京航空航天大学新媒体学院教授，中央美术学院、中央音乐学院博士等优秀艺术人才到校，指导国家级非遗课程和特色社团活动，做艺术专题讲座，开设艺术类拓展课。专职与兼职教师共同打造的以"文化传承"与"世界优秀艺术探索"为主的两大类艺术提高课程，已成为学生喜闻乐见的抢手课程。

优秀的专职、兼职美育教师团队，使我校美育课程有序实施。在内容上凸显丰富性，注重优秀的传统文化传承和世界优秀艺术文化探索。根据学生的天赋资质、基本素养、兴趣爱好、发展需求构建了包含基础普及课程、探索拓展课程、发展兴趣的提高艺术技能专业课程，普及与提高并举，培养学生的美育学科实践能力与创新精神，满足学生未来发展的个性化需求。

我校的美育工作面向全体学生。围绕社会主义核心价值观制定课程目标，基础美育课程结合学生的家庭生活、校园生活、社会生活进行大单元教学、项目式教学设计，完成基于核心素养的课堂教与学。鼓励和引导学生学习常规学科知识和技法的同时，结合自己天赋、爱好，侧重发展一项艺术特长，对于学生的人格培养和终身发展有着极其重要的意义。

例如，我校美术学科高原老师设计的项目式教学"钟表的创意设计"在海淀区美术教师教研活动中进行了交流分享。在"双减"背景下，我校初中美术课程注重创意美术课程的开发与实践研究，以多元美术课程为基础，进行创意美术三级课程体系的整合与教材开发，其中包括国家教材中创意部分内容的延伸和挖掘，以及教师专业特色开发的专业美术内容，帮助学生在多元的美术情境中感受艺术的魅力，提高学生的审美能力、创新思维和创造能力，从根本上提升美术专业素养与艺术素质。

《音乐课程标准》指出：器乐教学对于激发学生学习音乐的兴趣，提高对音乐的理解、表达和创造能力有着十分重要的作用。苏霍姆林斯基也曾经讲过，"让学生体验一种自己在亲自参与掌握知识的情感乃是唤起少年特有的对知识的兴趣的重要条件"。器乐进课堂就是让学生在亲自参与中掌握知识的很好的途径。我校选择了口风琴吹奏作为初中学段音乐课堂的必修课，课程设置包括：口风琴指法练习，口风琴独奏、合奏，还有相关的课程评价与考核。

图 1 艺术学科展示

为进一步提升学生艺术素养，学校注重开阔学生的艺术视野，体验多元文化。利用已有的综合实践活动、研究性学习和博览课等课程平台，充分发掘各种活动、课程的潜力，开展面向全体学生的美育教育。

一、开发资源，利用现有条件丰富美育课程

我校每周都用固定时间在指定教室由专业教师开设选修课，主要是多元艺术体验课程，包括动漫欣赏与技法、非遗刺绣、传统篆刻、精美布艺、手工编织、玩转色彩、审美与设计通识等。每学期有走出校园的博览课，如走进中国国家博物馆、首都博物馆、故宫博物院等；有艺术家进校园课程，如与名家面对面，大学教授的"多彩的插画"、"飞行器的设计"、"国粹京剧"、"西方音乐剧"，故宫博物院讲解员的《清明上河图》鉴赏、国家级非遗传人的"印刷术的活化石"、中国人民解放军军乐团原团长的"国歌"课；有跨学科融合课程，如"同升一面旗，共爱一个家"、"卢沟桥融合课"、"地大博物馆多学科融合课"等。

图 2 艺术拓展活动

二、充分利用重要纪念日、民族传统节日、我校艺术节等契机，开展主题鲜明、形式多样的美育实践活动

在每年的 12 月份，我校都会开展以"飞扬的青春 激昂的旋律"为主题的"一二·九"歌咏比赛，各班会演唱红歌和自选歌曲，用歌声铭记历史、唱

响青春，参与率达到100%。此外，在教师节、中秋节、元旦等节日中，我校也会组织师生文艺演出，为学生搭建艺术展示的平台，营造和谐优美的校园文化氛围。

图3 "一二·九"歌咏比赛

每年的12月份，是学生们最期待的艺术节，学校艺术组老师和学生会的同学们会制订每学期的艺术节方案，包括歌手大赛、器乐比赛、达人秀等多个项目。在全校的升旗仪式上会有艺术节的动员，同学们报名踊跃，参与其中，乐在其中。艺术节闭幕式会在每年的年底开展，汇集了艺术节中的优秀节目，全校师生欢聚一堂，载歌载舞，辞旧迎新。

图4 艺术节活动

三、在教学中有意识地渗透美育思想、育人方法，力求能够让学生在学科共育的过程中接受"审美"教育，最终提高学生的综合素养

教研组、年级组精心设计、认真打磨，通过年级艺术学科活动、校园艺术节和学科综合课、美育成果展示展演等多方面的教育形式，将美育教育融合在

不同的课程、实践活动中，让同学们在实践中提升科学艺术素养，锻炼艺术技能，体悟艺术精神。（见表1）

表1

中华优秀传统文化美育融合课	
活动名称	相关教研组
汉字达人	语文组、艺术组
雅意弦歌诗歌朗诵表演、阅读拓展课	语文组、艺术组
微诗歌创作、微小说创作	语文组、艺术组
红楼梦探秘——大观园、曹雪芹纪念馆博览课	语文组、艺术组
纵横春秋——历史剧展演	历史组、艺术组
"读史明智"手抄报绘制	历史组、艺术组
"近代社会生活变迁"、"以物叙史"论文撰写	历史组、艺术组
博览课"走进国子监孔庙"、"走进故宫"、"走进世纪坛"	地理组、历史组、艺术组
走进"瓷都"景德镇、探看青花瓷	语文组、历史组、艺术组

针对艺术兴趣浓厚、有意愿发展艺术特长的同学，我校有合唱、管乐、京剧、油画、剪纸、传统彩色木版水印、高考美术专业技法课等艺术专业社团，每周都在固定时间，用专业教室，由专门教师指导，在发展学生兴趣和特长的基础上，更具有专业性。

艺术社团非常重视中华优秀传统文化的传承。2020年12月，全国政协在京召开"推动中华优秀传统文化进课本、进课堂、进校园"网络会议，会上强调要深入领会习近平总书记关于传承发展中华优秀传统文化的重要论述，从坚定文化自信高度认识推动中华优秀传统文化进课本、进课堂、进校园的重大意义，聚焦立德树人根本任务，把中华优秀传统文化的种子埋入每个孩子心田，培养富有文化自信的社会主义事业建设者和接班人。

我校一直高度重视中华传统文化在美育教育中的渗透，邀请国家级非物质遗产传承人到校，建立北航实验学校中学部"十竹斋"木版水印体验馆，成立传统剪纸、京剧社团。

"十竹斋"传统彩色木版水印　　　　　京剧　　　　　　　　剪纸

图5　国家级非遗社团

其次，艺术社团注重探索学习世界优秀艺术，帮助学生开阔眼界，提高艺术表现能力与鉴赏能力。我校开设了油画、专业美术技法培优美术提高社团以及合唱团、管乐团。

图6　优秀艺术社团

在艺术提高社团学习的同学不仅在校内与艺术大师面对面学习，也在老师的带领下走进博物馆参观，聆听专业讲解，了解艺术家创作精髓。

艺术社团的同学们积极参加各级艺术比赛，并取得良好的成绩，多次获得国家、北京市、海淀区艺术活动奖项。2022年6月我校星辰合唱团参加"维也纳国际合唱节"获得两项金奖。

图7　维也纳合唱节金奖证书

　　"求真启善，以美育人"，这是北航实验学校开展美育工作与艺术教育的理念。我校美育特色突出，办学成果显著。多年来，北航实验学校秉承"星空教育观"的理念持续加速自身发展，重视美育学科基地建设，为每一位教师专业成长助力，为每一位同学成长加油。学校充分认识到艺术教育在开发学生潜能、促进学生全面发展中的作用，优化课程资源，设计美育活动，加强科研引领，本校艺术教师积极参与市区级各类课题研究、培训活动，进行海淀区艺术学科教材教法辅导，多篇论文及教学设计获奖，起到了良好的美育教学辐射示范的作用。我校被评为"海淀区艺术示范校"、"北航后备人才培养基地"。充满活力、锐意进取的音美教研组两次被评为"海淀区青年文明号"。

　　学校对美育的重视，为每一位学生的全面发展提供了有力的保障和更多的可能。北航实验学校必将加倍努力，注重学生艺术素养的持续发展，让每一个学生都能认识美、理解美、欣赏美、创作美，全面提升育人能力，承担起培养德智体美劳全面发展的人才的重任，鼓励学生为实现共产主义理想和创造一切美好的事物而奋发向上。

构建立体劳动教育体系　促进学生全面发展

王　婷　孙　英　吴　红

劳动教育是国民教育的重要内容，是学生成长的必要途径，具有树德、增智、育美等综合育人价值。劳动实践教育是中小学教育的重要组成部分，是全面贯彻落实教育方针、实施素质教育、促进学生全面发展的基本途径。

我校注重劳动教育"大课堂"这一形态，将劳动教育纳入学生培养的全过程，融入"德智体美劳"五育工作中，通过日常管理、志愿服务、课堂主阵地等多种渠道，注重劳动观念、劳动精神的培养和实践。学校借助家庭和社会的力量拓宽劳动教育资源，如通过劳动任务清单，鼓励学生积极参与力所能及的家庭和社区义务劳动，利用北京航空航天大学的资源开展社区实践等劳动项目，同时学校在师资、经费、场地、设备等方面也都落实到位，为劳动教育的顺利、高效开展做好充足保障。

一、加强劳动教育体系建设

劳动教育必须建立体系才能有序推进，学校将劳动教育与课程建设融为一体，从学校到社区，从部分参与到全员推进，从校内实践到广泛利用校外资源优势，我们对劳动教育开展了一系列实践与探索，初步形成了以下五个方面为主的劳动教育体系。

（一）将劳动教育融入校园和家庭生活

通过板报宣传、校园环保主题活动、发放图书、承办大型活动场地的布置、自主餐饮管理等方式，我们不断激发学生的内驱力，形成尊重劳动的理念和氛围，让学生意识到劳动最光荣、劳动最崇高、劳动最伟大、劳动最美丽。

学校以 3 月 5 日 "中国青年志愿者服务日" 为契机，在为期一周的劳动教育周内，以班级或团支部为单位开展丰富多样的劳动主题教育。同时，我们面向学生和家长发放家庭劳动任务清单，通过任务驱动，指导学生利用课余时间在家庭和社区参与力所能及的劳动，转变家长对劳动教育的观念，亲子共同参与劳动，在指导孩子动手劳动的同时，体验共同成长的快乐。

（二）将劳动教育与学科教学有效融合

加强劳动教育课程建设，劳动教育每周固定安排 1 课时；教师深挖教材内容，结合学科特点传授劳动知识，强化劳动光荣的理念；借力学科活动，学生在亲身实践中提高劳动技能；聚焦模范人物，学生在典型事迹中树立劳动品质；充分挖掘选修课资源，增加学生动手实践的机会。

（三）将劳动教育贯穿社区服务和社会实践

学校在劳动教育中发挥主导作用，家庭发挥基础作用，社会起到的是支持作用。学校设计并实施不同学段的社会实践活动，倡导家务劳动，从点滴做起；鼓励学生积极参与志愿活动，在社会实践中奉献成长。

（四）线上线下相结合开展劳动教育

疫情防控期间，学生居家学习，我们在线上开展 "科技秀"，学生展示自主创作的作品；开设学长直播间，开展职业教育，了解不同行业的劳动特点及价值等。此外，在学生居家学习以及节假日期间，学校通过微信推送、家长信等方式，号召同学们承担必要的家务劳动，并积极参与社区垃圾分类志愿服务活动。

（五）不断完善科学的劳动教育评价体系

学生在家庭、社区等实践场所参与劳动的记录纳入学生综合素质评价体系，并计入学生个人成长分。每到学期末，学校会评选 "勤劳笃学" 之星，在开学典礼上隆重表彰能够积极参与劳动、起到表率作用的同学，用评价促实践，营造人人爱劳动、人人会劳动的校园氛围。

二、持续推进劳动教育实践基地建设

学校将所有教室和公用场地划分为不同的劳动区域，每周五下午各班都会进行劳动实践，有专门的老师负责记录、检查、评价每个班的劳动情况，并计入红旗班的评比。

同时，在学校团委的号召下，各团支部自发开展如绿灯行动、国家天文馆讲解等特色劳动项目，形成了固定的劳动教育实践基地，活动后记录在学校下发的志愿服务手册中，学期末各支部进行总结评议。同时，我校师生积极参与劳动实践案例的撰写，多篇文章在"海淀区中小学劳动教育"项目征文活动中荣获一、二等奖。

我校坐落于北京航空航天大学校园内，大学对各项活动给予了高度支持。学生定期走进北航社区，与居民共同劳动，共建温馨社区；固化劳动项目，把大学思源楼退休教师活动中心和北航工程训练中心作为劳动实践基地；团支部把北航图书馆作为活动阵地，将劳动教育常态化；中学生业余党校的必修课上，党校学员与模范人物座谈，感悟工匠精神。

目前，学校更加高度重视建立安全教育与管理并重的劳动安全保障体系，将安全放在首位。与服务保障中心、医务室共同制定《劳动教育风险防控预案》与《应急与事故处理机制》，关注劳动过程中的卫生及安全隐患，做好预防。

三、形成全学科、重研究的劳动教育教师队伍

学校历来十分重视教师的思想政治和师德师风建设，强调在学科教学中有机渗透劳动教育，每一位教职员工都承担着劳动教育的责任，以劳树德、以劳增智、以劳强体、以劳育美：在道德与法治、语文、艺术等学科中，渗透热爱劳动的观念；在数学、化学、物理、生物、信息技术、体育与健康等学科中，培养学生劳动的科学态度、效率意识、创新精神；在义务教育拓展课等实践课程中，培养学生善于探究、乐于体验的劳动素养。

我校组织教师开展劳动教育专题研究。2019 年，我校立项了北京市海淀区教育科学"十三五"规划群体课题子课题《中学劳动教育主题实践活动的研究——以北航实验学校为例》，部分道德与法治课教师和班主任参与了此课题。多位教师在"海淀区中小学劳动教育"项目征文中获奖。2021 年 3 月，受海淀教科院邀请，吴鹏程校长参加了"新时代中小学劳动教育的实践与探索"校长论坛，做了"利用资源优势　推进劳动教育课程的实践与探索"主题分享。

四、强化特色，引领示范

学校将劳动教育工作纳入整体工作计划之中，并在课后服务时间组织开展劳动教育，开设了一系列传统文化和科技特色突出的劳动教育选修课。如中医药课程在我校开设数年，学生在学习中医药基础知识的同时，还种植中草药，亲手制作芦荟凝胶、唇膏等各种护肤品。2016 年开始，我校开设"十竹斋木版水印"国家级非遗课程，帮助学生在欣赏、鉴别、实践与评价传统版画作品的过程中，逐步提高审美能力。

此外，我校积极探索劳动教育与科技教育的有机融合，利用 AI 智能教室，开设 AI 智能劳动课程；利用通航实验室，开设通航实验课程；利用生物实验室，推进智能控制的"火星基地食物供给"项目；利用生物实验室，推进"太空育种"实验对比项目；等等。

著名的教育家苏霍姆林斯基在《我把心给了孩子们》一书中说过："劳动要成为一种巨大的教育力量，就是必须成为我们的学生精神生活的需要：能给他们带来团结友爱的快乐；能促使钻研精神和求知欲的发展；能在克服困难之后，产生激动人心的欢乐；能在周围世界里不断发现新的美好事物；能唤起初步的公民义务感。"未来，学校将继续在实践中深化劳动教育，继续探索劳动教育评价新模式，尝试建立云端的、多元主体的、多样化的评价方式，不断丰富、发展基于劳动教育的多元课程体系，让劳动的乐趣成为一种巨大的教育力量，培养全面发展的社会主义新型劳动者和接班人。

关注新任教师需求　提升新任教师岗位适应性

吴　红　杨文静

习近平总书记指出："教师是人类灵魂的工程师，是人类文明的传承者，承载着传播知识、传播思想、传播真理，塑造灵魂、塑造生命、塑造新人的时代重任。"我们要不忘立德树人初心，牢记为党育人、为国育才使命，不断提升教书育人本领，为培养德智体美劳全面发展的社会主义建设者和接班人作出应有的贡献。

近几年，我校新任教师数量在逐年递增，学校教师队伍面临学科结构调整、毕业院校多元化、年龄不断趋于年轻化等形势。学校的教育教学工作需要新任教师快速成长、快速进阶，尽快胜任教育教学工作。

新任教师是教师队伍中的特殊群体，正处于准备期即原有学生的角色，向适应期即教育教学新手的角色进阶的起步阶段。新任教师缺少教育教学经验，往往凭借学生时代和实习期间教师给予他们的教育教学上的直观感受，进行机械模仿，教不得法，常有强烈的焦虑感；新任教师不了解学校的常规工作、具体的工作规定和要求，难以及时适应新环境、新工作，往往导致工作中有错误，他们易于产生与学生时代比对的失落感。但新任教师刚刚走出大学校门，无论从理论知识还是研究问题的角度方面，都具有较高的水平，代表教师群体中的新生力量，他们具有很强的可塑性，经过系列的研修，在掌握了基本教育教学技能后，能够更快地将所学运用于教育、教学，更好地推进优质教育的可持续发展，更好地促进课程改革的深入发展。

有研究表明，教师职业生涯的头几年是决定其一生专业素质的关键时期，这一时期不仅决定教师是否会在教学领域内继续工作下去，而且决定他们将会成为什么样的教师。而教师独特的教学专长也往往是在此阶段奠定基础。关注新任教师的需求，以新任教师岗位适应性为中心的校本研修培训具有较高的理论和实践意义。

一、紧扣"适应性"，设定培训目标

作为刚从高校生活和科研环境中步入中学教师岗位的新任教师，适应当前的岗位、胜任当前的工作尤为重要。紧扣"适应性"是新任教师岗位适应性提升研修的根本出发点和实施着力点。

（一）角色转换的适应

新任教师刚刚从原有的学生角色过渡到教育教学的新手，通过学习《中小学教师职业道德规范》、学校常规管理章程、教育专著等文件和论著，帮助新任教师树立教育理想和专业理想，以正确的教育观、学生观，高尚的人格情操，高度的责任感，教书育人，授业解惑。

（二）心理认同的适应

新任教师刚刚从熟悉的环境、熟悉的交往群体，进入到学校这样一个崭新且陌生的环境，接触到新的、毫不了解的同事，初来乍到，容易有孤独和寂寞情绪。通过心理团体辅导、文化团建活动、"青蓝"拜师仪式等，帮助新任教师尽快熟悉学校环境、认同学校文化、与其他教师形成和谐的同事关系，以饱满的情绪、乐观的心态投入工作。

（三）业务能力的适应

新任教师刚刚从接受知识型转换为给予传授型，缺少教育教学经验。通过集体备课、撰写教学案例、导师导"教"、听评课等教学培训，"班主任的一天"情景模拟、班级常规管理的学习、主题班会的研讨等教育培训，帮助新任教师掌握教育教学的基本技能、提高教育教学的实际应对能力，尽快适应教育教学工作，顺利施教。

二、关注新任教师的需求，设计培训内容

关注新任教师的需求，本着"缺少什么就研修什么，需要什么就补充什么"的原则，设计研修的内容。

（一）师德教育践行类

《中小学教师职业道德规范》、《中华人民共和国未成年人保护法》（节选）、《北航实验学校中学部常规管理章程》（考勤制度、奖惩制度、课堂管理制度、班主任工作职责）等。

（二）心理培训类

团建活动——参观校园，学习校史等；团体辅导——盲行之信任之旅、大风吹、新时代中学生的特点报告等；"青蓝工程"结对仪式；教师沙龙。

（三）教学类

集体备课的流程及实施、教学案例的撰写、作业设计的实施、导师导"教"、听评课、开设"青蓝汇报课"等。

（四）教育类

"班主任的一天"情景模拟、班级常规管理的学习、主题班会的设计及开展主题报告、听评主题班会、开设主题班会研究课等。

（五）自主研修类

自主学习书目包括：《好懂好用的教育心理学》、《课堂提问的艺术》、《走近教育家——苏霍姆林斯基》、《实用教学策略》、《班主任兵法》等，要求新任教师在规定时间内完成精读书目，开展读书沙龙，分享交流读书心得。

三、"2+3"的培训模式，注重实践研修

针对新任教师的特点，我们一直在寻找最适合新任教师学习成长的方式和途径，总体上说我校的新任教师岗位适应性提升研修课程分三个阶段，即正式入职前的短期集中研修、标志着正式入职的"青蓝工程"结对仪式、正式入职后的岗位研修，而导师导"教"和自主研修又构成了正式入职后岗位研修并行的两条主线，这样构成了我校较为完整的新任教师校本研修模式。

（一）第一阶段：正式入职前的短期集中研修

正式入职前的短期集中研修一般为期5天，由以下7个版块组成。

第一版块：欢迎仪式。在教师发展中心的组织下，校领导、中层干部参加欢迎仪式，首先隆重介绍每位新任教师，包括基本情况、兴趣爱好、个性特长、研究专长等，让每位新任教师感受到被重视的存在感和价值感；校长温馨而热烈的欢迎词更让新任教师找到回家的感觉；各行政处室用简短的几句话介

绍本处室的重点工作和特点，让新任教师很快能够捕捉到各处室的功能。这些都在打消新任教师的局促感，加深对学校的认识。

第二版块：心理培训。我校两位心理教师尽心用心地设计培训内容。她们用独特的亲和力带领新任教师参观校园的每一个角落，尤其是在校史馆频频驻足，甚至用"萝卜蹲"的游戏方式，在欢笑中把学校发展的历史、校训、校徽、办学目标、育人目标等介绍给新任教师，新任教师对学校的文化有了深入的了解。心理老师组织的由新任教师和接下来要为新任教师做培训的优秀教育、教学骨干共同参与的"盲行之信任之旅"的团体辅导，拉近了所有参加活动的老师的距离，熟悉感倍增，和谐的同事关系开启。而《新时代中学生的特点》的主题培训，让新任教师了解当下学生的特点及解决师生冲突的基本原则和方法，增强了新任教师面对学生的信心和勇气。

第三版块：师德教育践行类。本版块主要以专题培训的形式进行讲解。中学部党政办主任结合一些典型的案例，带领新任教师学习《中小学教师职业道德规范》、《中华人民共和国未成年人保护法》（节选），引领新任教师掌握中小学教师职业道德规范，形成专业理想和博大的教育情怀。中学部行政校长为新任教师解读《常规管理章程》，包括考勤制度、奖惩制度等，帮助新任教师掌握学校的常规要求，提升规则意识，更得心应手地完成教育教学任务。

第四版块：教学类。中学部教学校长为新任教师讲解课堂常规要求、集体备课的流程及实施，教学骨干教师讲授教学案例的撰写、作业设计的实施，帮助新任教师明确教学的管理常规，为走上三尺讲台打下良好的基础。新任教师完成开学第一课的教学案例设计。

第五版块：教育类。中学部德育校长为新任教师讲解德育的常规要求，包括班主任工作职责、班级常规管理的规定、学生一日常规，帮助新任教师了解德育的常规要求，为走上副班主任的工作岗位打下基础。中学部德育主任以"班主任的一天"情景模拟，让新任教师更清晰地看到班主任一天的充实和忙碌、收获和快乐，而主题班会的设计及开展的专题培训，帮助新任教师了解主题班会的设计流程，为更好地开设主题班会奠定基础。新任教师完成"今天我们相识"主题班会的案例设计。

第六版块：分享交流。以小组为单位，学校邀请教育教学骨干参加，新任教师对自己设计的教学案例和主题班会案例进行说课，专家给出中肯建议，与会者共同分享教学经验，探索教育教学规律，为新任教师开学走上讲台奠定基础。

第七版块：结业仪式。在教师发展中心的主持下，各部门主任对新任教师进行点评，以表扬和鼓励为主。新任教师就集中研修的学习体会做发言。校长做总结讲话。

新任教师正式入职前的集中研修为期虽短，但信息量非常丰富，涉及方方面面，为新任教师实现由学生向教师角色转变走上工作岗位，注入了足够的能量和技能，也提高了新任教师的师德修养和教书育人的责任感。通过集中研修，新任教师基本了解了学校的规章制度，熟悉了学校的文化，适应了工作和生活环境，初步建立了和谐的人际关系，对学校的认同感在不断提升。同时，了解了当前课程改革的基本情况及其对教师课堂教学、教育管理等方面的基本要求，基本适应教学工作常规和教育工作常规，具备了基本的教育教学技能，更好地适应学校教育教学工作的需求。

（二）第二阶段：正式入职的"青蓝工程"结对仪式

按照相关规定，新任教师办完入职的相关手续到校报到后即为正式入职，我们认为这是规定上的正式入职，而我校注重新任教师正式入职的仪式感，每年都会在9月的第一周为新任教师举行"青蓝工程"结对仪式，我校认为此时新任教师正式入职。

在教师发展中心的组织下，学校的校级领导，新任教师，按照同专业、同学科的原则和任教年级为新任教师选聘的教学和教育导师，经过校本研修后成长起来的青年教师代表等共同参加"青蓝工程"结对仪式，正是"青蓝相逢呈亮色，花香氤氲续师缘"。

仪式上，校领导宣布"青蓝师徒结对"的校务委员会决议和结对名单、"青蓝工程"师徒结对的德育细则、教学细则，明确导师和新任教师各自的职责，互相学习、取长补短，真正实现"老带新、新促老"。

与会校领导为各位指导教师颁发聘书，新任教师向导师鞠躬献花，导师向新任教师赠送寄语卡片，花香氤氲，教导谆谆，既是祝福，又含期待。导师、新任教师、成长的青年教师立足自己的实际，逐一分享感受、表明态度。

接下来校领导为新任教师赠送入职纪念：亭亭如盖心形水晶制品，激励新任教师用爱心对待学生、用真心对待同事、用信心对待工作，成长为更好的自己。

同时学校为每位教师赠送自主学习的书目，包括《好懂好用的教育心理学》、《课堂提问的艺术》、《走近教育家——苏霍姆林斯基》、《实用教学策略》、《班主任兵法》等，明确新任教师在规定时间内完成的精读书目，为开展读书沙龙、分享交流读书心得做好准备。

相互滋养的陪伴才是最长情的告白。青蓝工程已在我校走过了 25 个寒暑，不仅帮助新任教师从站稳讲台到站好讲台，而且有效营造了互学共进的氛围。漫漫人生路，无私解惑人，导师导"教"加新任教师自主研修，真正实现青蓝同蔚，薪火相传，登高不止步，更上一层楼。

（三）第三阶段：正式入职后的岗位研修

伴随着金秋的阳光，新任教师正式步入教育教学岗位。

1. 在教学岗位上

教学导师为新任教师导"教"，新任教师与导师一起备课、完善导师提出修改意见的教案、听导师的每一节课、"评"导师的每一节课、根据导师听其推门课的建议调整教学方法、准备并上好每学期的"青蓝公开汇报课"。这样的研修活动是一个良性的闭环，持续一学年。

导师导"教"旨在发挥老教师的引领示范作用，通过传帮带将新任教师扶上马，送一程。导师帮助新任教师进行学情分析、教材分析，指导新任教师撰写教案，导师听新任教师的课，分析其教学过程的优劣，通过导师跟踪、指导使新任教师把握课堂的基本环节与学科教学的基本模式，能运用新的教育教学理念指导教学实践，基本能够完成学科教学任务。而新任教师全程听导师的课，学习借鉴导师多年来积累的教学方法。学习借鉴优长，同时新任教师去听课也促进导师在教学上精益求精，这是一个互相滋养、相互提升的过程。学期末开展的新任教师"青蓝公开汇报课"，教师发展中心组织督导组进行客观的量化考评，评定出一、二、三等奖，这是对一学期新任教师在教学岗位成长的检验，更是通过展示对新任教师加以激励。督导组对每位新任教师的课进行点评，提出中肯的发展建议，使新任教师明确下一阶段的努力方向，逐渐形成自己的教学特点和风格。第二学期，又是一个良性循环，新任教师快速成长。

以下以微教学培训和课例培训两个典型案例对教学岗位的研修进行补充说明。

案例一：微教学培训。微教学培训对新任教师在课堂上需要具备的教学技能，如语言表述、提问艺术、细致观察、详细讲解、信息手段运用等，而进行的有针对性、有实操性的培训。要求新教师以微课例的形式将这些教学技能整合进课堂，在课例研讨环节以自评和他评的形式进行评价，同时也提升了所有参与教师的听评课能力，让课程教学更具实效性，让新任教师更加关注教学细节。

案例二：课例培训。课堂教学是新任教师专业发展的主渠道，我校将解决新任教师在课堂教学中遇到的难题作为校本研修的关键，在实施中，结合"青蓝工程"中导师导"教"的指导形式，制定了"备课、设计、说课、反馈、修改、上课、评课、再修改、反思"的培训步骤。

每次课例研讨前，指导教师首先提炼出最有探究价值的问题作为研究的专题，由新任教师说思路、进行初步教学设计，进行说课，指导教师在此基础上补充修订，新任教师修改教学设计，并进行课堂教学，其他教师共同参与听课，课后集中进行反思交流，研讨所研究的专题在课堂教学落实中的成败得失，并进一步寻求解决问题的最佳策略。我们还要求教师写出翔实的案例分析和教学反思，教师们在积极的备课、说课、授课、评课等一系列的课例研讨活动中，极大地丰富了实践性知识，提升了教学的智慧和能力。

2. 在教育岗位上

每位新任教师都是一名副班主任，班主任是新任教师的教育导师。新任教师在协助班主任组织班级管理、班级活动的过程中，逐步掌握班级工作的常规内容和要求，同时保证新任教师把大量的时间和精力用于课堂教学研究。在教育导师的指导下，新任教师完成主题班会的设计和开展，提升其教育能力，为成为班主任独当一面做好准备。

3. 在自主研修中

在"青蓝工程"仪式上，学校赠送的书籍，要求新任教师在规定时间段完成指定书目的精读，一学期教育、教学的书籍各 1 本，共同参加读书会，分享交流读书体会，尤其是对自己教育教学的指导和帮助。在与书香为伴的品读中，在与同伴的分享交流中，不断提升自身的素养，厘清自己的教育观、学习观，进一步完善自己的教育教学方式，与更好的自己相遇。

四、在梳理总结中，彰显培训特点

（一）进阶推进

新任教师岗位适应性提升研修分三个阶段，即正式入职前的短期集中研修、标志着正式入职的"青蓝工程"结对仪式、正式入职后的岗位研修，而导师导"教"和自主研修又构成了正式入职后岗位研修并行的两条主线，这样以时间渐进、阶段明确，层层推进、层层深入的研修模式体现出进阶推进的特点。帮助新任教师完成了由学生到教师的角色适应、由接受知识到教授知识的知识体系的转变，以及教育教学能力的提升。

（二）自主建构

新任教师岗位适应性提升研修课程在注重导师导"教"同时，注重培养新任教师自主研修能力，通过自主阅读、读书分享会、完善自己的教育观、改进教学方式方法等，提升新任教师的学习能力、学习素养，体现出自主建构的特点。

（三）具体指导

新任教师来自不同的大学、不同的地域、不同的家庭环境，专业背景也不尽相同，大多数为独生子女，本身个性化特征就很明显，如何在培训过程中综合对工作有益的方面对他们进行指导和帮助是很有必要考虑的问题。在岗位研修中学校为其聘请的教学、教育导师，对新任教师进行个性化、具体化的指导，共研而不失个性化是此研修培训的又一特点。

通过新任教师岗位适应性提升校本研修的实践，我们梳理了一个简单而可行的培训模式，新任教师在角色适应性、心理认同感、业务能力提升等方面收效很大，培训效果明显。在以后的新任教师校本研修中，我们会继续坚持此培训模式，在集中研修中还可以与时俱进，让研修的方式更加多样化、多元化，进一步拓展研修方式和内涵，为新任教师的专业发展做出更有实效性、更具个性化的指导！

志存航天勘河岳　仰止星空寄报国
——研学旅行课程的探索与实践

黎健清　潘　芳　谭　立

一、课程介绍

（一）课程概要

1.课程定位

研学旅行课程是"星空课程体系"的重要组成部分，是我校"星空教育观"在综合实践课程中的体现与实施。它突破了学校与班级、学科与课程的界限，在真实的自然与社会环境下，通过任务群的设定，让学生在"实践"、"考察"、"探究"、"旅行"、"反思"、"体验"等一系列实践活动中发现和解决现实问题、体验和感受真实生活。在广阔的成长空间内，每一个学生能充分提升核心素养，发展自我。

2.开发背景

我校坐落在北京航空航天大学校园内。北京航空航天大学的理想和抱负、传承与发展始终与国家发展和民族振兴紧密相连。其所肩负的神圣使命、承载的宏伟愿景影响了一代代北航人。"航天精神"、"报国情怀"是大学历史积淀与现实生成的宝贵精神财富。如此深厚的科技、人文内涵为研学旅行课程的开发提供了丰富的资源。

我校学生多为北航教职工子弟，也包括大学周边部分居民，长期浸润于大学、家庭氛围，耳濡目染，深受影响。学生成长背景与生涯规划为研学旅行课程的开发提供了重要依据。

在中学阶段，如何使"航天精神"具体可感，使"报国情怀"深入人心，让中学生在成长的过程中自我规划，自觉理解"航天精神"，自发养成"报国情怀"，将学习探究与国家发展、民族振兴相接，是本研学旅行课程试图解决的主要问题。

3.开发的意义

"航天精神"的价值认同。在探寻中华文明的过程中，使学生深刻理解航天精神的时代内涵，增强他们的文化自信、价值认同。

"报国情怀"的实践内化。在体验社会经济、航空科技发展的过程中，使学生思考个人价值与国家发展、民族振兴之间的密切联系，养成"报国情怀"。

"自主成长"的责任担当。在集体生活、研究性学习中，使学生加强参与社会生活的能力与意愿，自主成长，自我规划，加强责任担当。

"课程标准"的拓展外化。以核心素养的提升为目标，以课程标准为尺度，突破课堂与社会的界限，将书本知识与实践探究打通，使学生能够学为己用，活学活用。

（二）总体目标

通过识别、查证，认知、感受中华悠久文明和优秀传统文化，寻找"航天精神"的源泉，增强文化自信、制度自信，达成对"航天精神"的价值认同。

通过研究、鉴赏，理解、领悟中华民族勤劳智慧、勇敢进取的伟大精神，把握"报国情怀"的实质，增强主人翁意识，达成对"报国情怀"的实践内化。

通过反思、讨论，廓清、完成个人在社会进步与民族复兴大潮中的自我定位，将个人发展与时代需求、国家需要相联系，达成"自主成长"中的责任担当。

（三）实施方案

学生学习方式的设计（研学手册）如下。

1.预备学习

了解研学旅行活动的背景、意义、地位。研习研学旅行教材（简称"研学手册"），在教师指导下，建立学校课程与研学课题的联系，收集相关资料，做好知识储备，明确评价标准。初步了解研学旅行基地、营地、线路。准备研学旅行装备、生活用品。了解研学旅行目的地、自然环境、社会习俗，做好吃苦克难、规避风险的身心准备。

学习方法指导由班主任、学科教师在课堂上专题宣讲。

2. 实践探究

按照研学旅行手册（教材、学案），服从组织安排，遵循计划，规范参与研学旅行活动，遵守研学旅行纪律。主动、积极体验研学旅行活动过程，把握好独立思考、自主操作与小组合作、师生互动之间的关系。认真观察、调查，主动发现问题，积极提出问题，参与问题的分析与解决。积极参与实践操作，在实践活动中争取发现问题，在分析问题中思考设计解决问题的可行性实践。面对真实情景，积极整合多学科知识，综合运用多学科方法，抓住独立思考、自主提出解决现实问题建议的机遇。认真倾听别人的意见，积极表达自己的意见，参与集体讨论和辩论。安排好生活与学习，形成适应集体旅行、集体研学的节奏，关心同学，关心集体，养成团结互助的品格。遵纪守法、履行安全规范。

研学手册目录如下：

第一部分　注意事项和要求

第二部分　必备物品清单

第三部分　历史与文化简述

第四部分　游学经行

第五部分　好文推荐

第六部分　活动分组

第七部分　研学课题

第八部分　活动安排

第九部分　我的活动记录

3. 成果总结

通过发布微信公众号，实时总结；通过返校后的学习成果展示予以总结；组织课程总结、成果评价会。

（四）课程评价

实施学分管理，综合实践记2分。

实施过程性评价，坚持多元评价，包括教师评价，学生互评、自评。具体为：（1）知识类评价。以各研学任务、课题分设评价标准（研学手册）为基点，分别评价。（2）参与度评价。以小组任务达成效果为标准，自评互评结合。（3）情感、态度、价值观评价。由游记、观感、诗歌创作、朗诵等任务的参与度、质量、效果评价组成。

（五）课程开发与实施创新点

1. 主题明确，特色鲜明

课程开发与实施，坚持立德树人，依托北京航空航天大学独特的人文环境，倡导航天精神、报国情怀、责任担当。

课程开发与实施，坚持综合实践，借助北京航空航天大学浓郁的科技氛围，培养严谨作风、实践态度、团队意识。

课程开发与实施，坚持核心素养，秉承北京航空航天大学悠久的育人传统，注重学科融合、智体兼顾、文理并进。

课程开发与实施，坚持需求导向，汲取北京航空航天大学丰富的资源优势，落实以人为本、学生主体、教师主导。

2. 整体设计，层次分明

根据同一学校、不同学段（初中、高中），同一学段、不同年级（初三；高一、高二），同一年级、不同班级（通航班、平行班），同一研学旅行目的地、不同学生，同一研学旅行主题、不同目的地，分别进行设计，兼顾系统性与差异化。

3. 自主研发，打通内容

坚持校本课程原创原则，成立教师团队为学生度身定制。根据各学科国家课程要求与学业进度，以课内知识点为基础，整合研学旅行目的地资源，实现课堂与社会、理论与实践的统一。

4. 评价导向，标准多维

以立德树人为宗旨，注重情感、态度、价值观的评价。通过感想、介绍、诗歌、表演、宣誓、艺术品创作、竞赛、展览等方式，对学生有关指标加以评价。

以核心素养为目标，注重综合实践中学科融合、能力提升。通过各种综合性实践任务，在目的地课程资源的基础上，整合多学科知识点，对学生在完成过程、结果中的能力反馈加以评价。

二、课程实施及效果

（一）本课程对我校教育的反哺与拓展

北航实验学校中学部的核心教育思想为星空教育观，在此观念指引下所开发的研学旅行课程，成为星空教育观的有力补充。

了解研学旅行活动的背景、意义、地位。学生通过研习研学旅行教材（研学手册），在教师指导下，建立学校课程与研学课题的联系，收集相关资料，做好知识储备。明确评价标准。初步了解研学旅行基地、营地、线路。准备研学旅行装备、生活用品。了解研学旅行目的地、自然环境、社会习俗，做好吃苦克难、规避风险的身心准备。

学生们在研学旅行的过程中，可以根据兴趣爱好，自由选择任务组合。这些任务既具有阶梯性，又具有生活性，学习材料采集于研学所访问的环境，学生在轻松的环境中更自由地发挥积极性，为创造自身价值、持续发展创造条件。

通过研学过程中所举行的动员会、总结报告会（表彰宣讲会）、两地连线活动（侵华日军南京大屠杀遇难同胞纪念馆前公祭仪式），将游学课程与学校教育相结合，使教育效能最大化。

（二）本课程对学生素养的促进

宏观而言，我校系列研学旅行以弘扬航天精神为指针，立足北京学生地域文化特点，以山川河流为线索，贯穿中华民族发展的轨迹。

1.登秦川东岳，黄河文明孕育航天梦想

课程目标：通过识别、查证，认知、感受中华悠久文明和优秀传统文化，寻找"航天精神"的源泉，增强文化自信、制度自信，达成对"航天精神"的价值认同。

课程实施：

按照研学旅行手册（教材、学案），以研学课题、学科任务为驱动，按照小组合作的方式对目的地（陕西西安文化带、山东泰山文化带）所蕴含的中华悠久文明和优秀传统文化识别、查证，通过完成相关课题、任务，整合、固化，达到正确认知、深切感受的目标。

通过"泰山宣誓词"、"孔庙论语诵读"等集体活动，以及"西安游记创作"人文内化性任务，增强学生文化自信、制度自信，寻找"航天精神"的源泉，达成对"航天精神"的价值认同。

2.访吴楚雄奇，长江经济助力报国情怀

课程目标：通过调查、研究，理解、领悟中华民族勤劳智慧、勇敢进取的伟大精神，把握"报国情怀"的实质，增强主人翁意识，达成对"报国情怀"

的实践内化。

课程实施：

按照研学旅行手册（教材、学案），以研学课题、学科任务为驱动，按照小组合作的方式对目的地（上海、南京、景德镇等沿江经济、文化城市）所创造的文化、经济成就进行调查、研究，通过完成相关课题和任务，整合、固化认识，理解、领悟中华民族勤劳智慧、勇敢进取的伟大精神。

通过"侵华日军南京大屠杀遇难同胞纪念馆集体祭奠仪式"、"参观上海商飞公司"、"参观景德镇陶瓷博物馆"等课程，把握产生长三角经济成就的深层根源，把握"报国情怀"的实质，增强主人翁意识，达成对"报国情怀"的实践内化。

3. 临厦屿海风，闽江智慧启迪成长模式

课程目标：通过反思、讨论、廓清、完成个人在社会进步与民族复兴大潮中的自我定位，将个人发展与时代需求、国家需要相联系，达成"自主成长"中的责任担当。

课程实施：

按照研学旅行手册（教材、学案），以研学课题、学科任务为驱动，按照小组合作的方式对目的地（厦门、鼓浪屿等沿海开放城市）改革开放以来所取得的高速发展进行总结，通过完成相关课题和任务，整合、固化认识，反思、讨论闽江文化带所具有的文化特质。

通过举行"鼓浪屿诗朗诵"，参访"厦门大学"、"陈嘉庚纪念馆"以及当地城市等课程，讨论、廓清、完成个人在社会进步与民族复兴大潮中的自我定位，将个人发展与时代需求、国家需要相联系，达成"自主成长"中的责任担当。

按照研学旅行手册（教材、学案），服从组织安排，遵循计划，规范参与研学旅行活动，遵守研学旅行纪律。主动、积极体验研学旅行活动过程，把握好独立思考、自主操作与小组合作、师生互动之间的关系。认真观察、调查，主动发现问题，积极提出问题，参与问题的分析与解决。积极参与实践操作，在实践活动中争取发现问题，在分析问题中思考设计解决问题的可行性实践。面对真实情景，积极整合多学科知识，综合运用多学科方法，抓住独立思考、自主提出解决现实问题建议的机遇。认真倾听别人的意见，积极表达自己的意见，参与集体讨论和辩论。安排好生活与学习，形成适应集体旅行、集体研学的节奏，关心同学，关心集体，养成团结互助的品格。遵纪守法、履行安全规范。

（三）本课程对教师能力的发展

本课程所使用的研学旅行手册，其学科部分均为我校各教研组结合年级学生特点，因目的地实地情况予以设计。通过这种集体参与备课的过程，老师们更加关注现实生活中的学习元素。他们在学生的表现中发现了更多的认同感。这为后来走向深度学习提供了很有价值的参考意见。

三、主要贡献

（一）主题明确，特色鲜明

课程开发与实施，坚持立德树人，依托北航独特的人文环境，倡导航天精神、报国情怀、责任担当。

课程开发与实施，坚持综合实践，借助北航浓郁的科技氛围，培养严谨作风、实践态度、团队意识。

课程开发与实施，坚持核心素养，秉承北航悠久的育人传统，注重学科融合、智体兼顾、文理并进。

课程开发与实施，坚持需求导向，汲取北航丰富的资源优势，落实以人为本，学生主体、教师主导。

（二）整体设计，层次分明

根据同一学校，不同学段（初、高中）；同一学段，不同年级（初三；高一、高二）；同一年级，不同班级（通航班、平行班）；同一研学旅行目的地，不同学生；同一研学旅行主题，不同目的地，分别进行设计，兼顾系统性与差异化。

（三）自主研发，打通内容

坚持校本课程原创原则，成立教师团队为学生度身定制。根据各学科国家课程要求与学业进度，以课内知识点为基础，整合研学旅行目的地资源，实现课堂与社会、理论与实践的统一。

（四）评价导向，标准多维

1.以立德树人为宗旨，注重情感、态度、价值观的评价。通过感想、介绍、诗歌、表演、宣誓、艺术品创作、竞赛、展览等方式，对学生有关指标加以评价。

2. 以核心素养为目标，注重综合实践中学科融合、能力提升。通过各种综合性实践任务，在目的地课程资源的基础上，整合多学科知识点，对学生在完成过程、结果中的能力反馈加以评价。

我校在研学旅行课程的建设上积极践行课改理念，努力利用丰富的资源，打通学生课内外生活，培养学生广阔的视野、扎实的实践能力、热爱祖国的家国情怀，最终指向"社会主义核心价值观"，培养具有健全人格、全面发展的人，彰显研学旅行课程育人价值。未来我校还将在研学旅行课程建设这条道路上不断探索实践，为学生创建更广阔的成长空间，助力每一个学生提升核心素养，实现自我发展。

高中数学学科基地建设的实践与探索

海淀区高中数学学科教研基地首席教师、教研组长　金红梅

高中数学教研组作为"海淀区首批高中数学学科基地"，以课题研究为引领，将学科建设与课程改革相结合，围绕学科教育教学关键问题的解决，关注学生核心素养的研究，取得了良好的育人效果，在区域内发挥了较好的引领示范作用。高中数学学科基地受到海淀区教师进修学校的高度评价，认为北航实验学校高中数学团队是一支积极进取、团结合作、乐于奉献、富有创新精神和实践能力的优秀教师团队。

一、课程开发，分享教育智慧

课堂是教师实施教学的主阵地，也是老师进行课程开发的试验田。在课堂教学的基础上、在教学研究的基础上，高中数学教研组注重课程的开发，组内老师分享教育智慧和经验，助力学生的成长和发展。应中国青年出版社的邀请，我们完成了《世界经典趣味数学谜题》丛书（共三册）的编译工作。《世界经典趣味数学谜题》原版中每个题目都仅有题目、答案，而没有解答过程。为了能够让学生在解题的过程中更多地体会每一道趣题里蕴含的丰富数学知识与方法，我们数学教研组的优秀青年教师立下决心：给出了每一个问题的详解。历时三年，经过几译、几校，《世界经典趣味数学谜题》丛书（共三册）最终由中国青年出版社正式出版了。此套丛书获得教育部中国教师发展基金会重点资助项目暨全国教育科学"十三五"教育部规划课题优秀成果一等奖。

我们以此套丛书为蓝本进一步进行课程开发，面向我校初一、初二的学生开设《世界经典趣味数学谜题》选修课，收到了良好的效果。我们的研究论文

《开发趣味数学课程，助力儿童数学成长》在第七届北京数学教师论坛上获得一等奖。

二、课题研究，实现教育引领

进行课题研究是教师专业成长的必经之路。近年来，高中数学教研组集全组的智慧和力量开展课题研究，有以教研组整体参与的区域教研、作业评价等课题，也有教师个人立项的市区级科研规划和专项课题，老师们"问题即课题"的意识不断增强，注重以科学的思维方式、多元的研究方法、清晰的探究路径，发现真问题，研究真问题。

在"十三五"期间，我们成功申报了全国教育科学教育部规划课题的团队专项课题：《区域合作教育下高中数学思想方法的教学研究与实践》。聚焦数学课堂教学，汇集区域内多所学校优秀数学教师，以教师多年教学经验为背景，对高中数学课堂教学中何时渗透、如何渗透数学思想方法做了深入、系统的研究。不同学校的教师互相交流、共同探索，加入好的例题，通过对例题深入独到的分析，帮助学生更好地理解数学思想方法，特别是数学思想方法教学的研究与思考，通过专题研究、报告的打磨和专家的指导交流，真正帮助青年教师实现专业的成长和进步，最终形成了《区域合作教育下高中数学思想方法的教学研究与实践》结题报告，此课题已顺利结题，并获全国课业改革系列 A 等。课题研究报告《北航实验学校高中数学学科教研基地建设的实践与分享》，曾获全国基础教育科学研究成果一等奖；数学教研组也被评为"全国基础教育科研实验基地"。成绩的取得，正是老师们浇灌的课题之花。

三、区域教研，注重教育共享

学科教研、区域教研是助力教师快速发展的快车道。跨校的区域教研是学校之间共同合作、相互开放、谋求共同发展的一种校本教研模式。通过区域教研的平台，达到资源共享，互相交流、切磋的目的，它使得教师以及学校的视野更加开阔，校际的交流也更为活跃。这种教研模式的辐射引领也是数学教研组主动担负的社会责任。2007 年北京市进入高中新课程改革，课改之初，海淀区教师进修学校为加强教研的创新性、合作性、实效性，把全区所有中学划分成了七个区域组，区域教研模式开启，我们区域组集体备课、课例研讨、专题探究、研磨试题等，突破了原本自上而下的单线教研工作模式，极大地挖掘了教师成为教研主体的潜能，有效推进了区域教学质量的提高，充分发挥了区域优质教师资源的价值。

十多年来我们始终如一，海淀区东片区域组的教研使得教师的视野更加开阔，校际的交流也更为活跃。我们区域组应国家课程标准修订组组长、首都师范大学博士生导师王尚志教授的邀请，将区域组的教学研究与实践成果凝结为《区域教研与教师专业发展》一书，此书已由中国青年出版社正式出版，并获全国基础教育科学研究成果一等奖。

四、同课异构，促进专业成长

同课异构是指同一节课的内容，由不同老师根据学生实际、现有的教学条件和教师自身的特点，采取不同教学方法和不同教学策略进行不同的教学设计。"同课异构"构成了同一内容用不同的风格、方法、策略进行教学的课堂，这种教学研讨为教师们提供了互动交流的平台，老师们共同探讨教学中的热点、难点问题，探讨教学的艺术，交流彼此的经验，共享成功的喜悦。多维的角度、迥异的风格、不同策略在交流中碰撞、升华，这种多层面、全方位的合作、探讨，可以整体提升教师的教学教研水平，提高教学质量。近年来，我校数学教研组与海淀区东片区域教研组通力合作，主办"核心素养引领下的课堂教学研究与实践"系列活动，围绕不同的教学主题，进行"同课异构"的跨校教研研讨，如《直线方程的概念与直线的斜率》、《独立性检验》、试卷讲评课等。下面仅以试卷讲评课为例，分享我们的实践和探索。

试卷讲评课是指学生在考试结束后，教师对试卷进行剖析、点评，进而能够帮助学生发现知识漏洞、完善知识结构、实现查漏补缺、提高数学思维能力的教学活动。试卷讲评课是培养学生数学核心素养的重要着力点，它能完善学生的学科知识体系、全面提升学生的数学思维品质，以帮助学生适应数学学习对数学知识、数学方法、数学思想、数学学科核心素养的要求。为了提高试卷讲评的教研并对此进行更深入的研究与实践，在学院路研修中心和海淀区教师进修学校的支持下，北航实验学校高中数学教研组举办了以"基于数学核心素养引领下的试卷讲评课的教学研究与实践"为主题的区域同课异构教学交流。

要使试卷讲评课的教学突破"流水账"式的讲评方式，其教学设计的难度远远大于其他课型，其原因在于试卷讲评课中，学生面对的是已经学习过的知识，学习的兴趣往往容易停留在"这道题怎么解"、"下一题的答案是什么"的学习惯性之中，这就给教师试卷讲评课的开展带来了一定的困难。若仅是就题论题，会做的学生不认真听，不会做的学生似懂非懂。同时试卷讲评课的教学目标也与新授课、复习课不同，需要教师深入理解教材、理解试卷讲评课的目标、精选解法、巧设问题，以提高学生对试卷讲评课的期待；试卷讲评课对学生系统掌握知识、发展思维能力是极为重要的。同时对教师弥补教学中的缺失、提高教学质量也是不可缺少的环节。

例如，表1列举了"同课异构"试卷讲评课的活动内容。

表1 "同课异构"试卷讲评课的活动内容

阶段一	《期中试卷讲评专题之数列求解》北师大三附中苏辰老师
阶段二	《解析几何中的几何条件的选择和运算策略的优化》北航实验学校丛小睿老师
阶段三	教师说课
阶段四	教学交流与研讨

苏辰老师从试卷讲评课的目的入手，针对此次期中试卷进行具体数据分析，依托试卷中的数列问题，不仅归纳了数列相关知识，更从数学思想方法的角度，借助"看到什么数列"带领学生思考了解决数列问题的经典思维方法，通过观察、分析、类比、猜想等方法引导学生分析试题，让学生学会对问题进行分析与转化，重在提高学生解决问题的能力。

丛小睿老师在备课过程中发现很多学生在解析几何中常常纠结于"设点还是设线"的问题，于是她认为引导学生关注如何有效地解决第一步至关重要，即题目中的几何信息是什么、有哪些路径可以解决，然后将其代数化，最后才是运算处理过程。如何帮助学生分析条件是关键，操作方式的发散性是难点，路径不同计算量差别很大，因而丛老师在提升学生思维广度与深度方面进行引导，通过课堂引领提高学生对几何信息的分析与判断能力，培养学生数学思维能力，提升学生数学核心素养。

在研讨环节，北航实验学校数学教研组长金红梅老师从学生需要的角度出发，对两位年轻教师的试卷讲评课进行了点评：特别肯定了苏辰老师的教学立意中力求通过等差、等比两个基本数列模型来帮助学生充分认识广义数列的研究方法；还有丛小睿老师的试卷讲评课能够从发展学生数学核心素养的角度进行设计，将几何条件进行分析，通过方程、坐标、函数等代数化途径来解决问题，将抽象的几何关系进行了代数表达。金老师还提出：试卷讲评中"很多学生听老师讲了就很明白，但自己做的时候思路、做法又不清晰"这种现象的问题所在，教师在试卷讲评时要帮助学生分析数学问题的本质特征，力求在分析问题、解决问题的过程中学习数学知识、感受数学方法。此次区域试卷讲评课的同课异构活动，展现了不同的教学设计与教学思考，促进了青年教师的专业成长。

北航实验学校数学教研组将继续以课堂教学为阵地，课程开发为方向，课题研究为引领，区域教研为特色，同课异构为探究，注重学科课程建设，优化学科教研内容，彰显学科基地建设优势，聚焦关键问题，落实核心素养，为教师发展赋能，为学生成长助力，为学校发展添彩！

基于项目式学习课程开发促进学科课程群建设的实践

海淀区化学学科教研基地首席教师、教研组长　郝昀铮

在教育改革的大背景下，积极改进教学模式，以促进教师的不断成长，促进学生的全面发展、终身发展具有重要的意义。其中，以教学模式的转变撬动学习方式的转变是一种行之有效的逐步变革的趋势。项目式学习作为一种基于真实问题解决的教与学的方式，在教育改革的探索中将发挥重要的作用。

一、基于项目式学习的课程建设

（一）化学学科核心素养的深入理解

项目式学习的开展和实施首先要求教师接受新的教育理念，同时也对教师提出了新的挑战。比如，确立项目时，要多维度系统考虑该项目是否涵盖核心知识，是否承载学科思想方法和学生发展核心素养，是否贴近社会和生活，是否真实且有意义，学生是否感兴趣，是否具有可操作性。确立项目之后，教师要进行项目的整体规划，需要综合考虑实际问题解决过程、知识逻辑顺序、学生的认知发展、学生的能力发展。同时，建立课程设计中学学科核心素养水平发展的进阶标准。（见图1）

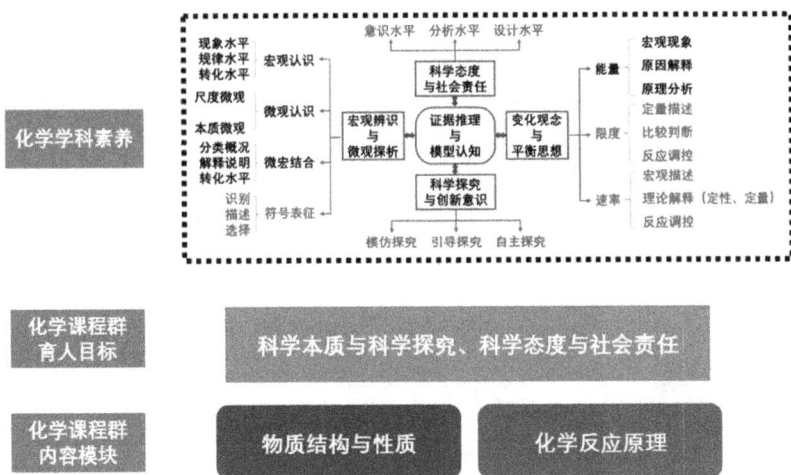

图 1 课程设计与学科核心素养水平的结构分析

（二）项目式学习与课程群的整体建构

研究的出发点是通过将项目式学习在不同课型中的尝试和探索，获得项目式学习应用与实践中的具体经验。依托大学的各种资源，学校积极开展大学中学联动培养模式，探索在小初高贯通培养中实践。通过项目式学习的实施，使学生自己去思考和探索答案，主动发现问题、解决问题。教师通过项目式学习的实践经验对学情有更深入的了解，并采用合适的方式去继续激发学生的兴趣和潜能，主动发现问题、解决问题。在与学生合作中，能够有意识地给学生更大的思考、参与和发挥的空间，让学生在面对新问题时勇于创新、敢于实践。

研究的落点是在经过 2016—2021 年的 5 年项目式课程建设与实践的基础上，总结经验，探索项目式学习在不同形式的课程中的实施策略，整合校本课程，依据国家课程表标准和国家教材，建立国家课程校本化的学科课程群。具体解决的问题如下：（1）如何设计与实施项目式学习在校本课程（各年级选修课、拓展课等）中的策略。主要是对课程设计方案、课程实施方法以及学生评价等。（2）如何设计与实施项目式学习在常规课程（国家课程的新授课、复习课）中的策略。主要对项目式学习与高考的融合方式、教学设计以及实施效果等进行研究，实现国家课程校本化。（3）如何设计与实施项目式学习在小初高贯通培养中的策略。主要包括对小学、初中、高中孩子的知识水平和课程进行分析；针对不同年龄段的学生分别对小学科学课、初中科学课以及高中实验化学选修课进行课程的项目教学设计进行研讨；对教学设计的实施方法及实施过程中的问题进行研究；对教学成果进行分析评价；等等。（4）基于项目式学习课程研发，建设国家课程校本化的学科课程群。

化学课程群中项目式学习课程开发的一般要素与设计思路1.0版和2.0版分别如图2和图3所示；基于项目学习方式的化学课程群的育人模式如图4所示；基于项目式学习课程开发促进国家课程校本化的课程群建设如图5所示。

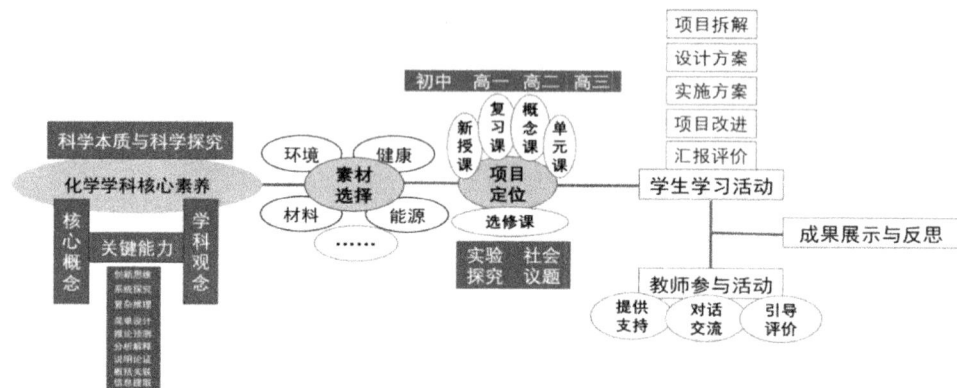

图2 化学课程群中项目式学习课程开发的一般要素与设计思路1.0版

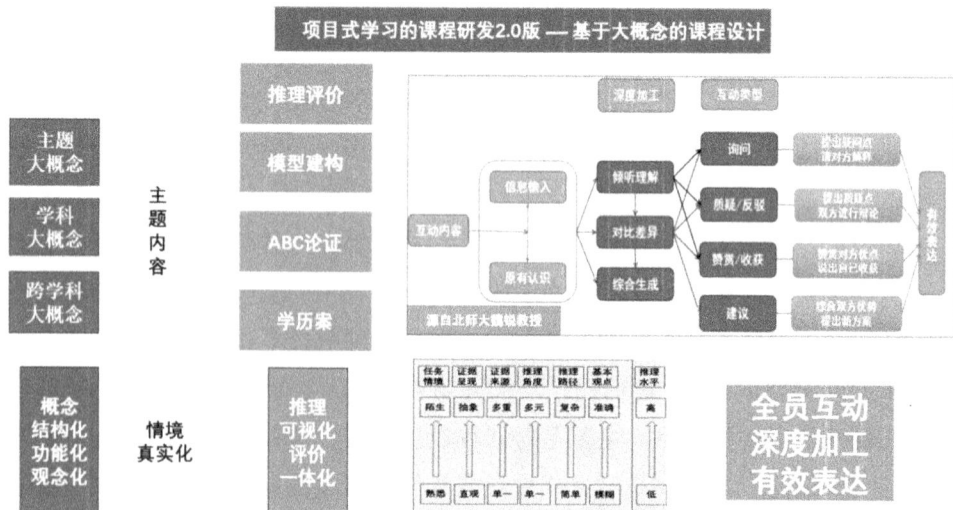

图3 化学课程群中项目式学习课程开发的一般要素与设计思路2.0版

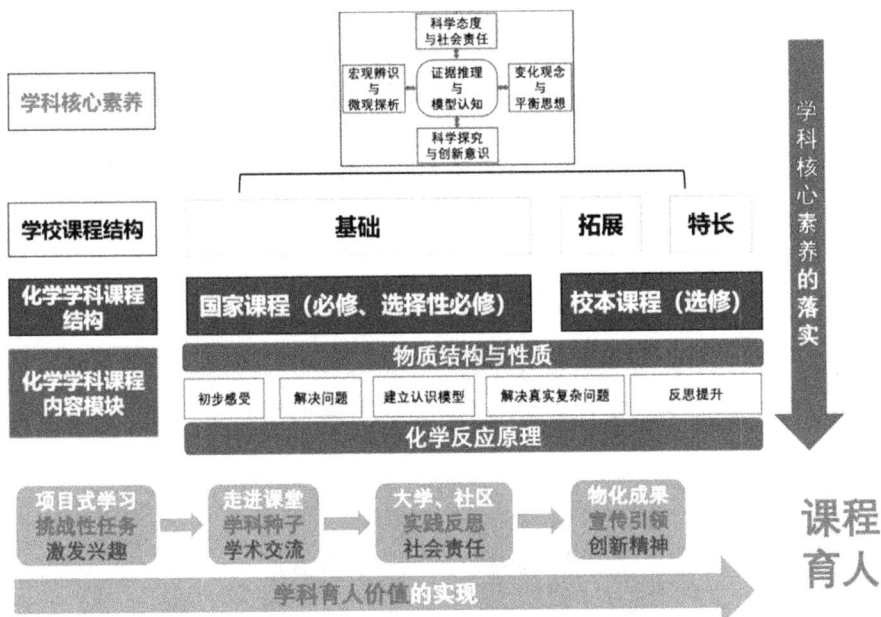

图4 基于项目学习方式的化学课程群的育人模式

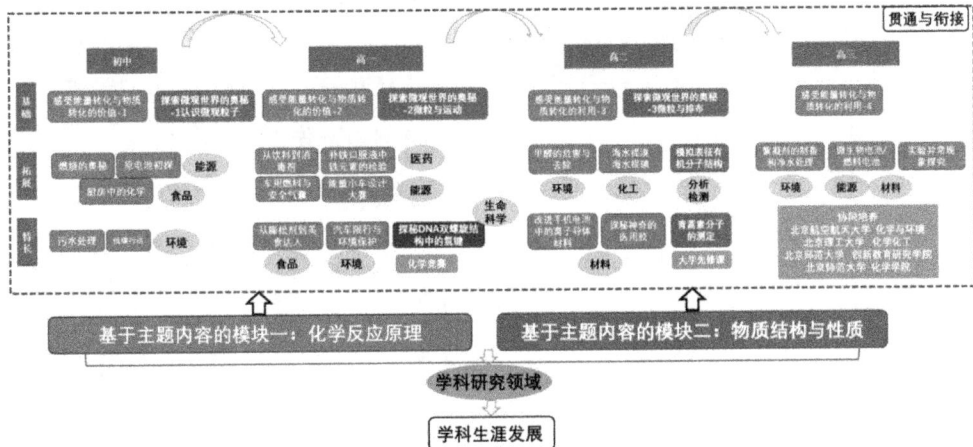

图5 基于项目式学习课程开发促进国家课程校本化的课程群建设

二、课程建设与典型案例

（一）典型案例

面对新中高考改革，开设以项目式学习为主要学习方式的初高衔接化学先修课。经过反复打磨，进行了"微小型项目式学习"在准常规课中的实践探索。"会变脸的化学"是以化学中的颜色变化为主题，学生根据兴趣和教师的引导与讨论，自选子项目课题进行研究，重点锻炼学生经过"提出问题—查阅资料—分析讨论—进一步追问"的思维过程，提出有探究价值的问题的能力，并为后续课程的开发留下了宝贵的素材和问题资源。拓展型项目选修课，基于兴趣实验的开发和体验，每2—3课时完成一个小项目，重在提升学生学习化学的兴趣以及实验动手能力。创新型项目选修课，本校教师与外请的科研人员联合开课，带领学生参与国际前沿课题"仿生材料"的研制，将学习的知识与科技前沿有效结合，更能提升学生的科学素养及学习化学的热情。（见图6）

图6　小初高科学素养衔接项目（小初中高衔接课，6课时）

　　尝试将上一阶段项目式学习课程实施中获得的经验与课堂教学的教学目标和需求相结合，探索在常规教学中开展项目式学习方式的有效途径。期望发挥项目式学习的优势来突破常规教学的难点，使学生在完成项目任务的过程中思维得到深度发展，素养得到有效提升。课程设计层面：继续探索项目式学习教学模式与常规课堂教学相融合的策略和经验，形成不同类型的以"项目式学习"为教学方式的课程的建设。以项目式学习《能量小车》（8课时）进行高一年级原电池的单元复习课（见图7）；以《混合动力汽车中的能量转化探秘》进行高二年级的电化学的新授课教学（5课时）。高一的新授课中的《探秘补铁剂》（见图8）、《探秘膨松剂》、《假如世界没有氢键》（见图9）等项目式学习研究课的学习内容，在解决实际问题的过程中帮助学生构建对含铁元素化合物的多角度认识。

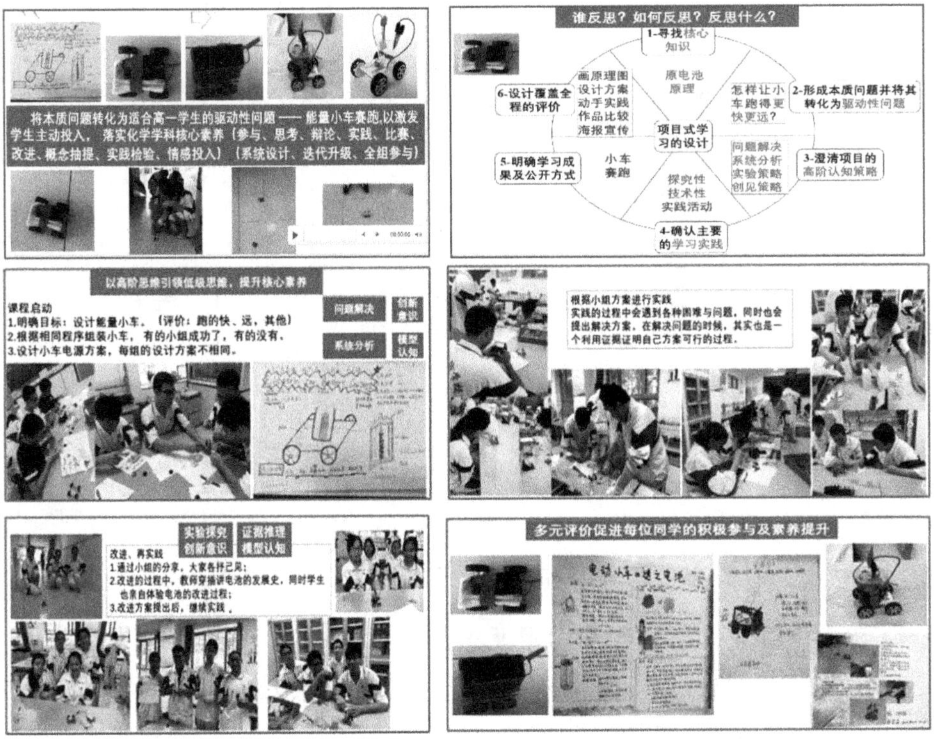

图7　能量主题下的项目2-能量小车（高一全年级参与，8课时）

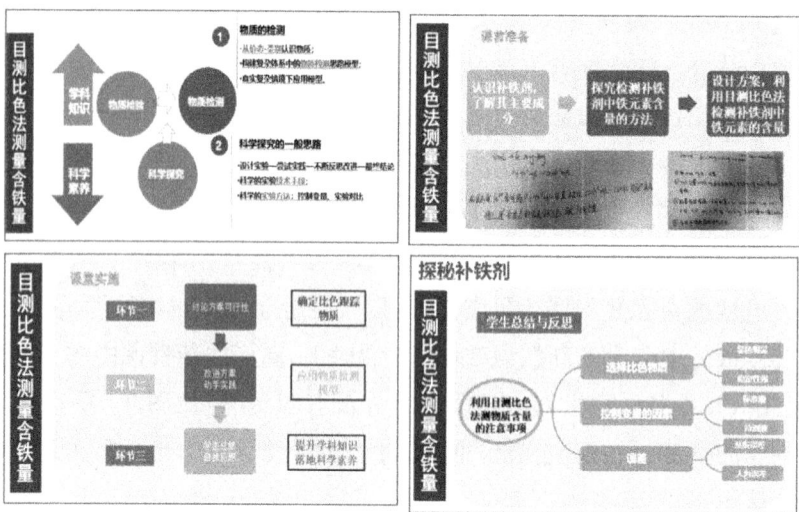

图8　化学反应规律主题下的微项目——探秘补铁剂（高一学生，3课时）

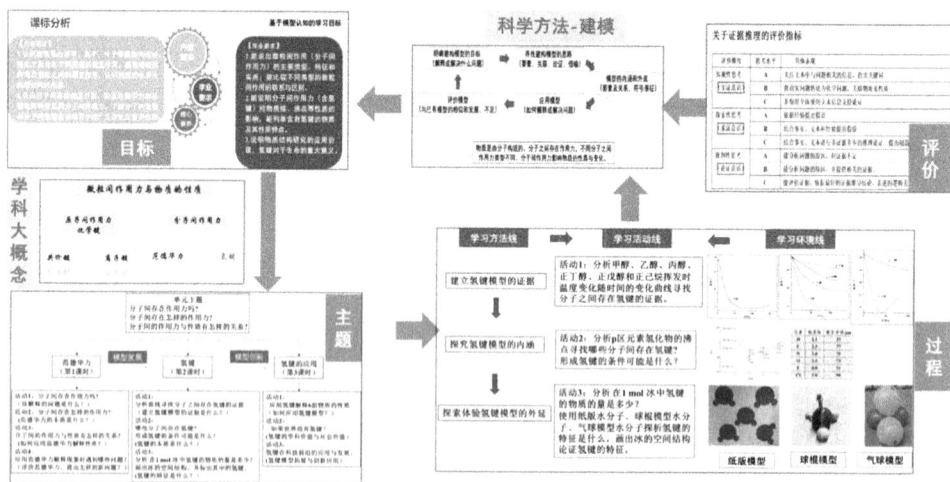

图9　微项目——假如世界没有氢键（高二学生，3课时）

（二）课程成果、辐射作用及反思

在课题实施的过程中，一方面在实践中提高自身的教学技能，实现在课堂上对学生讨论的有效组织和及时回馈；另一方面根据积累的经验制定出合理有效的项目式学习评价体系。逐步建立多层次的校本课程体系。以海淀区、北京市课题为载体展开化学教学研究。在海淀区、学区、学校课程建设汇报中多次发言，与校内其他学科进行经验汇报和交流。多篇课例设计、论文获海淀区、北京市、全国奖项。2021年本课程获海淀区"十三五"优秀教育科研成果奖二等奖。在实践的过程中，设计和选择适合微型项目课的教学内容和素材，通过教学尝试和研讨进行分析和改进，逐步积累经验，梳理出设计项目式学习与教学的基本策略和工作机制，建立项目式学习的课程框架以及教学资源，将问题进行深入、系统的研究，从而加大了获得的创新性成果。（见图10）

图10　海淀区项目课程展示活动

在完成项目的过程中，学生的知识和技能得到了不同程度的调动和提升，同时他们对事物认知的片面性也得到了充分的暴露和弥补。在项目的实施过程中，老师不仅更清楚地了解了学生对每个问题的认知水平，而且随着学生遇到和提出的问题的推进，"倒逼"教师不断地进行教学方案的调整，教学资料和素材的补充，以及对生成问题的深入研究，从而潜移默化地提升了授课教师对学情的了解程度，对课堂的掌控和调整能力以及对项目问题的深入研究。

项目式学习的教学方式带给学生的影响和改变还表现为：由开始面对问题时等老师给答案，到自己去思考和探索答案，再到主动发现问题、解决问题，其学习方式有了潜移默化的改变，达到了课程设计的基本目标。项目式学习的教学方式带给教师的影响和改变表现为：任课老师通过项目式学习的实践经验，可以对学情有更深入的了解，便于在初三和高一的各年级的化学课上有侧重地去提升学生的能力短板，并采用合适的方式去继续激发学生的兴趣和潜能，变被动为主动地去发现问题、解决问题。此外，老师更善于与学生合作，向学生学习，能够有意识地给学生更大的思考、参与和发挥的空间，让学生在面对新问题时充分发散思维。

素养导向下中学地理教学的实践探索与思考

海淀区地理学科教研基地首席教师　沈　莉　教研组长　卢春梅

北航实验学校中学部地理教研组是海淀区地理学科教研基地，教师们多年来始终致力于中学地理教学实践与探索，立项、参与多个市、区级课题的研究，聚焦素养提升、教与学方式变革、过程性评价、系列化学科实践活动进阶设计等实践研究成果多次获奖。

一、基于真实情境下的地理课堂教学研究

地理课堂教学是地理教育的直接体现，是落实地理核心素养的主阵地。地理课程标准强化课程育人导向，引导学生学习"对生活有用的地理"和"对终身发展有用的地理"，其内涵和要义是引导学生在生活中注意发现地理问题，理解地理事物形成的背景，引导学生通过地理的视角思考问题，关注自然与社会，形成正确的人地协调观和可持续发展观念，培养未来公民必备的地理素养。这就要求在课堂教学中注重"真实情境下的真实问题"的探究。

（一）生活素材在地理课堂教学中运用的研究

遵循地理课程的理念，在教学实践中，老师们搜集经典生活素材，挖掘生活素材的学科运用价值，探寻其在课堂教学中应用的最佳方式，探究如何在地理课堂教学中基于学情用好生活素材。课堂教学中列举生活中熟悉的事例，不仅缩短了地理与生活实际的距离，让学生感受到地理就在我们身边，唤起学生关注生活中地理现象的意识，激发学生学习地理的兴趣，还使课堂学习与生活实际密切联系在一起，让学生体验到现实生活中蕴含着大量的地理知识和原理，从地理学科的视角观察世界，提高学生的地理素养。

在初、高中各个年级开展实践研究，研究不同类型生活素材在课堂教学中不同教学环节中作用的差异，以及同类型素材在不同年级课堂学习中运用的差异。

生活素材在课堂教学的各个环节运用中发挥着不同作用，如在新课和新知导入环节运用可以激发学生参与课堂学习的热情；在重难点突破环节中，教师可以围绕素材设计层层递进的问题，引导学生探寻素材背后的地理知识和原理；在巩固提升的环节中，可以提高学生运用所学知识原理解释生活中的地理现象的能力。课堂中生活素材的运用，使地理课堂更加丰富，更具活力，学生更适应试题中生活情境下的问题解决，进而最终提高学生的地理素养，促进学生的综合发展。

针对不同的知识和难度要求，同类型素材可在不同年级课堂学习中运用，通过问题和任务的设计，实现学生解决生活中地理问题能力的进阶提升。

在听评课的过程中，老师们尝试了聚焦生活素材运用效果的评价，自主设计、修改完善生活素材在课堂教学中运用效果的评价量表，开展科学评价生活素材的课堂运用效果的研究。

地理组教师在课堂教学过程中潜心研究，不断积累经典素材，建立了生活素材的资源库，积累并固化了一些素材课堂运用的mini案例、教学设计，实现组内教师的共享，利于促进课堂教学的研究与改进。课题的研究不仅使学生提高迁移运用所学地理知识原理阐释生活中地理现象等地理学科能力，促进学生理论联系实际；并且随着课题研究的深入，教师们不断将研究成果形成教学论文并获奖，这极大地促进了教师的专业发展。

（二）真实问题情境下的深度学习课堂教学研究

深度学习是培养核心素养的重要途径，其强调围绕真实问题的解决，促进学生主动有意义的学习。要引发学生的深度学习，教师要确定学生的最近发展区，依据课标，整体把握教学内容，进行大单元教学设计，研究学习资源的供给，设计挑战性的学习任务，探究单元内、单元间、学段间的学习进阶，帮助学生亲身经历知识的发现与建构过程，使学生真正成为学习的主体。

1.基于真实情境的挑战性任务设计，实现学习进阶

学生在面对陌生的、复杂程度高的真实问题时，表现出逻辑清晰的分析、较快形成解决思路和决策、快速整合资源解决问题的可迁移的素养，是深度学习学科育人的追求。这种素养是学生在解决具体问题的实践中形成和发展的，

中间的重要载体就是情境素材。

在深度学习的准备和实施过程中，为了更好地达成学习目标，需要通过适当的情境素材把核心素养和课程内容进行深度关联，形成驱动性任务，形成一个学习内容、学习活动、持续性评价相统一的实践性学习过程，促进学生的学科核心素养发展。

案例一："资源枯竭型城市的转型发展"单元学习案例（见表1）。

以任务驱动学生在完成任务的过程中展开有效的学习，真正促进学生学习行为的发生。在真实的活动中引起学生的思维困惑，激发学生探究的兴趣，形成思维的碰撞，积极主动参与建构知识的学习过程。

表1

课时内容／题目	创设的问题情境	设计的挑战性任务	学习进阶的实现
资源枯竭型城市一般的转型路径	1. 我国第三套人民币的背面图案选用了"阜新市海州露天煤矿的挖煤机"，20世纪末，阜新市开始转变以煤电为主的经济结构 2. 视频资料——"飞跃阜新"浴火重生转型路 3. 大庆转型发展的文字资料和图片	典型资源枯竭型城市大庆、阜新转型的路径有何不同?为什么	归纳分析资源枯竭型城市转型的思路方法，即在分析当地发展的地理条件基础上，针对发展中面临的问题，因地制宜调整发展策略，确立发展方向
景德镇还要不要走"世界瓷都"之路	1. 学生课下自主查找景德镇兴盛和衰落的相关资料 2. 教师补充景德镇区域图及促进兴盛、导致衰落的相关文字资料 3. 视频资料——"今日景德镇"宣传片	请你为景德镇的可持续发展献计献策	在提炼出了能源和重金属矿产资源枯竭型城市转型发展路径的一般分析思路后，为瓷土资源枯竭城市——景德镇寻求转型出路，提高学生的迁移应用和解决实际问题的能力

2. 整体把握教学，实践跨学段的学习进阶

从创设真实的问题情境入手，教师通过提供视频、图文资料等学习资源，引导学生分析问题、解决问题，体验学习的过程。同时，整体把握不同学段的教学目标定位和学习过程，构建基于核心素养的符合不同学段认知水平的学习进阶路径，实现能力的进阶和素养的提升。

案例二：初高中基于同一知识内容的学习进阶——以"草方格固沙作用"为例。

初二学习塔里木盆地时教师介绍了什么是草方格，并通过宁夏沙坡头包兰铁路畅通无阻几十年的实例，说明了草方格的固沙作用，但对于草方格为什么能固沙，没有做更深入的分析。

高二《区域发展》模块中生态脆弱区的治理的学习中，讲到有关浑善达

克沙地用草方格沙障治理大面积的流动沙丘时，就不仅仅停留在现象的了解层面，而是让学生从如何固沙、提高植被存活率角度探究草方格的作用。相比初中的相关知识学习，学习情境更加真实、复杂，内容的深度、广度提高，区域认知、综合思维等素养水平呈现进阶提升。

案例三：初高中基于学习任务设计的学习进阶——以"因地制宜发展农业"为例（见表2）。

表2

课时内容/题目		问题情境的创设	挑战性任务的设计
初二	因地制宜发展农业	以"学农活动"为情境，激发学生学习兴趣和参与课堂活动的欲望；情境设置贴合初二学生生活实际和真实体验	以北京某学农基地为情境，开展小组合作，模拟农业生产布局，初步认识影响农作物分布的自然条件；学农基地从传统粮食种植农业向休闲农业转变，提出挑战性问题，思考分析农业发展与当地社会经济条件的关系，逐步建立因地制宜的观念
高三	区域农业的可持续发展	宁夏贺兰山东麓从荒漠戈壁到发展葡萄种植和葡萄酒产业促进区域发展，以复杂的、真实的案例为情境，开展探究活动；与高考试题情境中"顺坡垄"葡萄种植做对比，构建认知冲突	评价种植优质酿酒葡萄的自然地理条件；分析利于葡萄种植规模扩大的社会经济原因。分析葡萄产业的发展对区域发展的重要意义。对比高考试题中"顺坡垄葡萄种植"，认识葡萄产区的区域差异，提升真实复杂情境下的思维进阶
学习进阶的实现		基于不同学段的学情，初二创设与生活相关而高三选取与社会相关的真实案例为学习情境，案例材料由简单到复杂。初二是在体验式的互动的学习活动中建立联系，形成观念。高三是在真实的复杂的区域地理背景下重新建构农业专题的思维路径，提高迁移运用地理原理解决实际问题的能力，促进综合思维水平的提升	

在研究的迭代推进过程中，地理组的阶段研究成果以市、区级研究课和空中课堂、海淀区教材教法辅导、国培计划教师培训等形式进行了分享、交流。研究课例参加各级各类的展示活动和比赛并获奖，相关研究论文参加各类各级的评选活动并获奖，推广、固化了我们的研究成果。

二、整体把握地理学科实践活动系列化设计的研究

地理学科实践是地理教学的重要组成部分，不仅是地理课堂教学的补充和延伸，更是一种理论和实践相结合的教学形式，它是更广阔、更生动的课堂。课程标准中的活动建议几乎全部是实践内容，包括地理观测、地理考察、地理实验、地理调查等研究和实践活动。目的是让学生建立学习世界与生活世界的

联系。2017年版的新课标又提出了"培养未来公民必备的地理素养"、"满足学生不同的地理学习需求"、"重视地理问题的探究",这就对地理教学提出了更高的要求。

《国务院关于深化考试招生制度改革的实施意见》中的要求更加注重考查学生的学习积累,注重实践应用。在初中课程设置层面上,更加关注学生学习体验和实践,提出要为学生创造更多自主探究的时间和空间。我们充分利用中小学生社会大课堂资源单位、高校、科研院所、博物馆等社会资源开展学科实践活动,用好各学科的实践活动课时,逐步形成学科内综合以及跨学科的系列课程。综合培养学生的人文、科学素养,提高学生综合运用知识解决问题的能力、交流与合作的能力、创新意识与实践能力。

《教育部关于全面深化课程改革落实立德树人根本任务的意见》提出全面深化课程改革"五个统筹"的工作任务:一是统筹各学段。二是统筹各学科。三是统筹课标、教材、教学、评价、考试等环节。四是统筹协调各方力量,形成育人合力。五是统筹课堂、校园、社团、家庭、社会等阵地。广泛利用社会资源,科学设计课内外、校内外活动,营造协调一致的良好育人环境。

地理组结合初、高中地理教学内容,聚焦地理学科核心素养的培养,多年来一直探索实践整体把握和设计初、高中的地理学科活动。

(一)基于地理核心素养培养的学科活动设计

通过多年的实践研究,地理组探索、固化了适合初高中不同年级开展的地理学科活动。为了保证学科活动的目标达成,所有学科活动在开展前均要进行规划,完成活动方案和任务单的设计、课程纲要的编写。学科活动方案设计均要说明活动的名称、活动地点、相关学科、负责教师、课程背景、活动目标、活动准备、活动方式、活动过程、评价方案、经费预算、安全预案、成果形式等内容,以此保证学科活动的顺利开展。任务单指导或引导学生完成有效学科活动,实现活动目标。每年备课组的老师不断完善目标制定、活动设计和活动方案。基于此,地理教研组初步完成了一系列学科活动设计方案。其中实践探究活动包括观测观察类、实验探究类和模型制作类不同的类别,学生可以选择感兴趣的主题完成探究,增加学生自主探究的选择性。实践探究类活动实例如表3所示。

表 3　实践探究类活动实例（高一）

序号	名称	任务要求
1	月相观测活动	连续观测一个月的月相，记录同一时间月亮在天空中位置、形状的变化，总结观测结果，说明月相变化的规律；查找相关资料，尝试解释月相变化的成因
2	调查北京某公园或北航绿园的植被	实地观察并记录区域内植被情况，对乔木、灌木、草本植物识别类型、统计植株数量，展开相关研究，每一种乔木或灌木按"当地树种"、"引进树种"归类，比较生长状况差异，至少选择其中 6 种乔木或灌木说明其生长特点及所需的环境条件（如气温、湿度、光照、土壤等）。完成一篇调查报告。依据植被生长状况、课堂所学原理知识提出北京某公园或北航绿园绿化的合理化建议
3	观察家乡土壤	完成土壤采样标本和土壤采样记录表，从土壤颜色、水分、质地（矿物质颗粒、黏度）等方面观察土壤，完成土壤剖面观察记录表
4	观察典型地貌	选择一个或两个典型地貌，附地貌图片或自己拍摄的照片或画素描图；网络查找所在地区的经纬度位置、地形图（等高线地形图或遥感影像图）。按照教材中的观察方法（观察顺序、观察内容），观察典型地貌形态，准确描述其宏观地貌和微观地貌特征，填写地貌观察记录表。并收集相关资料，尝试解释典型地貌的形成原因，说明此类地貌在不同区域的异同
5	热力环流实验/水循环实验/冲积扇或三角洲形成过程模拟实验	自己准备实验所需材料；设计可行性实验方案，阐释实验设计的原理，说明实验实施的条件（有何特殊的要求，保证实验结果的有效性）；演示实验并配上解说词，拍摄制作成小视频；总结实验过程中遇到的困难、问题及改进措施，自己的收获感受
6	地球内部圈层结构模型	要求颜色鲜明、有创意，同时保证科学性，突出体现地球内部圈层的结构和每个圈层的突出特点，也能体现出地球的外部圈层

（二）基于地理核心素养培养的学科活动评价方案设计

1. 评价方案的设计与研究促进学生素养提升

为了让学科实践活动设计有方向、有目标、有深度，形成规范化的课程方案，布置适合的学习任务，利于今后的迭代完善，地理组对活动评价量规的制定展开了研究。学生想知道教师如何打分、活动评价的标准是什么。同一年级会有 2—3 个老师教不同班级，要求按同一标准/同一尺度进行评价。所以活动评价量规应有同一标准，是可测量的，学生在实践活动中表现出来的如学习态度、努力程度等意志品质会有不同，问题解决的学科能力水平会有差异，因而评价量规也应进行水平分级，如表 4 所示的月相观测活动评价。评价量规的制定有利于学生展示自己的特长，反思自己的不足，学会认知、学会思考、学会行动，提升地理实践力；促使教师发现活动设计中存在的问题，有利于对活动方案的迭代升级。

表4 月相观测活动评价

评价维度		水平1	水平2	水平3
观测记录表（10分）	完成状况（4分）	依据观测记录天数，是否能体现月相变化规律分级赋分		
	月亮水平方位和高度角（3分）	依据记录连续、准确性分级赋分		
	月亮形状（3分）	依据月相形状绘制及描述情况分级赋分		
月相观测描绘图（3分）	月相观测描绘图的绘制（3分）	依据月亮在天空中的位置、形状体现逐日变化情况分级赋分		
PPT总结（11分）	拍摄照片及月相变化合成图（4分）	依据照片数量和合成图能否体现变化规律分级赋分		
	说明月相变化的规律及成因（4分）	依照月相变化规律及成因表述完整、逻辑清晰程度分级赋分		
	新的总结角度/加分项（3分）	依据现象规律总结角度及解释清晰程度分级赋分		
资料上交（1分）		缺项，且文件名不规范（0分）	按时上交全部任务资料，且文件名规范（1分）	
总分（25分）				

2.实践案例作业评价主体多元化研究，促同伴学习和自我提升

在地理学习过程中，来自教师的评价以及同学的所有评价意见，只有内化为学生自己的认识，才能指导学生产生新的学习动机。

采用教师、同学和学生本人多元主体共同参与的评价机制，评价的主体从单一转为多元，增强了评价主体间的互动，对于学生的发展是有利的。首先，学生进行自我评价，能够提高学习的积极性和主动性，更重要的是自我评价能够促进学生对自己的学习进行反思，有助于培养学生的独立性、自主性和自我发展、自我成长的能力。其次，开展互评，即学生对他人进行评价，也是一个学习和交流的过程，能够使学生更清楚地认识到自己的优势和不足。换句话说，是给学生搭建一个学习交流的平台，使学生在互评的过程中相互促进，从中获益。有效的学生互评和自评有利于师生共同承担评价的责任，帮助学生成为独立的终身学习者。

有关评价的研究成果教师有多篇论文在市、区获奖。但众所周知，评价量规的制定、多元评价的实施是一个不断探索、总结、完善的过程，要求教师从学生的实际出发，因为评价不是最终目的，我们所追求的不是给学生下一个精确的分数结论，而是通过这一客观多主体的评价，积极引导学生学会学习，提高终身学习的能力。

（三）"地质类博物馆课程"的融合、进阶设计研究

地理组多年来注重挖掘社会资源的地理教育、学习价值，利用综合实践活动、拓展选修课、小学期实践周等时机，利用地质大学（北京）博物馆、中国地质博物馆和房山地质博物馆资源的差异性和互补性，探索开发地质类博物馆课程。

其中中国地质大学（北京）博物馆课程经过几年的迭代完善，形成了多学科融合、跨学段进阶的特色，实现了核心素养的贯通培养。

1.基于学习需求的融合进阶

地理组成功探索了地理、生物、美术、语文多学科融合的地质大学（北京）博物馆课程的学科活动设计，在博物馆的不同展厅，针对馆藏展品的特点，设计了针对地理、生物学科不同的探究任务，语文、美术学科辅助支撑学生完成探究学习任务的多学科融合特色；在知识和能力层面上设计了针对同一内容的不同层级的学习和探究任务。初中学段学生可以学习地球表面海陆变迁、板块构造与世界主要火山、地震带分布的关系，了解地球历史等知识，增强学生的直观体验和感受，从地理的视角去探索地球科学的奥秘，为学生将来高中地理课程学习奠定一定的学科基础，实现初高中知识、能力的进阶。

2.基于核心概念的进阶设计

初中的地理学习要求主要是了解地理现象和概念，而高中的地理要进一步深入学习地理现象形成的规律、原理和过程。因此在地理实践活动课程的任务设计中，也有意识地对知识和能力的层级进行了进阶的设计。（见图1）

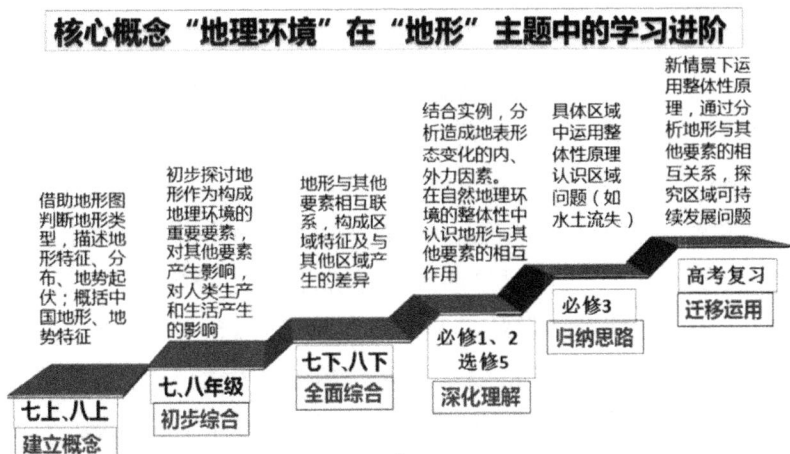

图1

高一地理1中"地球的历史"、"地球的圈层结构"、"地貌——常见地貌类型及其成因"都可以在中国地质大学（北京）博物馆中找到相关的课程资源。我们甚至将地理课堂搬进中国地质大学（北京）博物馆，学生也从简单参观到完成任务单，提升到知识讲解、探究学习，实现了知识能力的进阶。

表5　12层地球物质展厅的学习与探究活动任务单进阶设计举例

初一任务要求	设计意图	高一任务要求	设计意图
查找出下列岩石分别属于三大类岩石（沉积岩、变质岩、岩浆岩）中的哪一类，填写在下面的表格中。	初中教学没有涉及的内容，此要求为高中学习做知识铺垫	在10层或12层展馆内找到三大类岩石的代表岩石，注意其主要特征。根据参观内容和你的理解绘制三类岩石间的物质循环示意图	对教材上所学到的知识有直观感知，同时借助展厅资源探究三大类岩石的形成过程
三、感受大自然的馈赠 请你举例说出海洋为人类提供了哪些矿产资源	"说出"的能力层级仅是知道有什么海洋矿产资源	六、视野拓展 4. 煤和石油是重要的能源，利用示意图说明煤、石油的形成	"说明……的形成"的能力层级要求是解释形成过程（原理）

我校承办了中国地质大学（北京）博物馆课程开发"基于共同资源的多学科课程探索与实施"中期交流展示会，并进行了网络直播，面向海淀区学校分享展示。在海淀区"核心素养与地理教育"论坛中沈莉老师做了题为"地理学科实践活动方案设计"的主题发言，将我们的经验和成果与全市、全区的学校分享交流，在海淀区基础教育课程建设优秀成果评选中，荣获二等奖。

3. 基于资源互补的持续开发研究

中国地质博物馆是对中国地质大学（北京）博物馆的补充，它的矿物与岩石标本更丰富，有些更典型，有完整的河流地貌模型，主要在高一期末小学期时间开展。房山地质博物馆是对博物馆课程的进一步开发、拓展，主要是高中课改更加强对学生地理实践力的培养，在条件允许的情况下，带领学生走出校园，开展野外实地考察。北京房山适合开展喀斯特地貌和河流地貌、地质构造（背斜）的观察，房山地质博物馆展品中有很丰富的化石、视频资源、沉浸式体验，加强学生与真实世界之间的联系，培养地理实践力。

（四）"地图应用能力"的进阶培养的活动设计

地图是地理学的第二语言，是地理环境的图形表达，是传递地理信息的载体。应用地图能确定地理事物的地理位置，了解地理事物的形态、分布规律及形成原因。基于课标要求及活动建议，我们在初一年级设计的绘制校园平面图和等高线模型制作的学科活动，目的是让学生将知识学习加以运用，在活动中

深化对知识的理解。（见表6）

表6

义务教育课程标准（2011）	活动建议
* 在地图上辨别方向，判读经纬度，量算距离 * 在等高线地形图上，识别山峰、山脊、山谷，判读坡的陡缓，估算海拔与相对高度 * 在地形图上识别五种主要的地形类型 * 根据需要选择常用地图，查找所需要的地理信息，养成在日常生活中使用地图的习惯 * 列举电子地图、遥感图像等在生产、生活中应用的实例	开展运用地图、动手制作等活动。例如，在地图上查找地名并选择到达该地点的最佳交通路线，使用地图、手持定位仪等进行"定向越野"活动；利用泡沫塑料、沙土等制作地形模型

初一伊始的地图学习可以说是为日后的地理学习奠定了基础，在之后的初高中学习过程中不再有进一步的课程学习，但却是在不断应用着初一所学的地图知识，包括中高考的试题命制也是离不开地图这一重要的载体。因此，我们在高中的拓展课中设计了地图的奥秘（地理信息技术与现代制图）和北航绿园定向越野方案设计与实施，相比初一的学科活动设计，高中的更强调学生对于地理学科知识的灵活运用和深刻理解，对于地图应用要求更深层次的挖掘和利用。比如，初一绘制的是校园平面图，而高中拓展课的学生绘制的是绿园平面图，绿园的地表形态要比校园复杂，有山丘、池塘等，需要用学生自己绘制的地图，并利用自己绘制的地图设计活动，应该说对学生地理实践力的要求层级更高了，在"地图"主题的学习活动中实现了学习进阶。（见表7）

表7

初一活动任务	设计意图	高二活动要求	设计意图
绘制校园平面图	学会在地图上辨别方向、量算距离、设置图例等地图能力	北航绿园定向越野方案设计与实施：分组绘制绿园平面图（量、测、画）；设计藏宝任务，优选方案实施完成寻宝任务	提升学生地图的应用能力，绘制复杂地表形态的地图并加以应用，培养地理实践力
制作等高线模型（纸、黏土）	通过模型的制作理解等高线地形图与实际地形的关系，并识别山峰、山脊、山谷、鞍部，判读坡的陡缓		

上述研究是地理教研组在海淀区教育科学"十三五"规划课题"初、高中系列化地理学科活动设计的研究"中的部分成果，该课题自立项以来，不断实践探索，聚焦整体把握不同学段同一主题学科活动的学习进阶研究，研究成果多次获奖，并被分享在2019年6月3日的"海教思维"上，题目为《跨学段，跨学科！北航附中这样开展地理学科活动研究》。为使研究进一步深化，2020年成功立项市级课题"核心素养导向的初高中地理学科实践活动系列化设计研

究"，目前，我们的研究还在不断推进。

三、基于学生发展的地理拓展课、选修课程的开发建设

在学校三级课程体系框架下，作为基础课程的补充、外延，拓展类课程旨在培养学生从地理视角去欣赏、观察、探索地理现象和思考地理问题，满足学生多样化需求和学生全面而有个性的发展，聚焦地理学科核心素养的培养。

（一）高中年级——构建实践探究的地理课堂

地理实践是支持地理学科核心素养发展的重要手段，利用拓展课、选修课，地理组教师依据课标要求，整合校内外资源，构建实践探究的地理课堂，内容包括模型制作、地理观测、地理实验、地理考察、地理调查等实践探究任务，引导学生用地理的视角去观察、行动和思考，提升学生的地理实践力。

（二）初中年级——构建动手体验的地理课堂

针对初中学生开设选修课和义教拓展课，注重激发学生的学习兴趣，设计动手实践活动，增强学生的真实体验，学习生活中有用的地理，培养学生的地理实践力和学科素养，实现初高中地理教学的有效衔接，已固化形成系列学科实践活动。

（三）大中联动——构建开放拓展的地理课堂

为培养学生主动学习、参与社会实践，开阔视野，体现立德树人根本目标，实现全人的教育，地理组教师尝试"请进来"、"走出去"，将大学的专家、教授请进来，开设课程，拓宽视野，带领学生走出校园，走进社会大课堂。经过几年的多方努力和实践，积累了较多的校内外资源作为地理实践活动的基地和地理拓展课、选修课资源。如北航院系、地质大学（北京）博物馆、中国气象局和气象科普观测站等，聘请了北京师范大学和首都师范大学的教授、中国自然资源报社的专家、中国地质大学和中科院的博士担任授课专家和进行实践指导。

基于学生需求和学科育人的目标，在学校整体课程规划框架下，设计了《3S技术新视野》、《走向深蓝》、《地理实验设计》、《北航绿园定向越野》、《岩石和地貌》、《物候观测》、《地质博物馆课程》、《北京城市系列》、《天气预报与观测系列课程》……深受学生的欢迎，很多课程还邀请兄弟学校来参加。

依据课程标准，在国家地理课程内容的基础上，开设丰富的地理选修和拓

展课程，深化学科知识内容，满足学生多样化的地理学习需求。通过地理课程体系的不断完善，构建知识与生活经验融合、课堂内外相融合、理论与实践相融合，达到综合育人的效果，在此过程中落实地理学科核心素养的培养。

四、结论

地理教研组在地理课堂教学、地理学科实践活动、地理课程的开发和评价等方面开展了有益的探索与尝试，积累了丰富的实践经验。

课堂教学遵循了新课程的理念"学习生活中有用的地理"，挖掘生活素材的学科运用价值，探寻其在课堂教学中应用的最佳方式，在地理课堂教学中基于学情用好生活素材。引导学生在解决真实问题、完成挑战性学习任务的同时实现能力的进阶和素养的提升。这是地理教研组思考之一。

地理教学和学科实践活动依据课程标准和地理核心素养培养的要求，有针对性地设计切实可行的学科活动内容和方案，整体把握不同学段基于同一核心概念的学习目标，实践对不同学段学科活动的学习进阶和初、高中地理学习的跨学段进阶，探索学生核心素养的贯通培养。这是地理教研组思考之二。

由于真实问题的解决，往往需要运用并整合多学科相关知识和方法来解决。因此，在课堂教学和学科活动设计的过程中地理组教师有意识地培养学生从多学科的视角认识世界，培养提升学生跨学科的综合思维能力。例如，地理组主导的中国地质大学（北京）博物馆的博物馆课程开发，参与的长征、升旗、卢沟桥等德育主题综合课的开发设计中，突破学科壁垒，形成了跨学科融合的特色。这是地理教研组思考之三。

北航实验学校中学部
Experimental School of Beihang University

脚踏实地之实践探索

李靖敏：身卧病榻网课不辍　执教半生深情无改

李靖敏：北京航空航天大学实验学校数学教师，北京市数学特级教师，北京航空航天大学"立德树人"优秀教师，海淀区"四有教师"。

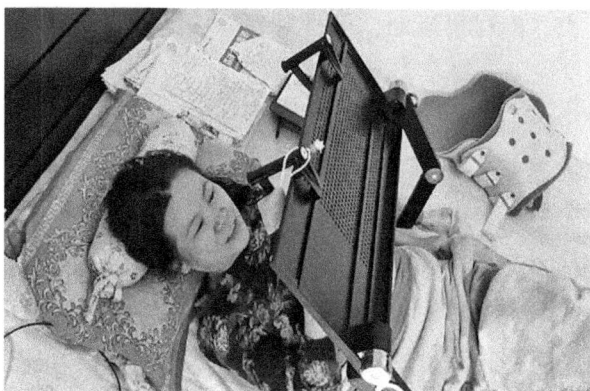

2005 年 9 月，李靖敏老师从河北调到北京航空航天大学实验学校中学部（当时校名为北航附中）任教，她在北航实验学校 18 年的数学教学历程就此开启，值得一提的是，这 18 年中有 14 年她都坚守在高三。

捧着一颗心来，与每个孩子心心相印

今年是李老师从教的第 42 个年头，42 年来她一直认为："真教育是心心相印的活动，唯独从心里发出来，才能打动心灵的深处。"为此她从未放弃过任何一个学生，无论是面对父母离异心理有些问题的"学困生"，天天混日子的"留级生"，还是讨厌数学的"边缘生"，她都把他们的需求放在首位，无论课上还是课下，无论在学校还是在家里，始终倾尽全力帮助他们。李老师有个最简单的愿望：帮助孩子们更好地实现属于他们的大学梦，让他们明白，无论多难都不轻言放弃；鼓励他们未来可期，要拼尽全力！

每个无法站在讲台的日子，都是对生命的辜负

那是 2020 年 6 月 2 日，正值高三二模的第一天，李老师不小心摔倒了，经医生诊断为"胸 12 椎骨折"，李老师特别着急，得知伤情后问医生的第一句话是："如何能让我尽快站起来？我是高三老师，想尽快上课！"医生严肃地说："您都这样了，还上什么课。""可是马上要高考了，不能耽误孩子们呀！"——这是她当时真实的想法。医生建议：一是保守治疗，卧床静养两到三个月；二是手术，能尽早活动，但材料费很贵，也有一定的风险。为了孩子们，李老师二话没说就选择了手术。

术后三天李老师就回家了，恰好二模成绩刚刚出来，她趴在床上，将每一个学生二模试卷的丢分点一一列出，又一一发给他们，并在班群重点进行了讲解，还叮嘱班主任千万不要将她的伤情告诉学生。

6 月中旬，因为新冠肺炎疫情，学生们开始二次居家学习。李老师实在放心不下她的学生，坚持给孩子们上网课。虽然出院前医生一再叮嘱："不要一天到晚只想着给学生上课，你这是胸椎骨折，休息不好，可能会落下终身的毛病！"但是她顾不了那么多，想尽办法，最终用"上课神器"（床上电脑支架）躺着给学生讲网课。

由于长期盯着电脑，眼睛昏花、脖子酸痛，以前 10 分钟李老师就能做完的事，现在要花半小时，甚至更久，时间长了她就会感到伤口隐隐作痛，但是李老师咬牙坚持着，一直陪伴学生走入高考考场。

一棵树摇动一棵树，一个灵魂影响另一个灵魂

高考后，学生才从别的老师口中知道了实情，许多孩子心疼得掉下眼泪。有学生说："您这个负责任的劲头真的值得我学习一辈子！"也有学生说："以后我也要成为一名和您一样棒的老师。"一棵树摇动一棵树，一个灵魂影响另一个灵魂，李老师觉得，能用灵魂影响人、启发人才是她得到的最高荣誉，为了

她的学生，她付出什么都无怨无悔！

7月3日，央广中国之声新闻纵横节目播报了《躺在床上上网课的高三老师》一文，该文被新华社、头条、腾讯等众多媒体转发，其中，《北京晚报》、《海淀教育》等还做了后续报道。作为报道中的老师，她接受了多个媒体采访。记得记者问得最多的是："您当时为什么能不顾自己的伤情这样做？"李老师朴实地说："没有什么为什么，这是一个教师应该做的。在学生面临人生的关键时刻，我不能放弃学生只顾自己呀！"在她心中，学生的需求永远是第一位的。这个理念是她从教42年始终坚守、从未动摇的。记者说："您让我受了一次精神的洗礼。"

含泪播种的人一定能含笑收获

高考结束刚一周，胸椎骨折尚未康复，李老师躺在床上接任了新高三又带了新徒弟。有老师劝道："李老师你不要命了吗？"是啊，这一年因为新冠肺炎疫情，她和学生们经历了线上及线下的艰苦教学，李老师还承受着手术后身体的种种不适，她还要继续坚持吗？

答案是肯定的。当听到"老师我上一本线了，数学过100了，没有您我上不了一本"的一刻李老师泪流满面；当她听到"睡神小赵"的妈妈打来的电话"孩子要报考首都师范大学，立志做一名数学老师"后斗志昂扬地说："当我看到学生优异的数学高考成绩时，我觉得一切付出都是值得的！能用自己的学识与人格魅力点燃学生的学习热情，甚至影响他们的人生选择，是我一生最大的责任和追求！"

送走了2021、2022届高三，又迎来了2023届新高三，转眼已经是李老师的第14届高三了。作为60后的李老师，从小接受"艰苦奋斗、无私奉献"的教育，付出就从未想过回报。为教育事业无私付出，是她从未改变的初心；为学生倾心尽力，是她作为一名教师的使命。正如李老师所说："人之事业，从苦中得来的乐才算是真乐。人生须知道负责任的苦处，才能知道有尽责任的乐处啊！"

天机云锦用在我　剪裁妙处非刀尺

——校本研修引领下的图书角"育人目标"的实现

蔡　红

　　"天机云锦用在我，剪裁妙处非刀尺"出自宋朝陆游《九月一日夜读诗稿有感，走笔作歌》。这句诗本来是讲像神女织出来的锦绣任凭自己随意取用，剪裁时根本不需要剪刀和尺子。把干巴巴的写作理论写得如此富于文采，足见作者的艺术功力。而我读这句诗时却更多地想到了自己的班主任工作。

　　德育校本研修工作开展以来，我通过班主任的专题培训、自主研修和主题论坛等研修活动，除了对班主任的基础理论、政策法规、规范职责有了更深入的认识之外，对于自身的专业化成长也有了更加清晰的认识。在实践反思中，我越来越感觉到，班主任教育理论与教育实践结合的能力对学生成长与身心发展都有重要的影响，班主任的育人目标是班级活动的组织和班务管理的灵魂。任何一个班级活动的组织和管理都离不开育人目标的指引。

　　在校本研修的理论学习和研讨中，我了解到育人目标的重要性，并感受到育人不只需要终极目标、阶段性的育人目标，每一个小的活动、小的资源，也都需要育人目标的设定，学生的大目标的实现过程，是由一个一个的小目标去推动完成的。

　　在班主任的岗位上我们应该是"有育人目标"的班级活动引领者。这就需要我们借助各种教育素材，让其似天机云锦任凭我们随意选取、剪裁、使用，然后利用有效的教育契机让其发挥最大作用。在我参与校本研修过程中，图书角"育人目标"的设定和实现最能体现我的改变。

　　我带学生建立图书角，引领学生进行有目标的生动的阅读。经过反复推敲和实践，我为图书角的设立确定了三个教育目标：一是学习阅读。让同学们阅读绝不只是出于语文考试的目的，而是希望他们更好地走好人生的两个阶段——学习阅读阶段和用阅读去学习的阶段。二是经历体验书中的世界。感悟书中主人公不一样的人生，享受阅读的乐趣，充实成长的心灵。三是肯定和赞美人性的光辉。在当前这个价值观丰富而多元的时代，书中的很多人物以实际行动为人们树立了道德标杆，肯定和赞美他们的行为，就是对道德的呼唤和精神诉求。

我相信只有具有明确目标才能够有的放矢地准备书籍、开展活动，才能点燃同学们的阅读热情。

细节决定成败，图书角建立之初，有些事情是必须按部就班地去做的。首先和孩子们一起准备书架、提供分享书籍、购买推荐书籍、制定书架使用标准、推荐阅读书籍等。当一切书籍到位，带着同学们给书籍归类，每日整理书架、打扫书架。当同学们对阅读有初步兴趣，还要解决阅读中出现的一些不和谐的元素。有的孩子自控力差，课上也停不下来，有一段时间，很多孩子在课上出现读与学科教学无关的书被老师没收的情况，出现因为在班级读书忘记去上课的情况，出现因为一本书而争吵的情况……当这些问题出现时，我们一方面对孩子们对阅读的热爱感到高兴，另一方面也对出现的问题给予重视，并具体协商师生都认可的解决办法，我和班委们的"小妙招"一个又一个出炉。

例如，尽快弥补漏洞，调整班级阅读规则。经过与班委会商量，给每个孩子的桌子右侧配备黄色的袋子，专门用来课间装自己正在阅读的书，并请全体同学互相提醒和督促；中午休息时按时打开音乐播放器，用音乐告知阅读时间的开始，同学们会马上静下来，建议大多数孩子选择阅读；等等。即使这样也不可能解决所有的问题，我们在每周一的班级总结中提出图书角相关问题，请同学们讨论读书中出现的问题，以后也许还会有更多问题，我们还可以在学期总结时再次提出读书的利弊问题，我们还可以请阅读出现问题的孩子来分享他阅读时的感受和解决问题的体验。总之解决问题的招数很多，出现阅读问题的孩子越来越少，阅读坚持下来了，这是建立规则和引导遵守规则的过程，这是管理和引导的过程。这个过程中，"妙招"非常重要！

书架在那里，阅读规则也已建立，只是阅读就够了吗？不行，还需要扩大阅读者的范围，还需要有目的、有专题的阅读来吸引更多的阅读者的关注。通常可以设计一些针对性活动来推进主题阅读，探索阅读的深度。例如，本学期初我推荐孩子们整体阅读一本书《奥巴马写给女儿的信》，并请同学们在封面上签字留念。信中奥巴马赞美了13位影响美国历史的伟大人物，通过赞美他们，告诉女儿我们需要的美德。为什么选择这本书？一方面基于书的内容，让我们了解家长对孩子的期待，我们希望孩子成为什么样的人；另一方面我也希望借此引导孩子们关注拥有正能量的人物，向他们学习。推荐阅读并不能解决深入阅读的问题，为此，我又设计了进一步的活动：每个同学选取一个我们中华民族影响中国历史的伟大人物，用简练而精彩的语言记录他的事迹，评价他的功绩，用A4纸正面中文、反面英文，做成绘本装订在一起方便同学们互相阅读学习。同时，我又推荐了许渊冲的书《经典英译古代诗歌1000首》，让他们学习许渊冲的翻译原则，了解许渊冲翻译人生的目标。我认为，育人目标不只是正能量的宣扬，还要宣扬一种民族自信、文化自信，让我们中华民族的英雄真正植根于孩子们心中。这是引导阅读的过程，也是价值观和民族自信的引领。追根究底是育人的过程，是由管理到引导到育人的完整过程。以专题活动打开读者视野，使图书角真正物尽其用，最大化实现图书角的育人目标。

"布鲁纳认知—发现说"认为，学习包括获得、转化和评价三个过程。我们利用图书角引导学生阅读，组织学生活动的过程是帮助学生自主获得知识，把知识转化为认知，使书本知识变为学生自己的活的知识的过程。

总之，我没有让图书角变成"死角"，成为虚设，失去其应有的意义。通过我的设计、管理和引领，班级形成了良性的阅读氛围，实现了图书角育人目标。相信班主任老师只要有精心的设计，一步一个台阶地迈进，小小图书角可以绽放不一样的光彩，实现我们最终的育人目标。

在校本研修过程中，学习研讨、交流实践、建构反思促进我们的成长，让我在班主任岗位上，不断发现、实践、创新。校本研修指导我轻松驾驭各种教育资源，让这些资源成为我教育学生的"天机云锦"，我必尽我所能"剪裁妙用"！

校园版"绝命毒师"引发的舆论炸弹

——危机公关视角下的校园舆情处理

杜泱泱

这学期，已经进入到初三上学期，学习气氛骤然紧张起来，同学们的情绪随着一次一次模拟训练起起伏伏。有一天，化学老师给我打电话，说孩子们反映我们班的小聂同学往学校带危险化学药品。我马上跟家长联系反馈此事，让家长马上到学校取走危险药品，并且马上跟学校学生发展中心联系严肃处理此事。但是没有想到的是，正在我们紧张处理小聂事件的同时，在同学们中也在酝酿着一场舆论风暴。

坐在小聂后面的小吴同学是第一个发现小聂往学校带危险药品的，但是她并没有向老师报告，而是对这些化学药品非常感兴趣，经常和小聂探讨此事。后来小吴上网查了一些资料，发现小聂带的药品有泄漏的危险，开始紧张起来，并且告知同学们药品的危害性，甚至自己感觉头晕嗜睡，乏力厌食，认为化学药品已经泄漏，已经危害到自己的安全。初三的同学们绷紧的神经一下子被触及，同学们如惊弓之鸟，人人自危。涉及校园安全的舆情事件，因其群体性、不确定性、隐匿性以及性质之恶劣，会产生强烈的代入感、不安全感和焦虑感，能够迅速形成群体式愤怒、情绪性对抗、普遍化焦虑，引发舆论暴力甚至群体行动。所以班主任在处理这件事的时候，需要充分做好事实调查，安抚学生情绪，引导舆论的发展。

情感在前，情绪的力量胜过事实

情感成为掀起舆论浪潮的首要动因。校园舆情的受害主体主要是年幼的未成年人、弱势群体。然而一旦学校的处理行为与学生期望相背离，负面情绪就会扩散和异变，形成情绪共振，造成潜在的风险。在一定程度上，情感的力量胜过事实。

在这种情况下，我先找小吴同学，倾听了她的焦虑，对她的恐慌情绪表示理解，并且向小吴同学征求意见，她认为如何处置这件事是比较妥当的。我也跟小吴同学反馈了我和年级组长处理这件事的整个过程，让她认识到学校非常重视这件事，并且在用科学的方式进行处理，让孩子对处理结果放心。校园安全类舆情是多种情绪的叠加，如愤怒、恐惧、厌恶、悲情。这基本涵盖了所有负面情绪。在突发事件中，情绪催化风险，未知产生恐惧。如果缺乏充分的信息沟通，对于未知和不确定性的恐惧就会蔓延。

在前期老师们对这个事件不知情的信息真空期，由于对于未知的恐惧，同学们之间的各种猜测、道听途说和谣言呈现核裂变效应似的传播样式。同学们之间以讹传讹，甚至还有同学说小聂同学在玩放射性物质，他还会制造砒霜。这样的多方"相互误读"制造了恐慌情绪，如此一来，学生对个别事件的情绪对抗，可能会演变为对校园的情绪对抗，甚至进而对教育、对社会的情绪对抗，致使舆情逐步升级为混沌状态，影响学校教学工作和生活秩序，冲击校园安全和社会稳定。

事实为先，争夺第一定义权

事实是舆论引导的基础。对于校园安全类网络舆情事件的处置，要通过信息发布来争夺第一定义权。我所做的首先是第一时间发布信息、确保传播渠道通畅。谣言止于公开，第一时间发布信息可以避免谣言"发酵"。在处理小聂同学不当行为的当晚，我就首先联系了小吴的家长，向她通报了有可能存在的危险物品泄漏问题，并建议小吴的家长带孩子去医院检查。

同时，在信息传播中，确保传播渠道始终畅通，不出现渠道堵塞现象，对于渠道堵塞及时"清障"。在处理过程中，一直持续向同学们公布调查的过程和调查结果，"尚无可靠结论"、"正在调查中"、"暂时没有任何确切消息"本身就是一条重要信息。它能够防止错误信息和谣言的滋生与蔓延，避免"禁果效应"。同时，我们也一直在全过程中咨询法制副校长和学校的法律顾问，咨询事件处理的方式方法和边界的界定。争取在第一时间向学生和家长公布处置过程和调查结果，争夺第一定义权，不给家长群、学生群的舆论发酵留出时间，避免了由于信息不通畅造成的对立情绪和恐慌情绪。

价值为本，情感动员体现人文关怀

情感动员指通过语言或其他特定的信息，唤起、激发或者改变人们对事物的认知、态度和评价，以达到预期目的的过程。充分的情感动员可以使信息顺利传抵受众。

在和小聂家长沟通时，我们一方面强调事情的危害性和严重性，另一方面也站在家长的角度，站在负责任的教育的角度，向家长陈明学校的处理态度。小聂家长表示配合学校的批评教育，并且协助学校对孩子进行监管和教育，并对产生的后果负责。在和小吴家长沟通时，我们表示非常理解家长的情绪，在孩子人身受到危害时，学校和家长一样都是非常担心的。学校高度重视，积极反馈，小吴家长也表示信任学校的处理，对学校的沟通表示满意。在整个过程中，我通过情绪动员来实现有效沟通，产生了良好的效果。

在整个处理过程中，我在校学生发展中心的指导下快速反应、科学应对，化解了这起校园舆情危机。经验总结起来，一是要对负面情绪做出回应和反馈。通过我们处理紧急事件的信息发布和家长沟通的建设性话语，引导舆论场趋于理性平和。二是情感引导要贯穿信息传播始终。在关涉人身安全的校园舆情事件中，要体现出情感回应的一致性和整体性。三是情感动员要有对象感。通过不同的叙事方式和情感修辞，润物无声、以小见大、潜移默化地做好舆论工作。

习近平总书记在《善于同群众说话》一文中指出："语言的背后是感情、是思想、是知识、是素质"，"不会说话是表象，本质还是严重疏离群众"。可见，加强沟通、调控和管理固然重要，但根本的问题是思想、认识和理念，是如何通过有效的沟通来体现人文关怀，赢得家长的情感认同。通过这一事件，我发现做好舆论工作，不仅需要提高技巧和方法的"术"，更重要的是班主任的内在修养，如对人的尊重、对生命的敬畏，同情心、平等的观念是其所秉持的基本"价值"，这才是真正的主宰力量，是提升舆论引导力的根本之"道"。

基于核心素养的高中思想政治学科教学的探索和思考

包宗丽

随着高中课程改革的深入，如何基于核心素养展开教学是每一位高中政治教师必须面对的挑战。那么，如何理解核心素养？基于核心素养的教学与此前的基于三维目标的教学有何异同？如何有效地开展基于核心素养的高中政治课教学？本文将就这些话题谈谈个人的观察、体验及思考。

一、对核心素养及相关概念的认识

纵观历史，教育应该"培养什么样的人"的问题，一直都是教育家、哲学家探讨的核心。在不同历史时期，人们对这个问题的回答是不同的，这反映了该时代历史发展的需求。在以农业经济形态为主导的古代社会背景下，人才的培养重视道德品性；在以工业经济形态为主导的现代社会背景下，人才的培养重视能力本位；而在以信息经济、低碳经济等经济形态为主导的当代社会背景下，人才的培养则需要重视核心素养。强调"核心素养"才是培养自我实现与促进社会和谐发展的高素质国民与世界公民的基础，它反映了当今时代社会发展的需求。

素养是一种品质，它不是先天固有的，而是后天养成的。但这种品质，不仅因"教化"养成，而且因"阅历"自成，是人人终将拥有的品质。说到底：素养，是人们生活经验的结晶；实践，是滋养素养的源泉。核心素养是学生"适应个人终身发展和社会发展需要的必备品格与关键能力"，是个体能够适应未来社会、促进终身学习、实现全面发展的基本保障。

中国学生发展核心素养以培养"全面发展的人"为核心，分为文化基础、自主发展、社会参与三个方面，综合表现为人文底蕴、科学精神、学会学习、健康生活、责任担当、实践创新等六大素养。

思想政治学科核心素养，是指个体在面对复杂的、不确定的现实生活情境时，综合运用本课程的学习所孕育出来的学科知识与技能、学科思想与观念，在分析情境、应对挑战、发现问题、确认问题、思考问题、解决问题的过程中，表现出来的参与经济、政治、社会、文化生活的关键能力和必备品格。根据普通高中思想政治课程的学科本质和功能定位，它包括政治认同、理性精神、法治意识、公共参与等基本素养。这四个要素，在立德树人的课程使命中，各有其独特价值，可分别归结为有信仰、有思想、有尊严、有担当。

总之，学生素养的形成离不开实践，思想政治学科的核心素养也只有通过参与实践与活动才能形成，也只有在实践与活动中呈现出来才能彰显其价值。

二、基于三维目标的课堂教学与基于核心素养的课堂教学

（一）三维目标与核心素养的关系

教学目标从双基到三维目标再到核心素养，体现了从学科本位到以人为本的转变。双基是外在的，从学科的视角来刻画课程与教学的内容和要求。素养是内在的，从人的视角来界定课程与教学的内容和要求。三维目标是由外在走向内在的中间环节，既有外在又有内在的东西。相对于双基，三维目标的理论比较全面和深入，但依然有不足之处：其一是缺乏对教育内在性、人本性、整体性和终极性的关注；其二是缺乏对人的发展内涵特别是关键的素质要求进行清晰的描述和科学的界定。核心素养来自三维目标又高于三维目标。从形成机制来讲，核心素养来自三维目标，是三维目标的进一步提炼与整合，是通过系统的学科学习之后而获得的；从表现形态来讲，学科核心素养又高于三维目标，是个体在知识经济和信息化时代，面对复杂的、不确定的情境时，综合应用学科的知识、观念与方法解决现实问题所表现出来的关键能力与必备品格。显然，三维目标不是教学的终极目标，教学的终极目标是能力和品格。

（二）基于三维目标的课堂教学与基于核心素养的教学模式比较

在十多年的实践中，老师们就如何达成三维目标问题做了很多积极探索。一般情况下，老师们将教学分为若干环节，通常包括情境导入、新课讲授、总结提升等基本环节，其中，新课讲授环节又根据具体教学任务分成若干环节，

包括一个或多个"创设情境、探究问题、生成结论、巩固提升"的循环。在系列教学环节的设计中，老师们着重考虑的首先是如何完成知识的记忆、理解和运用，其中可能伴随着能力的提升和情感态度价值观的升华。由于教学中老师们的设计过分注重对每一个知识点的教学，创设每个情境往往只着眼于一个知识点，有时在旁观者看来，同一情境明明可以指向多个知识点，以提升学生多角度思考的综合能力，但由于老师预设的目的性太强，一叶障目，留下很多遗憾。从实际教学效果看，真正有可能达成的是知识层面的目标，有时甚至连知识层面目标的达成也较为牵强——老师强拉硬拽地让学生认同素材与观点的关联，而不能为二者的关联搭建好台阶，以呈现二者内在的逻辑关联。在这个问题上，北京市曾经组织过的"理例结合"系列活动，在一定程度上推动了老师们对这一问题的思考和探索，但在一些老师的日常教学中，"强拉硬拽"的痕迹依然非常明显。

构建活动型课程是思想政治学科核心素养教学的要求。由于新课标尚未正式颁布，虽有部分先行者尝试，但活动型课程的模式远未成熟。陈式华在《基于学科核心素养的"活动型教学"模式建构》一文中，列举了诸如"动一动"、"看一看"、"问一问"、"想一想"、"议一议"、"说一说"、"辩一辩"、"理一理"、"试一试"等教学环节，也是由三维目标向核心素养教学模式迈进的有益探索。从表面上看，与三维目标教学一样，基于核心素养的教学也需要创设一定的情境，但在具体设计和操作环节，二者却有着本质的区别。与三维目标教学相比，基于核心素养的教学更能体现以人为本的特点：在素材的选择上，更强调情境的真实性、层次感；在观点的掌握上，更强调知识的结构化、综合性；在任务的要求上，更明确了描述与分类、解释与论证、预测与选择、辨析与评价等任务要求。

可以看出，构建有效的核心素养教学模式，对于有效化解三维目标教学中普遍出现的问题、帮助学生获得学科必备品格和关键能力有积极意义。因此，在实践中探索基于核心素养的教学，构建活动性课程模式，是一线教师必须迎接的挑战，也是值得老师们尝试的提升自身成就感和价值感的活动。

三、学习、实践、观摩后的思考

自思想政治学科核心素养的研究工作启动以来，笔者曾参加过核心素养提炼的征集关键词活动，认真回答了调查问卷，申请了区级课题《基于学生核心素养提升的中学政治课教学实践研究》，与课题组老师们一道研讨、实践、反思。也多次参加了区级、市级乃至全国的不同范围、不同阶段的培训活动，认真听取课标编写专家的讲解、分析、论证，认真阅读了不同阶段的课标征求意见稿。同时，利用中国知网检索课标专家和同行们的相关文章来进一步学习、思考。

随着课标研究的深入，笔者用心体会课标内容变化背后的道理，对思想政治学科核心素养的内涵、价值以及活动型课程理念有了越来越深入的理解。在课堂教学中，笔者尝试融入核心素养教学理念；在课下，利用假期和游学活动组织学生开展了系列实践活动。在听课、观摩活动中，笔者也试图以核心素养的视角审视课堂，发现其闪光点和遗憾之处；仔细聆听其他学校老师组织学生实践活动的宝贵经验，汲取其精华。

通过逐渐推进的学习、实践和观摩，笔者逐渐有了一些体会和感悟，也初步触摸到了核心素养教学的本质和要义。

（一）关于学生课外实践活动的尝试、借鉴与反思

受北京市高考、会考题及其他老师的启发，结合高中四个模块的内容，笔者曾经设计过菜价调查、人民币汇率变动情况调查、超市商品排列情况调查、居民消费调查、所有制和收入调查、家庭理财调查、社保情况调查等问题，引导学生利用网络信息或实地调查获取信息，并通过图表加文字的形式呈现调查结果；也曾利用假期，给学生布置实践作业，如共享单车（对比）调查、居（村）委会构成及工作调查、过年回老家对家乡变化的调查（曾登在《中学生实事报》上）等；还利用学生游学的机会，布置本学科的任务单，如考察不同地区价格情况并分析其原因，剖析景区文化价值并给景区管理提建议，关于中国陶瓷发展状况的研究和建议，关于婺源等景区徽式建筑特点及其文化内涵的探析等。根据学生的任务选择及作业完成等反馈情况，参照其他学校老师分享的经验，笔者对课外实践活动有了进一步的思考。一方面，要考虑学生参与实践活动的自主性，让学生有充分的获得感；另一方面，对任务的布置及评价指标的制定要具体、明确，以提高学生的参与度；同时，还要考虑到学生实际遇到的困难，开拓自己的实践基地；还可以借助恰当的载体和渠道，充分展示学生实践活动的成果；等等。

（二）关于课堂教学中融入核心素养的实践、观摩与思考

按照区级课题所列时间表，结合校、区级学科教学活动，笔者和课题组的老师先后就经济生活《企业的经营与发展》、政治生活《当代国际社会》、生活与哲学的唯物论和认识论知识以及联系观等内容开设公开课。其中，有的课采用一例到底（如蒙牛的成功经验、风云系列卫星的研制等）的方式展开，有的课围绕一个中心话题（如"一带一路"倡议、人工智能等）组织学生讨论，让学生获得综合性的知识和体验。在磨课和听课、评课的过程中，体会到了三维目标教学转向核心素养教学的艰难，也从中品味了二者的关联和差异：基于核心素养的教学相较于三维目标教学，其站位更高，带给学生的收获更大。然而基于核心素养的教学对老师综合素养的要求也更高：既要有对现实生活中真实材料的整理、解读能力，也要对学科知识融会贯通；既要有高度深度，还要能深入浅出地讲解，这也是对教师专业功底的考验。在此期间，笔者也听了外校老师的一些公开课，颇受启发。

综观老师们展示的好课，有如下特点：精心筛选、组织素材，创设了很好的情境，且与教学内容非常贴合；有的老师还将学生的社会实践活动与课内教学相结合，课上整理的素材基于学生的调研报告；在创设教学情境的基础上，老师们精心设计了讨论题，让学生在阅读材料后，展开小组讨论，再请学生起来回答老师的问题和追问；老师精心设计板书或PPT，将素材内容与教材知识完美对接，呈现其间的逻辑关系。然而，在师生互动环节，不同的老师表现差异较大：如果学生在回答老师预设的问题时达到了老师的预期，课就显得顺畅完美；如果学生的思路偏离了老师既定的方向，有的老师就会忽略这一回答，有的则慌忙叫起下一个学生，直至学生说出正确的答案，但也有一些老师从容应对，敏锐地捕捉到学生思维上的难点，抓住时机，帮助学生解决真正的问题。反观这些课堂的成功与败笔，一个值得思考的问题就是：教师如何在提供了一个好的情境后展开课堂活动，如何设问才更具讨论价值？如何应对学生的回答才更有助于学生核心素养的形成？针对前一个问题，笔者曾听过一位老师介绍如何研讨形成一个具有开放性的问题的案例，颇受启发。也曾听过一位老师在课上围绕一个议题层层追问，把问题引向深入，然而遗憾的是在回答问题时，老师又回到了老路上，一步步牵着学生解答，而没有给学生充分的讨论和思考空间。可见，问题的设置需要教师的功力，而问题讨论的实施更需要老师有足够的专业知识储备和应对各种突发问题的能力，这也正是教师本身核心素

养的展现。

四、问题总结与思考

如何开展基于核心素养的教学，是老师们正在积极探索的问题，可供借鉴的模式并不多，很多探索虽然冠以"核心素养"之名，但实际实施的却依然是指向三维目标达成的教学活动。但也正是在不断摸索和反思中，老师们仔细品味三维目标与核心素养之间的区别与联系，并逐渐提升教学水平，最终有利于学生关键能力和必备品格的形成。

作为一线教师，要实现由三维目标教学向核心素养教学的质的飞跃，既要在理论上加强学习，也要在实践中大胆探索。在理论层面，必须反复品味、参悟核心素养的内涵及其价值，深刻理解核心素养水平与学业质量水平的关系。在实践中，要处理好教学过程与教学结果的关系：既凸显观点，更关注过程；设计好活动型课程：围绕议题，创设情境，提示路径，并提供机会，让学生充分表达。只有当中学政治教师的理论功底和实践能力都得到了有效的提升，才能真正为学生核心素养的提升搭建好阶梯！

思维导图助力教与学

——读《别说你懂思维导图》有感

邱　婷

　　曾看过一篇文章提出这样一个问题：如何让学生解决问题的能力得到本质的提高？文中谈到，教学生如何研究承载具体问题的对象的性质或关系，教学生能够运用研究出来的性质或关系去探索解决具体问题的具体方法，这比教学生套路化的题型解法更重要。针对学生思维能力的培养，是一种方法的教学，而方法的教学更注重思维训练，提升思维能力。思维导图就是一个帮助人们快速学习、促进深入思考的有效思维工具。《别说你懂思维导图》一书认为，思维导图的重点不在"图"，而在"思维"，或者说是"图导思维"，思维导图的核心价值是激发思维和整理思维。在基于培育核心素养、激活学生思维的教学实践中，用好思维导图不仅对于教师的教，而且对于学生的学都有很大帮助。

　　以我所教的初中道德与法治课为例，无论是核心素养还是学科本身蕴含的价值导向，都要求树立科学精神，养成辩证思维，彰显思维品质。对于教师来说，教学逻辑清晰，才能帮助学生形成学科思维。思维导图的最大优点就是层次隶属关系非常清晰，一张图就能有逻辑地将一个主题的全部要点串联在一起呈现出来。教师在备课时可以将这一课的教学设计用思维导图的形式列出来，设置探究思考路径，由浅入深层层递进，这样就能从宏观上把握整节课的知识结构，提高备课效率。在课堂教学中运用思维导图，则可以将理论性的政治知识和抽象的思维图像化、直观化、结构化，不仅能够帮助学生梳理教材知识，弄清来龙去脉，还能在很大程度上锻炼学生的思维能力。在课堂小结和板书设计中运用思维导图，更可以将整堂课的思维逻辑有效呈现，帮助学生建构知识体系。

思维导图在复习课的应用效果尤为明显。比如在复习道德与法治七年级上册《生命的思考》单元，以"生命"为主题引导学生回忆关于生命的所有知识，按照"是什么"、"为什么"、"怎么做"的逻辑思路进行梳理。在建构思维导图的过程中，学生的思维是发散的，全班同学头脑风暴归纳出了"生命之树"的各个枝干，包括"理解生命"、"为什么要珍爱生命"、"如何实现生命的价值"等，然后进一步细化每一分支的内容，尽量穷尽所有知识。这棵"生命之树"逐渐丰满的同时，那些原本片段化、碎片化的知识就基于它们的内在联系整合在了一起，形成了一个整体。这不仅大大增强了学生对知识的理解和记忆，而且系统化的知识梳理更提升了学生综合运用知识的能力。如果是毕业年级的复习课，还可以将这棵"生命之树"再扩大延展，勾连不同生命体之间的关系，进而可以将人与自然、人与人、个人与集体和国家的相关知识都融会贯通，形成更大的一张知识网，引导学生站在更高的视角去深度思考个体生命，探寻与生命有关的各种问题。这样的复习想必一定会有助于强大思维的训练和培养，有助于学生全面把握知识本质和内在关系，这也恰恰是方法的教学最好的体现。

思维导图不仅可以用于教学设计、课堂板书、专题复习，也可以帮助学生整理知识概念、归纳笔记。学生根据自己的理解制作思维导图，通过思维导图与教材知识的有机整合构建知识体系，在这过程中完成对知识的重新认识。这就能激活知识链条，升华原有知识，将知识逐渐内化，不仅有利于增强学习效果，提高学习效率，同时思维导图的多角度、层次性、关联性、结构化等特征，还会促使学生积极思考，使学生形成理性思维习惯，改变思维方式，增强思维能力。在制作思维导图的过程中学生逐渐体会知识点之间的内在联系，甚至能发现自己之前没有注意到的某些知识点之间的关系，从而对知识产生更有创新性的理解，达到创新学习创新思维的目的。

此外，思维导图在辩论、演讲等学科活动中也能帮助学生整理思路，做到条理清晰；运用思维导图还能帮助学生实现自我对话、辅助个人时间管理、促进学习从机械学习迈向意义学习，在学法指导中发挥积极作用。

当然，思维导图的使用要从教学任务的实际情况出发，不能盲目。运用思维导图助力教与学的过程中，还应注意以下两点。

首先，思维导图重在实用，切忌用花哨的布局代替内容的严谨。学生在初学思维导图整理笔记的时候，往往会花大量时间在构图和色彩的修饰上，将思维导图绘制得十分"赏心悦目"，但形式往往胜于内容。这样舍本逐末的做法会失去"图导思维"的作用，使思维导图沦落为好看但不好用的"花瓶"。教师在学生初学思维导图的时候要给予积极评价和指导，强调逻辑清晰、简单实用，可以借助合适的软件来绘制。

其次，思维导图重在思维，教师在学生初学思维导图的时候要给予必要修正，指出学生混乱的分支隶属关系，引导学生不断修正不断完善。比如教师可以引导学生"说出"思维导图的逻辑意义，让图"发声"。在学生表达自己的思路时，尽量沿着学生的思维轨道，通过自然合理的启发和诱导，帮助学生完成知识的建构。只有在学生参与、问题暴露和不断修正中，才能将"你的知识"转化为"我的知识"，提升思维能力。

教与学的过程，都是一个将书读厚到读薄再读厚的过程，而这一薄一厚中彰显的是思维的张力与品质。我想，思维导图这个工具不一定能让学生解决问题的能力得到本质的提高，但我相信它一定可以让学生思考问题、建构知识、逻辑思维的能力得到提高。

劳动教育融入高中思想政治课教学实践研究

王晓芳

2019 年 3 月 18 日，习近平总书记在学校思想政治理论课教师座谈会上强调，"青少年阶段是人生的'拔节孕穗期'，这一时期心智逐渐健全，思维进入最活跃状态，最需要精心引导和栽培"。思想政治课是一门落实科学理论、科学思想、科学方法、家国情怀、感恩能力的价值引领性课程，也是一门内化思想理论、外化情感品行的劳动实践性课程，从这个意义上说，思想政治课包含劳动意义。中学阶段是世界观、人生观、价值观的养成时期，《普通高中思想政治课程标准（2017 年版 2020 年修订）》强调"坚持教育与生产劳动和社会实践相结合"、"使理论观点与生活经验、劳动经历有机结合"，并在具体课程内容中增加了劳动教育相关内容，如在"中国特色社会主义"模块，要求学生长大后要把爱国情感、强国志向、报国行为自觉融入坚持和发展中国特色社会主义事业、建设社会主义现代化强国、实现中华民族伟大复兴的奋斗之中。在"经济与社会发展"模块，要求阐明劳动对社会发展和进步的作用，弘扬劳动精神，树立崇尚劳动、热爱劳动的思想。在"政治与法治"模块，提示学生要进社区亲身体验基层群众依法表达诉求，参与社区治理的过程，开展普法志愿服务性劳动。在"哲学与文化"模块，增加"劳动对实现人生价值有何意义"这一议题，让学生探究在实现人生价值中劳动的作用和意义。在教材的具体内容中，有很多关于劳动观念、劳动精神、劳动的重要性及树立正确的就业观、劳动关系的法律保障等相关内容的呈现，以培养学生通过学科学习，树立崇尚劳动、尊重劳动，在劳动中创造人生价值的正确观念。劳动教育不是指简单的劳动活动，而是强调围绕劳动这一基本形式来开展的教育活动，本质上是要求学生在参与劳动中形成劳动意识，提高劳动能力，激发劳动热情，体味劳动价值。因此，劳动教育融入政治学科具有较强的可操作性与必要性。

一、借力教材内容，激活课堂教学，培养学生树立劳动观念与劳动精神

在部编版高中必修一《中国特色社会主义》、必修二《经济与社会》的教材中，有大量关于"劳动"的重要性及如何对待"劳动"的内容。如必修一《中国特色社会主义》中的《伟大的改革开放》中提到：改革开放在认识和实践上的每一次突破和深化，改革开放中每一个新生事物的产生和发展、每一个经验的取得和积累，都来自亿万人民的实践和创造。改革开放极大改变了中国的面貌、中华民族的面貌、中国人民的面貌、中国共产党的面貌。中华民族迎来了从站起来、富起来到强起来的伟大飞跃，中国特色社会主义迎来了从创立、发展到完善的伟大飞跃，中国人民迎来了从温饱不足到小康富裕的伟大飞跃。必修二单元综合探究中明确写道："劳动是财富的源泉，我们获取的任何收入归根结底都来自劳动创造。要弘扬劳动精神，崇尚劳动、尊重劳动，牢固树立劳动最光荣、劳动最崇高、劳动最伟大、劳动最美丽的观念。要鼓励全体劳动者通过辛勤劳动、诚实劳动、创造性劳动致富。"在这部分教学内容中，教师可以引入一些典型案例，充分调动学生学习自主性，激活课堂教学，使学生在案例的分析、分享与交流中树立崇尚劳动、尊重劳动的意识。

案例：部编版　高中必修一中的《伟大的改革开放》

没有改革开放，就没有中国的今天，也就没有中国的明天。实践充分证明，改革开放是党和人民大踏步赶上时代的重要法宝，是坚持和发展中国特色社会主义的必由之路，是决定当代中国命运的关键一招，也是决定实现"两个一百年"奋斗目标、实现中华民族伟大复兴的关键一招。在此课教学中，教师可以引导学生搜集改革开放先锋人物的典型事例，如杂交水稻之父袁隆平、农村改革的先行者——小岗村"大包干"带头人、党员领导干部的楷模——孔繁森等，并在班级、年级或全校范围内进行交流分享，使学生学习先锋人物的家国情怀，为民族复兴、国家富强而不断奋斗的劳动与奉献精神；在案例的分享与交流中树立尊重劳动的观念及劳动最光荣的思想，崇尚劳动、热爱劳动。

部编版　高中必修二《经济与社会》综合探究

在综合探究"弘扬劳动精神与投身创新创业"的内容中，教师可以充分利用综合探究活动，如让学生搜集优秀劳动者的故事，分析劳动精神的内涵，说说为什么要在全社会弘扬劳动精神；围绕"爱劳动、做劳模、树匠心"议题，与同学交流对劳模精神和工匠精神的认识；搜集材料，谈谈创业者还应该具备哪些素质；针对如何提升自己的创新创业能力，拟订一份学习计划；等等。

二、打通课内外资源，在学科实践活动中渗透劳动观念，培养学生树立正确的人生观与就业观

新课标明确指出：高中思想政治是帮助学生确立正确的政治方向、提高思想政治学科核心素养、增强社会理解和参与能力的综合性的活动型学科课程。而活动型学科课程既包含思维活动，也包含实践活动。学科实践活动帮助学生连接书本知识与现实世界，提升学生发现问题、分析问题、解决问题等政治学科核心素养，是培养学生灵活运用所学知识解决实际问题的有效抓手。通过开展实践活动，既可以落实所学知识，又有助于在活动中渗透劳动观念，引导学生树立正确的人生观与就业观。

案例：部编版　高中必修一《中国特色社会主义》第二课《只有社会主义才能救中国》

1840—1842 年，鸦片战争失败后，清政府签订《南京条约》。中国开始沦为半殖民地半封建社会。1900—1901 年，英、美、法、俄、德、意、日、奥八国发动侵华战争（八国联军侵华战争），迫使清政府签订《辛丑条约》。从此，中国完全沦为半殖民地半封建社会。近代以后中国人民的历史任务：一是民族独立、人民解放，二是实现国家富强、人民幸福。1921 年，在马克思列宁主义同中国工人运动相结合过程中，中国共产党应运而生，带领中国人民建立了新中国，彻底结束了半殖民地半封建社会的历史，从根本上改变了中国社会的发展方向，为实现国家富强、民族复兴展示了美好前景和现实道路。在此课教学前，教师可以布置学生走进国家博物馆参观"复兴之路"大型主题展览（不具备实地参观条件的可以通过国家博物馆官网云参观），使学生在参观学习中体会革命先辈在国家

的建立、建设与发展中的伟大的奋斗精神、奉献精神，引导学生树立正确的人生观，进而理解在个人与国家的统一中实现人生价值，树立正确的就业观。

部编版　高中必修二《经济与社会》综合探究

我们要始终弘扬劳模精神、劳动精神，为中国经济社会发展汇聚强大正能量。要激发和保护企业家精神，鼓励更多社会主体投身创新创业。教师可以通过设计并开展"企业面面观"活动，让学生以组为单位，通过搜集整理资料、走访调查等，关注并了解任一家企业，了解其所有制性质、经营发展情况与策略，以及这些策略对企业的影响，并运用经济学知识进行分析，使学生走近企业、了解企业，在学科活动中既可以学习优秀企业中的企业家精神、优秀劳动者的劳模精神，更可以使学生在亲身体验与实践中培育劳动观念，树立正确的就业观。

三、充分利用时政资源，通过优化劳动案例
引导学生树立正确的价值观

积极正面的时政热点案例既是有效提升学生学习兴趣的重要抓手，也是引导学生在案例分析中树立正确的人生观、价值观的重要媒介。教师将有关劳动教育、先锋劳动人物、劳动的价值等时政资源纳入思想政治课教学中，能够进一步传递党和国家关于劳动教育的方针政策，展现新时代崇尚劳动、热爱劳动的社会风貌。因此，教师可以通过多种渠道收集有关的时政资源，并找到其与教学内容的契合点，嵌入思想政治教学过程，增强劳动教育效果。

案例：部编版　高中必修二《经济与社会》模块综合

市场可以促进资源的优化配置，提高资源的利用效率；就业是最大的民生，劳动者个人要不断提高劳动素质，增强劳动观念，重视"劳动合同"的重要作用，学会用法律武器捍卫个人的合法权益。新冠肺炎疫情当前，掌勺的做起了生鲜分拣，做酒店的转行生产口罩，干房产销售的送起了快递……新冠肺炎疫情中，餐饮、旅游等企业遭遇"复工难"，电商、快递等企业却面临"用工荒"，于是"共享员工"这种新型用工模式悄然兴起。最早招收"共享员工"的是在线零售行业，之后逐渐推广至物流、制造业等行业。"共享员工"是新冠肺炎疫情之下的权宜之举，还是未来

社会发展趋势？这一问题引起了人们的思考。综合运用所学知识，谈谈你的看法，并说明理由。

部编版　高中必修四《哲学与文化》第六课《实现人生价值》

人的真正价值在于创造价值。我们应充分发挥主观能动性，树立正确的价值观，在劳动与奉献中实现人生价值。中国梦是历史的、现实的，也是未来的；中国梦是国家的、民族的，也是每一个中国人的。高三某班同学相约参观《砥砺奋进的五年》大型成就展。在参观第九展区"推动构建人类命运共同体，谱写中国特色大国外交新篇章"时，大家纷纷在语音留言台留下自己的感想：

◇看了展览，我觉得厉害了我的国，我们这一代人要更加努力，才能成为建设祖国的栋梁之材。

◇我们不能对任何事都漠不关心，不能只是做"佛系青年"。

◇我们应当勇于担当，与时代同行，与理想同行，书写人生华章。

运用"实现人生价值"的知识诠释我们应如何书写人生华章。

思想政治课是一门落实科学理论、科学思想、科学方法、家国情怀、感恩能力的价值引领性课程，也是一门内化思想理论、外化情感品行的劳动实践性课程。"实现中华民族伟大复兴的中国梦，有赖于各行各业人民的辛勤劳动"，青少年作为中华民族伟大复兴的未来建设者和主力军，更需在劳动教育中成长，在劳动教育中成才。结合思想政治课学科的特点，有机融入劳动教育，通过借力教材内容，激活课堂教学；打通课内外资源，在学科实践活动中渗透劳动观念；充分利用时政资源，优化劳动案例等方式，有利于实现新时代对劳动教育的新要求，落实思想政治课程标准的规定以及发挥劳动教育在育人过程中的特殊作用，促成思想政治课与劳动教育形成合力，实现共同育人的目标。

新课标背景下高中语文群文阅读的实践探讨

郝玲君

新课程改革背景下要想提升高中语文阅读教学质量，教师就必须另辟蹊径，采用创新的阅读教学模式，才能为学生高效学习打下坚实基础。将群文阅读的教学方式与之相结合，这就有助于创新语文阅读教学模式。基于此，本文先就新课标下高中语文群文阅读教学价值以及现状进行阐述，然后就群文阅读教学实践措施详细探究，希冀能为实际语文阅读教学提供有益发展思路。

引　言

高中阶段是学生面临学习压力最大的时期，教师在实际教学工作中要以学生综合学习能力提升为目标，采用更为高效的教学方式来帮助学生学习，让学生在有限的时间内学习到更多的知识，促进学生创新学习能力提升。

一、新课标下高中语文群文阅读教学价值及现状

（一）新课标下高中语文群文阅读教学价值

新课改对高中语文阅读教学提出了更高要求，采用传统的阅读教学方式已经无法提升教学质量，这就需要教师在阅读教学当中采用创新的模式，群文阅读教学模式成为促进学生综合学习能力提高的新型教学模式，在语文阅读教学中应用也能发挥诸多积极价值。

1. 调动学生参与学习热情

新课标有着新的要求，语文教学中教师要注重以学生为中心开展相应教学

活动，培养学生综合素质。语文阅读教学中将群文阅读教学模式与之相结合，这就能改变传统僵化单调的阅读方式，为学生学习阅读内容提供了新的途径，从而有助于调动学生参与学习的热情和积极性。

2. 促进学生综合能力提升

群文阅读教学模式的运用为学生综合能力提高起到了促进作用。由于群文阅读注重学生对文本的探究学习，在阅读教学活动中学生的主体地位得以鲜明体现，学习探究的积极性也得以充分调动，学生在学习中通过表达以及讨论等方式，不同的学习环节所培养的学习能力不同，从而为学生综合能力发展起到了积极促进作用。

3. 拓展学生知识视野

语文群文阅读教学模式和传统的阅读教学模式最大的不同体现在知识量上：传统的语文阅读教学的素材比较有限，单一的素材内容也会限制学生学习探究的积极性，学生吸收的知识量也很有限；而通过群文阅读教学方式的科学运用，就能为拓展学生阅读视野起到促进作用，让学生在不同的文本阅读下，丰富学生阅读经历，帮助学生积累阅读素材知识。

（二）新课标下高中语文群文阅读教学现状

1. 教师观念没有及时转变

高中阶段语文群文阅读教学质量提升，需要教师融入创新的理念，这样才能真正为学生高效学习发展起到积极促进作用。而从实际教学的现状发现，教师的传统教学观念根深蒂固，并没有和新课改的要求紧密联系，教学中依然缺乏对学生在课堂中主体的重视，这就必然容易影响学生学习主动积极性。教师主观认识学生能力不足以及知识储备量少，没有让学生在群文阅读学习中有更多的自由度，学生积极主动性在群文阅读教学中受到了限制。

2. 教师教学能力有待强化

新课标下的高中语文群文阅读教学的工作开展，作为新的教学模式应用，其中必然会存在着一些不畅的问题。教师自身的专业化教学能力就和群文阅读的最终结果有着直接关系，从教师群文阅读教学的实际情况来看，专业化程度还需要进一步加强，由于学校在这一方面的培训力度比较薄弱，教师的群文阅读教学能力就显得比较薄弱，课堂教学效率比较低下，这就会对学生学习的效果产生不利影响。

二、新课标下高中语文群文阅读教学实践措施

（一）实践要求

新课标下的高中语文群文阅读教学实践过程中，需要按照相应的要求进行落实，如知识集体构建是比较关键的。教师在课堂教学中要通过引导学生进入真实语言运用情境，采用自主语言实践活动方式来促进学生阅读学习。另外，群文阅读教学当中对于议题的设计要能够保持合理性，这是群文阅读成败比较关键的影响因素。教师自身首先就要能够有宽阔人文视野，群文的选择上能和学生学习发展的需求相契合，保障议题设计的整体质量，从这些要求上得以满足，才能为提高语文群文阅读教学质量起到促进作用。

（二）实践措施

1. 教师主导，提高群文阅读教学质量

教师在语文群文阅读教学中，要充分注重按照新课程标准要求执行，从建构主义理论的角度出发，发挥教师在群文阅读教学中的积极作用。教师首先就要对教材的内容有充分的认识了解，并能注重通整议题，为群文阅读教学的进一步深化打下坚实基础。由于议题的设计是比较关键的，所以教师要对教材内容进行有效梳理，选择相适应的议题。对此，教师要关注主题来确定议题，如人教版的必修 1 第三单元是写人记事类散文，主要是通过时代精神以及人生意义的突出，其中的《记念刘和珍君》以及《小狗包弟》等所呈现的是以刘和珍为代表的爱国青年，以及能够自我反省的巴金等人物形象，所以教师在选择作品的时候就要充分了解，并要注重专题探讨以及深化议题。教师通过专题的方式开展群文阅读能够促进学生学习，注重文本的组合，将同一个作者不同作品放在一起，如"杜甫诗三首"、"李商隐诗两首"、"苏轼词两首"、"柳永词两首"、"李清照词两首"等，采用不同的方式展开群文阅读，都能产生良好的阅读对比学习的效果。

2. 激发学生，调动参与群文阅读动力

语文教学当中教师要充分注重在群文阅读的教学模式运用方面把握好要点，要能够将"最近发展区"理念在群文阅读教学中加以渗透融入，激发学生学习的积极主动性。语文群文阅读教学课堂中教师要避免出现跑偏的现象，教师自身要注重为学生设计多样学习任务，采用阅读鉴赏以及梳理探究活动方

式，帮助学生调动知识的运用积极性，激发学生参与群文阅读学习的热情。教学中教师结合群文阅读教学的要求，为学生创设真实学习情境，积极鼓励学生自主合作探究学习活动，让学生在群文阅读当中能在多样形式中提高学习能力。与此同时，教师自身的阅读视野要拓展，为学生群文阅读的学习打下坚实基础，注重利用自己的丰富阅读素材，和教学的内容相结合，有效发挥教学资源的积极优势。

3. 以点带面，提高学生学习能力

在语文群文阅读教学模式的实际应用过程中，教师要充分注重方法的科学化运用，通过群文阅读教学的方式教师要结合学生学习的能力和需求，带动学生品味段落，通过以点带面的方式展开阅读教学活动，这就能为学生阅读理解能力提升起到促进作用。阅读教学核心就是培养学生阅读分析理解能力，让学生从阅读当中获得知识素养，在阅读的时候学生对自己喜欢的段落产生深刻印象，教师可结合学生的喜欢段落进行群文阅读展开，拓展学生的知识视野，激发学生参与讨论学习的积极性。如教学中《祝福》的阅读内容学习后，有的学生对祥林嫂去世的场景产生了比较深刻的印象，作者通过犀利语言风格为学生呈现了一幅凄凉的画面，教师对此就可结合学生学习的《孔乙己》以及《故乡》的内容，为学生展开民族主义以及爱国主义教育，让学生对人物进行深刻剖析，这就能有助于促进学生更好地理解鲁迅笔下的人物形象特点，这种以点带面的方式，就能为提高阅读教学质量起到积极促进作用。

4. 科学计划，群文阅读要灵活

高中语文群文阅读教学模式的应用中，教师要做好相应的计划工作。为能提高学生学习的积极性，这就需要将新技术在群文阅读教学中加以运用，为学生呈现丰富的阅读素材供学生选择学习。如将多媒体技术和语文群文阅读教学紧密结合起来，这就能为学生高效学习起到积极促进作用，让学生在实际的阅读知识学习当中有更大的发展进步。通过多媒体的运用，利用多媒体资源丰富以及动态化等诸多的优势，为学生提供的群文阅读素材就能满足不同学生阅读学习的需求，将开放性的群文阅读教学氛围营造出来后，学生参与学习的积极性也能调动起来。教师只有灵活变通，将群文阅读作为学生能力提升的重要方式，才能真正有助于语文阅读教学质量提高。

三、结语

　　总之，高中阶段群文阅读教学当中以学生为中心开展教学活动，这就能为学生的可持续学习发展打下坚实基础，为促进学生整体学习能力起到积极作用。通过语文群文阅读教学策略的实践应用，学生在课堂中学习的积极性被大大调动起来，学习的效果也比较良好，说明了群文阅读应用的价值和有效性。

读懂诗歌情感结构

郭　颖

行文是有结构的，情感也是有结构的。诗歌的整体性不仅体现在诗歌的行文结构上，还体现在诗歌的情感结构上。梳理诗歌的情感结构，以厘清诗词的行文结构为前提，诗词的情感结构与行文结构密不可分。诗歌的情感结构大致可以分为显性、隐性与复杂性三类。

一、选题背景

学生在作答古诗情感类题目时，容易只摘取个别词语得出片面性的结论，忽视了对诗歌情感整体性的把握。因为如何把握诗歌的情感结构，关系到诗歌整体性阅读的效果，所以我们有必要对诗歌的情感结构做出梳理。

在 2020 年 11 月海淀高三期中语文试卷中，有这样一个选项"诗歌融情于景，奠定了悲壮豪迈的基调"，这个选项是错误的。有一些学生没有看出来，认为这首诗就是融情于景，奠定了悲壮豪迈的基调，为什么会出现这样的认识？有些学生是因为对悲壮的理解不够准确，有的学生是对跌宕起伏的诗歌情感把握得不够清晰，也忽略了题干中"跌宕起伏"的暗示，从而认为整首诗的情感结构是从激昂走向低沉的。那么，我们应该如何读懂诗歌的情感结构就是高三语文教学中一个需要解决的问题。

二、概念界定

著名诗人、教授郑敏说过："诗的内在结构是一首诗的线路、网络，它安排了这首诗里的意念、意象的运转，也是一首诗的展开和运动的线路图。"

既然"诗的内在结构"是一首诗的"线路"、"网络"，并能够安排"诗里的意念、意象的运转"，这就充分说明诗人的意念、情感，是诗歌创作中的内在结构的灵魂。诗歌艺术的最深层结构，就是暗藏在诗歌表达形式之下的情感结构。看来，读懂诗歌的情感结构，是整体解读诗歌的重要路径。

行文是有结构的，情感也是有结构的。梳理诗歌的情感结构时，我们可以先厘清诗词的行文结构，再梳理诗词的情感结构，找到诗词的行文结构与情感结构的对应关系。有的时候诗歌的情感结构是显性的，有的时候诗歌的情感结构是隐性的，有的时候诗歌的情感结构是显性隐性兼而有之的。

三、诗歌情感结构分析

（一）显性情感结构

在显性情感结构的诗中，诗人都光明磊落地袒露自己的心胸，我们从诗行的表层，就能看到诗人的思想旨意、感情色调及其情绪波澜。

（2011 年海淀高三二模）

江月晃重山·初到嵩山时作
元好问

塞上秋风鼓角，城头落日旌旗。少年鞍马适相宜。从军乐，莫问所从谁。

侯骑才通蓟北，先声已动辽西。归期犹及[注]柳依依。春闺月，红袖不须啼。

[注] 犹及：还赶得上。

全词以高昂乐观的基调，唱出了立志报国的壮怀，堪称一首胜利前景的畅想曲。作品先以边地威严雄武的特有景象，烘托出全身戎装的英雄"少年"激情鼓荡、跃跃欲试的情态。他忠诚报国，无论"所从谁"，都乐于效命沙场，万死不辞。其洒脱、旷达的豪迈情怀，于此可见。

正因为有出师必捷的信念，才说"归期犹及柳依依"；正因为"归期犹及柳依依"，才劝慰闺妇"不须啼"，没有丝毫悲戚惜别之态，动人肺腑。该词将青年人特有的豪情壮志与儿女爱情巧妙地融合在一起，壮志凌云，又非无情铁汉，表现了作者意气风发的精神风貌。

这首词的情感结构我们可以用下面图表的形式呈现：

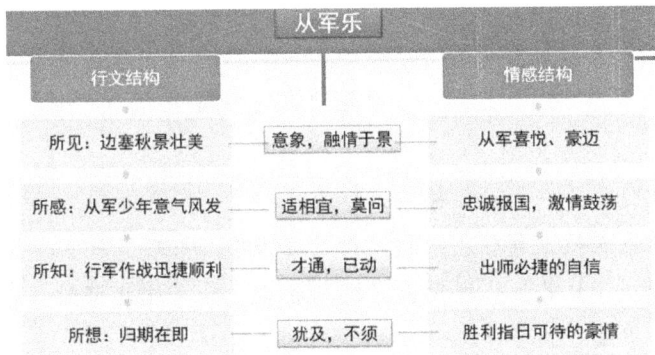

本词以"乐"为词眼，诗人情感围绕"乐"展开，属于显性情感结构，也就是我们从诗行的表层就能比较容易地感知诗人的情感。我们要注意的是，诗歌的抒情结构虽然是显性的，但是情感的程度是在变化的。即使词眼是"乐"，随着所见、所感、所想的发生，"乐"也会有语境所赋予的更为丰富的内涵，所以，我们要从整首诗着眼，把握诗歌的行文结构，进而读懂诗歌的情感结构。

我们要注意的是，诗词虽然具有跳跃性，但是它的行文结构依然是一个整体，情感结构也是如此。因为从军可以保家卫国，所以喜悦、豪迈，当听到好消息时，才会热血沸腾、激情澎湃，才会表达出师必捷的自信与归期在即、胜利指日可待的豪情，情感结构就是这样一层层展开，情感结构是讲逻辑的。这体现在学生的作答上，就是学生答题语言的逻辑清晰。

《江月晃重山》的简答题是这样的：

"归期犹及柳依依"一句中，"犹及"二字使该句意蕴颇丰。请结合前后诗句具体分析。（4分）

如果学生能够在找到全词词眼的基础上，理解本句的意思，分析出该句与上下句在意脉、情感结构上的关联，这个题就容易作答了。

我们可以小结出显性情感结构分析方法：（1）确定词（诗）眼；（2）找准抒情起点——因何抒情；（3）理清诗词行文结构；（4）借助意象、抒情主人公的所见所感所想等明确情感程度的变化；（5）还原诗人心境，走进作者内心。

（二）隐性情感结构

隐性情感结构的诗与显性情感结构的诗相比，情感要含蓄，真正想表达的情感是蕴藉的。

（2014年北京高考）

奉陪郑驸马韦曲[1]

杜甫

韦曲花无赖，家家恼煞人。绿樽须尽日，白发好禁[2]春。

石角钩衣破，藤梢刺眼新。何时占丛竹，头戴小乌巾。

注释：【1】韦曲：唐代长安游览胜地。杜甫作此诗时，求仕于长安而未果。【2】禁：消受。

1. 下列对本诗的理解，不正确的一项是（3分）。（C）

A. 诗的首句和辛弃疾的"最喜小儿无赖"，两处"无赖"都传达了作者的喜爱之情。

B. 三四句意谓韦曲的满眼春色，让自感老去的诗人也觉得应借酒释怀，消受春光。

C. 五六句通过"石角钩衣"、"藤梢刺眼"的细致描写，状写韦曲春去夏来的美景。

D. 此诗运用了"反言"，如"恼煞人"，实际是爱煞人，正话反说，有相反相成之趣。

2. 前人引《南史》注诗中"小乌巾"："刘岩隐逸不仕，常著缁衣小乌巾。"结合这一注解，谈谈诗的最后两句表达了诗人怎样的思想感情。（6分）

这首诗的情感结构属于隐性情感结构。读懂此诗，作答此题，要求我们综合利用文本试题中的各种信息。题干中给出"小乌巾"的注解"刘岩隐逸不仕，常著缁衣小乌巾"与选择题的选项内容，使我们知道诗人因为韦曲春景之美而心生归隐之意。"何时占丛竹"表达了作者对归隐的向往，与前面对韦曲美景的赞赏一脉相承。"头戴小乌巾"运用典故，隐含求仕未果的复杂心情。而诗歌后面的注释表明了作诗背景"求仕于长安而未果"，求仕不得，难免失意，这种情感很复杂，离开了注释、选择题的选项与题干的提示，我们不容易读懂它。

这首诗的情感结构我们可以用下面图表的形式呈现：

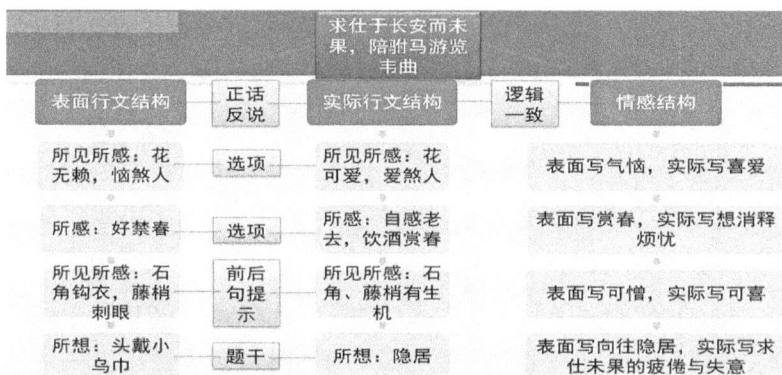

表面行文结构	正话反说	实际行文结构	逻辑一致	情感结构
所见所感：花无赖，恼煞人	选项	所见所感：花可爱，爱煞人		表面写气恼，实际写喜爱
所感：好禁春	选项	所感：自感老去，饮酒赏春		表面写赏春，实际写想消释烦忧
所见所感：石角钩衣，藤梢刺眼	前后句提示	所见所感：石角、藤梢有生机		表面写可憎，实际写可喜
所想：头戴小乌巾	题干	所想：隐居		表面写向往隐居，实际写求仕未果的疲倦与失意

这个行文结构是矛盾的，为什么写恼煞人、钩衣刺眼，还要写"好禁春"呢？矛盾处就是我们要着力思考处，借助选择题选项可知这首诗的一个特点是"反言"，有相反相成之妙。那为什么不直接写，却选择用"反言"呢？也就是说反着说的话自有深意在，这就是这首诗情感的复杂之处。行文结构的矛盾其实是情感矛盾复杂的外显。诗歌的尾句，"何时占丛竹，头戴小乌巾"，什么时候才能隐居？不是现在，也不是可以预料的将来，疲倦之意可以推测出，再回头看"白发好禁春"，还有所给注释，我们就可以看到隐含的情感在一点点外显、放大，那就是多年求仕未果的无奈与失意。那么，我们再回头看这首诗的抒情起点就不仅仅是"陪驸马游览韦曲"了，而是"求仕于长安而未果，陪驸马游览韦曲"，这个抒情起点找到了，情感的复杂性才可以读懂。

诗人复杂的情感借助"反言"表现得蕴藉而隐秘，这种隐性的、反向的情感结构使得抒情更为委婉。我们发现，如果和行文结构结合在一起，也是有迹可循、有法可解的。

隐性的情感结构虽然不如显性的情感结构容易梳理，但是可以借助多种方法，使隐性的情感显性化。

我们可以小结出隐性情感结构分析方法：（1）找准抒情起点——因何抒情；（2）充分借助意象、选项、注释、题干提示等；（3）理清诗词行文结构，尤其要思考结尾的语句与全文的关系，确立恰切的言语逻辑；（4）细析行文的矛盾处；（5）结合日常生活体验，确立生活逻辑。

（三）复杂情感结构

复杂情感结构是显性与隐性兼而有之的，情感与情感之间有着严密的逻辑关系。

水调歌头①

叶梦得

天色渐将晚，霜信报黄花。小窗低户深映，微路绕敧斜。为问山翁何事，坐看流年轻度，拼却鬓双华？徙倚望沧海，天净水明霞。

念平昔，空飘荡，遍天涯。归来三径重扫，松竹本吾家。却恨悲风时起，冉冉云间新雁，边马怨胡笳。谁似东山老②，谈笑净胡沙③！

[注]①此词为作者退居太湖边的卞山时所作。②东山老：指东晋名臣谢安，曾隐居东山，故名。他是历史著名的以弱胜强战例——淝水之战的总指挥。③胡沙：即"胡尘"，指代北方各族发动的战争。

1.下列对词句的理解，不正确的一项是（B）。

A."霜信报黄花"，黄花即菊花，词句倒装，意实为"黄花报霜信"。

B."拼却鬓双华"句，意为毕生奋斗，终于赢得光华似锦的晚年。

C.作者所居并不靠海而临太湖，"沧海"指烟波浩渺的万顷湖光。

D."边马"、"胡笳"，勾勒出马蹄踏踏、羌管悠悠的北方边地景色。

2.下列对这首词的赏析，不正确的一项是（C）。

A."小窗"两句，写花木掩映的山屋、倾仄的小路，幽雅的景物衬托主人公的品格。

B.上片三层，先写一景，再设一问一答，一波三折，如三叠之瀑，曲尽回荡之美。

C.一个"恨"字，落笔沉重，倾注着诗人满腔的郁愤，成为通篇笼罩的感情基调。

D.论者以为，叶梦得词风格颇似苏轼，而这首词从风格看也确应属于"豪放词"。

3.词中"归来三径重扫，松竹本吾家"系化用陶渊明《归去来兮辞》中的"三径就荒，松菊犹存"。立足本词与《归去来兮辞》中这两处字面类似的语句，联系本词和陶文，比较它们所表达的思想感情的异同。

这首词的情感结构我们可以用下面图表的形式呈现：

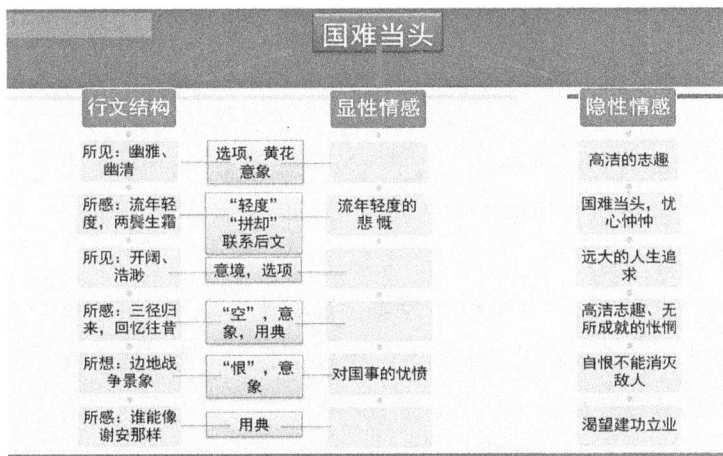

本词情感再三转折，十分耐咀嚼。

这种复杂的、再三转折的情感，需要我们依据行文结构重组它的情感逻辑。作者对隐居时意象、意境的描写，我们可以看出他高洁的志趣，远大的人生追求，正是因为有这样的追求，才不甘心流年轻度，当敌人入侵、国家动荡时，才会心系家国、忧虑时局。

我们可以小结出复杂情感结构分析方法：（1）找准抒情起点——因何抒情；（2）借助显性的表达情感的词语；（3）借助意象、选项、注释、题干等；（4）借助虚词读出作者内心波澜；（5）理清诗词行文结构；（6）还原诗人心境，读出诗人格局。

由以上三种情感结构分析方法我们可以小结出情感结构分析的一般方法：（1）找准抒情起点——因何抒情；（2）充分借助意象、手法、选项、注释、题干提示等解读诗歌;（3）重视诗词末尾的句子，同时思考它与前文的关系;（4）理清诗词行文结构，找准行文结构与情感结构的关联;（5）还原诗人心境，走进作者内心;（6）结合日常生活体验，确立生活逻辑。

清代诗评家吴乔对"诗与文之辨"有一个精辟的论述:"或问:诗与文之辨? 答曰:二者意岂有异，唯是体裁词语不同耳。意喻之米，文喻之炊而为饭，诗喻之酿而为酒。饭不变米形，酒形质俱变。"

诗歌与散文的"意"，也就是内容，没有什么区别，不过形式不同而已。如果内容是米，散文就是把米煮成饭，诗歌就是把米酿成酒。饭没有改变米的形状，而酒把米的形状和性质都改变了。正是因为这个规律，不论是客观的对象还是主观的情感，到了诗歌中，都会发生形态和质地的变异。读懂诗歌的行文结构与情感结构就是还原诗歌内容的工作。

在学习古诗时，只有从作品整体出发，厘清作品的情感结构，才能准确、深入地理解诗歌，逐渐培养起对古典诗歌欣赏与评价的能力。

利用信息技术提升新诗教学质量的行动研究

——以余光中《乡愁》为例

苏 琼

初三的教学任务重，课时紧，如何在有限的课堂时间内帮助学生建立学习现代诗歌的基本能力，帮助学生更好地实现未来初高课程的衔接，我们对诗歌教学展开了利用信息技术提高教学质量和效率的研究。我们以九年级上册第一单元余光中《乡愁》为例，展开课例研究，经过两课一反思，提供了一些关于新诗课堂教学如何利用信息技术的策略：借助国家课程资源，转化为微课，实现线上教学和线下教学的新融合；利用传统信息技术手段，创设情境，用好用活各种资源；利用希沃软件，支持语文小组学习活动；巧用 APP，充分交流写作成果。最后，梳理了这些策略下语文教学所发生的变化，明确了这次探索的效益和价值。

一、研究的缘起

初中阶段现代诗的教学主要集中在九年级上册的"活动·探究"单元和九年级下册的第一单元。由于初三备考任务重，一直以来，现代诗的学习既是教学的短板，也是教学中的难点。高中新教材中高一入学就有对于现代诗歌的学习，而学生在初中阶段对于诗歌的学习，特别是现代诗歌的学习经验是比较薄弱的。面对初三的教学任务重，课时紧，如何在有限的课堂时间内帮助学生建立学习现代诗歌的基本能力，帮助学生更好地实现未来初高课程的衔接，我们很有必要对诗歌教学展开提高教学质量和效率的研究。

根据媒介即讯息的这一理论，信息技术的出现不仅仅是改变了传授双方的媒介，同时也是对各自思维方式的一种革新。在初中语文教学中，信息技术的应用绝不是将教材内容简单地搬运到多媒体上；而是需要打破以往传统的教学模式，让学生更多地参与到课堂中，从而提升教学质量。在课改的背景下，当代教育领域涌现出一系列新的教学理念和方法，这些新的理念和方法的实现与转化成为我们课堂研究的现实命题，通过利用信息技术提升教学质量的研究，我们对于新诗的深度学习做了一些有益的探索。

二、利用信息技术提升语文诗歌阅读教学质量的课堂实践研究

（一）研究的过程与发现

《乡愁》是部编版语文教材九年级上册第一单元的一篇现代诗，这个单元是一个活动单元，《乡愁》是其中的第三篇课文。从内容上说，"乡愁"是中国传统文学历久不衰的主题。余光中先生在《乡愁》中用独特的意象、精巧的构思、平实的语言，抒写了浓浓的思乡之情，表达了作者期盼祖国早日统一的强烈愿望，感动了无数的读者。在意象的提炼上，这首诗具有简单而丰富之美。"邮票"、"船票"、"坟墓"、"海峡"，它们很生活化，但并不简单，能诱发读者多方面的联想。从形式上讲，这首诗恰到好处地运用了现代汉语，具有古典诗词的格律美和音韵美的特点。与《诗经》中的《关雎》、《蒹葭》等诗歌一样，具有回环反复、一唱三叹的表达效果。

1. 第一次试教

我为本节课确立了4个教学目标，即学会运用节奏、语气、语调、重音等手段有感情地朗读诗歌；通过创设情境和设计朗读脚本，感受诗中的多重意蕴，提升鉴赏现代诗歌的能力；通过诵读、联想等方法体会诗人逐步加深的思乡之情和爱国情怀，激发学生爱家人、爱家乡、爱祖国的感情；学习诗中借助独特的意象和重章叠句的写法，结合自己的人生体验尝试小诗创作。并设计了课前微课、导入、小组合作创设情境和设计朗读脚本、展示交流、仿写创作和作业布置六个环节。

（1）教学探索值得肯定的方面

首先，对于希沃白板在整个讨论和展示过程中的同步效果认可度比较高，对于提升语文诗歌课堂教学效率起到了较为明显的辅助作用。通过希沃白板的同步，学生的小组合作成果实时同传到了授课教师的展示电脑上，为后来的展

示提供了便利，提升了课堂展示的效率，与过去的画小报、粘贴展示相比，减少了很多与语文学科核心素养关系不大的影响因素，让学生更集中精力在体现语文学科核心素养的学习内容上。

其次，在小组合作过程中，每个小组成员分工明确，学生课堂参与度较高，有利于学生中心地位的发挥，调动了学生学习的积极性，课堂流失率几乎为零。在合理的分组和设计下，学生的课堂表现是全身心投入，积极参与活动与交互。在小组活动过程中，每个小组成员通过不同形式的参与，或主导设计，或技术输出，或演练展示，对于学习资源和学习内容都有了更深入的感知和理解，例如朗读，展示的同学在反复的演练中依据朗读脚本不断练习诗歌的朗读，对文本理解更仔细，对朗读体验更深刻，使得学习真正地在发生着。

最后，希沃授课助手的使用使得学生的课堂创作能及时呈现在屏幕上，学生交流更加直观。

（2）观察发现

课堂导入视频的目的不够清晰，对于本节课的作用显得不够明显。课堂问题设计不够集中，内容太多太满。教师对课堂生成的把握不够到位，有一些教学内容可以融入学生的展示点评之中。例如，有教师在课堂观察记录中提到："播放视频的目的？对本节课的作用？"

（3）问题诊断

第一，课堂导入视频教师没有和后面的授课内容作出连接，直接从视频播放进入了课文朗读，学生无法从感性的观看体验进入教师希望创设的情境中去，有断层和突兀之感。

第二，整堂课教师既想用问题驱动学生学习，又有活动设计，两种策略同时使用，使得课堂上没有形成核心的问题，显得主题不够集中。

第三，小组活动时间耗时超过了10分钟，达到了15分钟，挤占了后面的展示和写作时间，主要是学生在将小组合作成果输入PPT时耗时比较长，教师的任务设计还需要更加精简，突出主要内容。

第四，教师由于对信息技术使用的过多关注，忽视了对教学生成的把握。

（4）改进建议

第一，如何用好导入视频，需要再用心设计，视频还可以更简短，集中在创设情境的需要上，设计好和后面内容的衔接。

第二，整节课精简为两个主活动，情境和朗读脚本设计以及诗歌写作，整节课以两大活动为主题，丢弃掉一些零碎的问题。

第三，为了让小组活动更紧凑，让学生把注意力集中在文本的设计上，花哨的标红要求可以去掉，减少技术难度从而减少 PPT 制作的耗时。把更多的时间节约到展示和写作上来。

第四，教师需要用更多的精力来关注教学内容的生成和引导，减少对信息技术的担忧所带来的紧张和焦虑。

2. 第二次课改进

课堂教学发现的积极变化：

第一，课堂导入环节进一步优化，教师再次剪辑了导入视频，精简了视频内容，集中到最具感染力的《经典咏流传——乡愁四韵》演唱片段和关于诗人余光中的相关视频资料，教师通过精心设计的导入语，引发大家对"乡愁"的直观感悟，导入课题。例如，导入语："给我一瓢长江水，那酒一样的长江水，那醉酒的滋味，是乡愁的滋味。"台湾诗人余光中写了不少乡愁主题的诗歌，今天，就让我们走进他的《乡愁》，一起去品味他那份浓烈的乡愁情思。

第二，删掉了前后两个问题：一是追问为什么要使用诗中的四个意象；二是诗人是怎样将内在情感与外在形式结合在一起的呢。将课堂时间集中在课堂活动的铺展上，并且将资料包的内容和展示要求做了简要说明，让活动内容和要求更加清晰明确。

第三，教师更多地关注了学生生成的教学资源，没有再过度地关注信息技术的使用。这使得课堂的生成更加丰富，也更加顺畅。

（二）阶段的共识与结论

在信息技术环境里，开展语文诗歌教学，目的就是为了提高学生主体语文阅读的质量，增强师生交流与互动，开发师生潜在的人力资源。因此，我们对于信息技术环境下的教学评价就从这种教学的实用性（多媒体教学的质量、效率和效益）和可行性入手。

1. 实用性

教学质量的高低，可以从学生达到教学目标的程度来体现。首先，信息技术环境下的语文诗歌教学有利于学生中心地位的发挥，调动了学生学习的积极性，课堂流失率几乎为零，在合理的分组和设计下，学生的课堂表现是全身心投入，积极参与活动与交互。在小组活动过程中，每个小组成员通过不同形式的参与，或主导设计，或技术输出，或演练展示，对于学习资源和学习内容都有了更深入的感知和理解。

其次，学生学习成果的展现，较常规的手绘小报方式更加高效，学习成果的展示和保存也更为便捷，实时同步的传输，显著提高了课堂效率。

第三，希沃白板的使用为教师开展深度学习，解决课堂容量和课堂时间的矛盾提出了新的解决的方案。利用信息技术辅助教学可以极大地增加学生占有的学习资源，更有利于在有限的时间内实现深度学习理念下的课堂活动教学的开展，一定程度上解决了深度学习活动设计和课堂时长限制之间的矛盾，为我们突破传统教学的模式提供了技术上的支持。

第四，信息技术环境下的诗歌阅读教学促进了学生个体多种语文能力的培养和锻炼，也促进了学生小组合作、自主探究、协商讨论的学习方式的养成和实现，同时也促进了教师教的方式、教学观念的转换。从学生的展示来看，学生的展示和谈吐能力还需要长足的训练和发展，这也为我们发现孩子语文能力"说"上的短板打开了一扇窗户。

2. 可行性

从学生角度来讲，现在的学生已经具备了一定的信息技术素养，打字能力、编辑能力都完全可以胜任信息化的课堂要求。从教师层面来说，信息化语文学科教学对教师的信息化素养提出了更高的要求，教师需要紧跟时代，培养自己更高的信息化素养。

三、利用信息技术提升现代诗歌教学的基本策略

通过对于余光中《乡愁》的课例研究，我们梳理出了利用信息技术提升现代诗歌教学的一些基本策略。

（一）借助国家课程资源，转化为微课，实现线上教学和线下教学的新融合

因新冠肺炎疫情而开展的线上教学为我们积累了大量的线上教学资源，这些资源都凝聚了很多教学教研工作者的心血，怎样在线下教学的阶段，有效利用线上教学的资源，实现线上线下教学的融合，微课是一个小窗口。我利用国家中小学课程资源库提供的相关课程思路组织线下教学，并将其中的教学片段作为资源制作微课，在课前几分钟让学生反复观看，实现了部分教学内容的课堂翻转，为提升课堂教学的容量和效率做了有益的尝试。听课老师反馈的学生

课堂活动充分，课堂展示清晰，都是得益于课前微课的播放。选取适宜的资源，结合资源进行线下教学的设计，就能有效地融合线上和线下的资源。

（二）利用传统信息技术手段，创设情境，用好用活各种资源

导入环节播放《经典咏流传——乡愁四韵》视频。学生观看视频，了解余光中和他的乡愁诗，感受浓烈乡愁的意境。视频的使用营造了浓烈的乡愁氛围，引导学生进入思乡的情境之中，同时对余光中其人和他的乡愁诗有一个感性的体验。

小组活动结束后，学生再次配乐齐声诵读《乡愁》。学生配合着马思聪的《思乡曲》，在朗读中再次体会诗人的情感。

传统的音视频手段在创设新诗学习的课堂情境方面有着很好的效果，应该继续用好用活这些传统的信息技术手段，教师平时也要注意积累有用的素材。

（三）利用希沃软件，高效支持语文小组学习活动

1. 建立学习资料库，实现诗歌教学联结学习策略的落实

希沃软件具有为教学应运而生的专业性。我们可以将写作背景、补充材料和调查问卷中同学们的问题等资料汇总成一个希沃课件，放在相应小组的课件组里，小组成员登录后可以利用教师事先储存好的资料展开小组讨论，可随时查看，十分便捷。利用希沃软件的多端兼容的特点，学生能占有更多的学习资料，运用知人论世、以诗解诗等诗歌阅读策略开展无纸化学习。在资料包的支持下，学生较好地完成了情境的创设，学习效果还是很显著的。

以下是各小节我提供给学生的资料包：

①每个小组共有的资料

②其他各小节的个性化资料

第二小节

背景资料

1956年与妻子结婚，两年后，1958年，30岁，赴美国进修。

诗人在写给妻子的心中，这样表达：不要问我心里想着你，我心中都是你。你们读的懂吗？这其中有两层含义：我的眼睛的余光中都是你，我想你。

●诗人还沙说说，"诗人1958年退学，入东吴大学任教。两年后去美国进修，该重基新回到，台湾基港港上船，横渡太平洋，美国旧金山港登陆。身在异国，心住家里，牵肠挂肚一刻字夕的来缠缠绵，乡愁却起，那一是由甲的内香空了，惦婚让位给新娘，长大后的乡愁，是一个海峡既浅浅，是绵地从新娘身这到的那一着郎新。

主问题：诗人当时离开台湾到美国读书已结婚两年，还称其为"新娘"，从中可以看出什么？

第三小节

背景资料

●1958年，30岁，赴美国进修。这一年，他的母亲去世。
●1958年母亲去世，遗体火化。他把骨灰匣安放在窗台的茱花丛里，写诗与母亲招魂，映地的慈魂状似快回来。台北的圆通寺有一方小坟，母亲的骨灰匣就安俯在哪里，他在诗中写道，清明号台墓门他听见母亲在圆通寺唤他。

今生今世

我最忘情的哭声有两次
一次，在我生命的开始
一次，在我生命的告终
第一次，我不会记得，是听你说的
第二次，你不会晓得，我说也没用

但两次哭声的中间啊
有无穷无尽的笑声
一遍一遍
回荡了整整三十年
你都晓得，我都记得

主问题：

1. 这一小节，为什么又重复写了一次母亲？

2. 这次写母亲，写离别，和第一小节有什么不同？

3. 那"一方矮矮的坟墓"又暗示了一些什么情感？

第四小节

背景资料

●1949年，21岁的余光中离开厦门。
●1972年，44岁的诗人深感回乡无望。
●诗人虽然在台湾生活了几十年，但他依然有种想回到大陆，回家看看的强烈感情，可是由于现实原因，台湾和大陆长期处于隔绝的状态，使得流落在台湾岛上的许多大陆人有家难回。

当我死时

当我死时，葬我，在长江与黄河之间
枕我的头颅，白发盖着黑土
在中国，最美最母亲的国度
我便坦然睡去，睡整张大陆

主问题：

1. 海峡为什么是"浅浅的"？

2. 如果改成"乡愁是一湾深深的海峡"，没有道理吗？

【链接材料】

天上的街市（节选）

你看，

那浅浅的天河，

定然是不甚宽广。

那隔河的牛郎织女，

定能够骑着牛儿来往。

【旁批：银河浅浅，表现了诗人的一种美好的愿望】

2. 提升小组分工和合作的效益

展示要求小组结合资料包积极准备，全组参与，并明确了课堂上每一个学生的任务。这样，课堂流失率几乎为零，在合理的分组和设计下，学生的课堂表现是全身心投入，积极参与活动与交互。在小组活动过程中，每个小组成员通过不同形式的参与，或主导设计，或技术输出，或演练展示，使得一些过去在课堂上常常边缘化的同学也能任务明确地参与到课堂当中。老师可以关注到每一个学生的课堂参与，学生对于学习资源和学习内容也都有了更深入的感知和理解，使得学习真正地在发生着。

希沃软件的专业性使得它的应用特别契合教学的需要，学生利用它在开展小组合作时只需要关注语文学习任务本身，不需要再在语文以外的事务，例如思维导图等的设计、文字、色彩的选配、绘制等问题上耗费脑力，而是可以直接利用老师提供好的模板，直接将小组讨论的成果输出即可。这样，小组每个成员的任务更明确了，合作起来就更高效了。希沃软件的运用很好地屏蔽了小组合作中的其他非必要的干扰因素。

3. 提升小组成果展示和汇报效率

小组利用老师提供的学习资料展开研讨，将小组活动的成果填入老师设计好的诗歌创设情境和设计朗读脚本的课件模板中，学生很快能实现对小组学习成果的展现，并将本组的讨论结果实时通过希沃白板同步到教师的展示电脑上，实时呈现和传输，提升了课堂的容量和交流的效率。

4. 促进课堂生成的有效转化

希沃软件让教师的备课资料和学生的所有成果都存储在教师的电脑端，可以随时提取和分享，教师可以实现随意的切换和提取，将课堂上学生的生成进行及时的课堂转换。例如两个小组间同一个话题的对比分析，再如对学生课堂难点"浅浅的海峡"的突破和理解，教师都是通过提取课件组里的学生成果和教师备课资料得以及时的点评的。

5. 有效保存课堂学习成果

教师的备课资料和学生小组合作的成果存储在希沃软件的客户端里，无论什么情况下想调取出来都十分便捷，这对于我们保存课堂学习的资料提供了方便，比纸质化的课堂资料更易于保存和提取。

（四）巧用 APP，充分交流写作成果

在学生课堂写作期间，教师利用希沃授课助手实时展示学生的小诗，讲评更直观有效。课后延伸到利用学会常用的朋友圈展示自己创作的小诗，大家可以互相点赞评价，方便快捷。同时，也实现了教学评价的多元化和持续化。

四、小结：信息技术给语文新诗教学带来的变化

（一）环境的变化

信息技术的运用实现了对教学环境的创造。"信息技术为语文教学构建了一个多媒体、网络和智能相结合的个别化、交互式、开放性的动态教学环境。"教学媒体的功能已经由传统的"演示工具"向"认识工具"、"交流工具"、"评价工具"、"情感激励工具"等更高层次发展。

（二）教与学的方式的变化

与信息技术的融合，不再是教师按部就班地实施教学计划；依托网络教学环境，给予"学生为主体，教师为主导"的交互式教学方式插上了翅膀，让学生活动得充分，教师指导得更精准，课堂不再是"满堂灌"或者"花哨的活动"。

在教师引领下，学生围绕着具有挑战性的学习主题，全身心积极参与，体验成功，获得发展。我们围绕诗歌教学的核心素养，设计了在虚拟的真实情境中展开情境的创设和朗读脚本的设计，最终完成对诗歌的朗读提升，是基于深度教学理念而设计的教学方案。而信息技术的运用，使这种深度学习更可行和高效，真正实现了深度学习在课堂上的真正发生。

（三）教学评价的变化

评价方式更多元，可以包括自我评价、小组内评价、课堂展示同学互评和教师评价等方式。

组内评价要求小组活动前呈现展示要求，小组内成员明确小组合作要求，做到人人参与，要求明确。

课堂展示评价主要有：（1）其他小组依据本组的学习成果对展示小组的学习成果进行点赞或质疑；（2）教师根据展示过程进行课堂实时评价。

创作小诗展示评价为：学生将自己创作的小诗发布到朋友圈，大家可以评价和点赞。

信息技术的运用让评价更加多元和持续，改变了我们评价单一的现状。

总之，21世纪已经进入了全球一体化的信息社会。语文教学要以积极的心态对待信息技术带来的发展契机。将先进的教学理念和信息技术结合起来，让它真正地在课堂上发生，不断优化我们的教学设计和课堂形式，让学生学得更高效、更有效，培养学生多方面的能力，特别是合作和自主学习的能力，为他们的未来发展奠基。

关于"数学学科核心素养"的课堂教学研究与实践

金红梅

核心素养是目前国内外数学教育界十分关注的课题。核心素养是个人发展、完善自我、融入社会所必需的基础性素养,《中国学生发展核心素养》项目组认为:"学生发展核心素养,主要是指学生应具备的、能够适应终身发展和社会发展所需要的必备品格和关键能力。"

本文主要对六个数学学科核心素养的关系做了具体分析,而后通过实例分析给出了将数学学科核心素养应用于实际教学过程的详细实施方法,以求帮助教师更好地实施核心素养的教学,同时培养、发展、提升学生的数学学科核心素养,让学生学会用数学的思维方法分析、解决问题,助力学生的精神成长。

一、问题提出

近年来,虽然许多数学教育专家、学者都投入到了数学学科核心素养的研究工作中,并已取得突破性的进展,对于数学学科核心素养的概念、内涵、价值等方面也已经有了比较深入的认识与研究,但绝大多数还只是停留在理论层面,没有给出将其应用于课堂教学的具体实施方法。同时,由于目前国内高考压力巨大,大部分的一线教师还是以高考应试为标准,而现行的教材中还没有提出对数学学科核心素养的具体、明确的要求,这就导致教师对数学学科核心素养的不重视,更不用说将其渗透到实际课堂教学过程之中。那么是不是就只能把数学学科核心素养束之高阁呢?

新的课程改革在"突出核心素养"的指导下,课程内容的选择与编写已从"以学科知识体系"为依据,转向"以促进学生核心素养的形成"为依据,以此促进学生更好地发展。那么在课堂教学中，我们又应如何提升认识，把"以知识为本"的教学转变为"以核心素养为本"的教学，让数学学习助力学生的精神成长呢？本文首先将分析六个数学学科核心素养的关系，然后通过典型实例的剖析，给出如何在"数学学科核心素养"引领下进行数学课堂教学实践。

二、理论基础

在将数学学科核心素养引入课堂之前，我们应该对数学学科核心素养进行初步分析。数学学科核心素养包括：数学抽象、逻辑推理、数学建模、直观想象、数学运算和数据分析。这些数学学科核心素养既相对独立、又相互交融，是一个有机的整体。

首先是数学抽象。数学是研究数量关系和空间形式的一门科学，它源于对现实世界的抽象，基于抽象结构，通过符号运算、形式推理、模型构建等，理解和表达现实世界中事物的本质、关系和规律。

其次是逻辑推理，它是数学发展的助力器。数学是一门需要不断地创新、丰富和发展的学科，逻辑推理是由已经总结出来的规律推出新的规律的实用工具。数学最初只有很少的几个公理，后来经过人们的猜想与创造，丰富了数学的内涵，但是新"造"出来的数学命题并非可以直接应用，而是需要接受逻辑推理的检验，也就是用公理来检验，进而经过检验的命题就成了定理，再次应用到现实生活中进行检验，最终验证了定理和逻辑推理的正确性。

最后就是数学建模。数学建模是应用数学解决实际问题的基本手段，也是推动数学发展的动力。要用数学来解决实际问题，就需要将实际问题转化为数学问题，也就是建立数学模型，然后用数学中的工具和算法来加以解决。数学建模发挥的作用就是连接数学与现实生活，让人们可以将数学工具应用到实际生活问题的解决过程中，展现数学的魅力，同时促进人类生活的进步与人类文明的发展。

另外三个素养——直观想象、数学运算、数据分析是解决问题的基本工具，也是数学学习者所应具备的基本能力。它就好比建房子的一砖一瓦，每一个数学问题解决的过程中都会无形地渗透着这三个基本素养。因此我们主要针对前三个素养进行典型的案例分析。

三、典型案例分析

（一）数学抽象——注意观察，把握问题的本质特征

数学抽象是数学的基本思想，是形成理性思维的重要基础，反映了数学的本质特征，贯穿在数学产生、发展、应用的过程中。培养数学抽象素养就是要让学生在面对抽象问题的时候可以联系已学知识，找到具体的、特殊的实例，研究其性质，并在此基础上将其一般化，挖掘问题的本质。

【例 1】已知定义在 $\mathbf{R}$ 上的函数 $f(x)$ 满足：

ⅰ）对任意的实数 x、y，有 $f(x+y+1)=f(x-y+1)-f(x)f(y)$；

ⅱ）$f(1)=2$；

ⅲ）$f(x)$ 在 $[0，1]$ 上为增函数。

（1）判断函数 $f(x)$ 的奇偶性，并加以证明；

（2）解不等式 $f(x)>1$。

分析：

Step1. 利用构造思想、把握函数奇偶性

为证明函数 $f(x)$ 的奇偶性，首先给出函数的定义域，而后利用构造法建立关于 $f(x)$ 与 $f(-x)$ 的方程，验证函数的奇偶性。

因为函数 $f(x)$ 的定义域为 $\mathbf{R}$——关于原点对称，而后为得到 $f(x)$ 与 $f(-x)$ 的关系，充分利用抽象函数 $f(x)$ 的性质，即对任意的实数 x、y，都有 $f(x+y+1)=f(x-y+1)-f(x)\cdot f(y)$，令 $x=-1$，可得

$f(y)=f(-y)-f(-1)f(y)$ ……①

由此得到了关于 $f(y)$ 和 $f(-y)$ 的方程。而为求解方程①中的 $f(-1)$，只需令 $x=-1$、$y=1$ 构造关于未知量 $f(-1)$ 和已知量 $f(1)$ 的方程，即可求得 $f(-1)=-2$。于是由方程①可以得到 $f(y)=-f(-y)$，由此得证函数 $f(x)$ 是奇函数。

Step2. 再度构造对称、先猜后证周期性

因为抽象函数表达式含有双变量 x、y，为进一步研究抽象函数 $f(x)$ 的性质，可用特值法，将双变量转化为单变量。

如令 $y=0$，得 $f(0)f(x)=0$，即可得 $f(0)=0$，

令 $x=0$，得 $f(y+1)=f(1-y)$，即 $f(1+x)=f(1-x)$，由此可知 $x=1$ 是函

数 $f(x)$ 的一个对称轴。

又因为 $f(x)$ 是奇函数，故 $x=-1$ 也是 $f(x)$ 的一个对称轴；由此猜想：两个对称轴间的距离即为半周期，故猜想函数 $f(x)$ 的最小正周期为4。下面我们来验证猜想：$f(x+4)=f(x)$。

因为 $f(y+1)=f(1-y)$，则 $f(x+4)=f[(x+3)+1]=f[1-(x+3)]=f(-x-2)$ $=-f(x+2)=-f[(x+1)+1]=-f[1-(x+1)]=-f(-x)=f(x)$，由此得证函数 $f(x)$ 是最小正周期为4的奇函数。并且由条件 ii）、iii）可知，$f(x)$ 在 $[0，1]$ 上单调递增，在 $[1，2]$ 上单调递减，则其最大值为 $f(1)=2$。

Step3. 构造函数模型、形成数学猜想

在高中数学学习中，我们知道：正弦函数既是奇函数又是周期函数，并且恰好在 x 轴正半轴的第一个周期内与抽象函数 $f(x)$ 的单调性相同。在研究周期函数时，只需要研究一个周期内的性质。因此为求解不等式 $f(x)>1$，需要先求出满足 $f(x_0)=1$ 的 x_0 的值。因此利用数学模型思想，类比正弦函数 $f_1(x)=\sin x, x\in[0,2\pi]$，以特殊看一般，猜想 $f(x_0)=1$ 的解。

由于正弦函数 $f_1(x)=\sin x, x\in[0,2\pi]$ 的最大值为 $f_1(\frac{\pi}{2})=1$，而当 $x=\frac{\pi}{6}$ 时，取得函数最大值的一半，即 $f_1(\frac{\pi}{6})=\frac{1}{2}=\frac{1}{2}f_1(\frac{\pi}{2})$。又由于 $\frac{\pi}{6}\div\frac{\pi}{2}=\frac{1}{3}$，即 $f(\frac{1}{3}x_0)=\frac{1}{2}f(x)_{max}=\frac{1}{2}f(x_0)$，由此猜想：$f(\frac{1}{3})=1$，下面给出证明：

利用抽象函数表达式构造关于 $f(\frac{1}{3})$ 的方程。因为 $x=1$ 是 $f(x)$ 的对称轴，则有 $f(\frac{5}{3})=f(\frac{1}{3})$，令 $x=y=\frac{1}{3}$，化简可得 $f(\frac{1}{3})=2-f^2(\frac{1}{3})$，由条件 ii）、iii）可知 $f(\frac{1}{3})\in(0,2)$，解得 $f(\frac{1}{3})=1$。

Step4. 把握函数周期、化无限为有限

由于周期函数的特殊性，在研究周期函数时，不妨先在一个周期 $[0，4]$ 内求解不等式 $f(x)>1$。因为奇函数 $f(x)$ 在 $[0，1]$ 上单调递增，在 $[1，2]$ 上单调递减，且 $f(\frac{5}{3})=f(\frac{1}{3})=1$，则 $f(x)>1$ 的解集为 $\frac{1}{3}<x<\frac{5}{3}$。那么在整个定义域 **R** 上，$f(x)>1$ 的解集为：

$$\left\{ x \left| \frac{1}{3} + 4k < x < \frac{5}{3} + 4k, k \in Z \right. \right\}$$

在研究抽象函数性质时，我们可以借助已学习过的具体函数来研究抽象函数，以特殊看一般，类比单调性、周期性、奇偶性等。

将抽象函数具体化，将具体函数抽象化。在直观想象中，蕴含着抽象；在抽象概括中，也离不开直观。

（二）逻辑推理——理性分析，挖掘知识间的内在联系

逻辑推理是指从一些事实和命题出发，依据规则推出其他命题的素养。主要包括两类：一类是从特殊到一般的推理，推理形式主要有归纳、类比；一类是从一般到特殊的推理，推理形式主要有演绎。逻辑推理是得到数学结论、构建数学体系的重要方式，因此要培养学生逻辑推理的素养。

【例 2】求证：正四面体内任意一点到四个面的距离之和为定值。

分析：

问题等价于：设正四面体 $P-ABC$，棱长为 a，求证：正四面体 $P-ABC$，任意一点 P' 到 $\triangle PAB$、$\triangle PAC$、$\triangle PBC$、$\triangle ABC$ 的距离之和为定值。

在空间立体几何中，完美图形有着很多完美性质，例如正四面体肯定会有着一般四面体不具备的性质。立体几何对于学生来说，并不容易观察与想象，但相对来讲，学生对于平面几何图形更加了解，也更便于观察。因此我们可以运用转化的思想，先来考虑平面上的类似问题。

表 1 平面与空间的对比

	平面	空间
条件	正三角形	正四面体
	正三角形的边	正四面体的面
问题	设 $\triangle ABC$ 是边长为 a 的正三角形，P 为 $\triangle ABC$ 内任意一点，求证：P 到 AB、AC、BC 的距离之和为定值。	设正四面体 $P-ABC$，棱长为 a，求证：正四面体 $P-ABC$ 内任意一点 P' 到 $\triangle PAB$、$\triangle PAC$、$\triangle PBC$、$\triangle ABC$ 的距离之和为定值。

	平面	空间
以特殊看一般	P 在正三角形的顶点处 若 P 为 $\triangle ABC$ 的顶点 如图，不妨设 P 在 A 点的位置 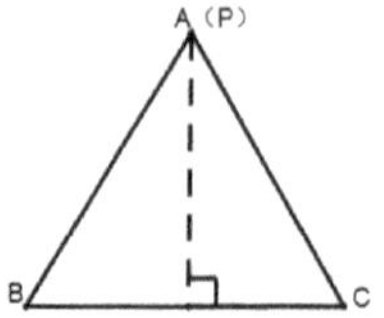 则 P 到 AB、AC 边的距离为 0， 因此 P 到三边距离之和为 P 到 BC 边的距离， 即三角形的高 $\frac{\sqrt{3}}{2}a$。	P' 在正四面体的顶点处 若 P' 在正四面体 $P{-}ABC$ 的顶点 如图，不妨设为 P 点的位置 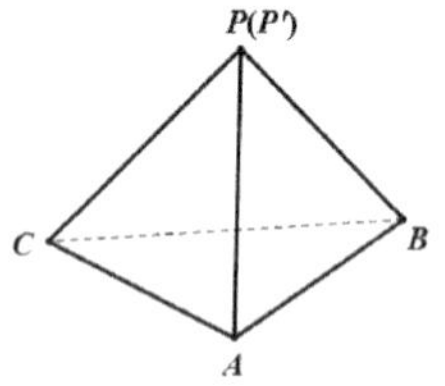 则 P' 到 $\triangle PAB$、$\triangle PAC$、$\triangle PBC$ 的距离为 0， 因此 P' 到四个面的距离之和为 P' 到 $\triangle ABC$ 的距离，即正四面体的高 $\frac{\sqrt{6}}{3}a$。
	P 在正三角形的边上 若 P 为 $\triangle ABC$ 的边上的一点 如图，不妨设 P 在 BC 边上 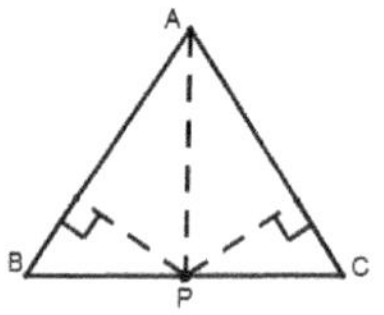 则 P 到 BC 边的距离为 0 因此 P 到三边距离之和为 P 到 AB、AC 边的距，即 $$h=\frac{2S_{\triangle PAB}+2S_{\triangle PAC}}{a}=\frac{2S}{a}=\frac{\sqrt{3}}{2}a$$	P' 在正四面体的底面上 若 P' 在正四面体 $P{-}ABC$ 的底面 如图，不妨设 P' 在面 $\triangle ABC$ 上 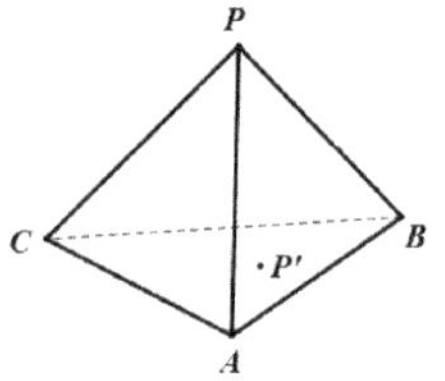 则 P' 到 $\triangle ABC$ 的距离为 0， 因此 P' 到四个面的距离之和为 P' 到 $\triangle PAB$、$\triangle PAC$、$\triangle PBC$ 的距离，即 $$h=h_1+h_2+h_3$$ $$=\frac{S_{P'-PAB}}{S}+\frac{S_{P'-PAC}}{S}+\frac{S_{P'-PBC}}{S}$$ $$=\frac{S_{P-ABC}}{S}=\frac{\sqrt{6}}{3}a$$
猜想	P 到三边距离之和为正三角形的高 $\frac{\sqrt{3}}{2}a$	P' 到四个面的距离之和为正四面体的高 $\frac{\sqrt{6}}{3}a$

	平面	空间
一般化证明	P 在正三角形内部 连接 AP、BP、CP，将正三角形分成三部分 $\triangle PAB$、$\triangle PAC$、$\triangle PBC$ 从整体与部分的角度分别计算 $\triangle ABC$ 的面积。 从整体来看：$S_{\triangle ABC}=\dfrac{\sqrt{3}}{4}a^2$ 从部分来看： 设 P 到 AB、AC、BC 的距离分别为 h_1、h_2、h_3，则 $S=S_{\triangle PAB}+S_{\triangle PAC}+S_{\triangle PBC}$ $=\dfrac{1}{2}a\cdot h_1+\dfrac{1}{2}a\cdot h_2+\dfrac{1}{2}a\cdot h_3$ $\therefore h=h_1+h_2+h_3=\dfrac{2S}{a}=\dfrac{\sqrt{3}}{2}a$ 为定值。	P' 在正四面体的内部 连接 $P'P$、$P'A$、$P'B$、$P'C$，将正四面体分成四部分 $\triangle PAB$、$\triangle PAC$、$\triangle PBC$、$\triangle ABC$ 从整体与部分的角度分别计算正四面体 $P-ABC$ 的体积。 从整体来看：$S=\dfrac{\sqrt{3}}{4}a^2$ 从部分来看： 设 P' 到 $\triangle PAB$、$\triangle PAC$、$\triangle PBC$、$\triangle ABC$ 的距离分别为 h_1、h_2、h_3、h_4，则有 $V_{P-ABC}=V_{P'-PAB}+V_{P'-PAC}+V_{P'-PBC}$ $+V_{P'-ABC}$ $\dfrac{1}{3}S\cdot\dfrac{\sqrt{6}}{3}a$ $=\dfrac{1}{3}\times S\cdot h_1+\dfrac{1}{3}\times S\cdot h_2+\dfrac{1}{3}\times S\cdot h_3+\dfrac{1}{3}\times S\cdot h_4$ 即 $\dfrac{1}{3}\times S\cdot\dfrac{\sqrt{6}}{3}a=\dfrac{1}{3}\times S\left(h_1+h_2+h_3+h_4\right)$ $\therefore h=h_1+h_2+h_3+h_4=\dfrac{\sqrt{6}}{3}a$ 为定值。
结论	正三角形内任意一点到三条边的距离之和为定值	正四面体内任意一点到四个面的距离之和为定值

通过正四面体问题的探究，启示我们：

①在解决空间问题没有足够的经验和方法时，首先要学会将这个问题平面化，找到其在平面内相对应的问题，例如角平分线→角平分面；其次是找到解决平面问题的方法与思想，再将其类比到空间中，例如面积法解题→体积法解题。

②当对一个问题的解决没有思路时，要学会以特殊看一般，通过特殊点或特殊值来提出猜想，确定研究方向，进而进行一般化证明。这就需要学生掌握逻辑推理的一种重要推理形式——类比推理，让学生学会有逻辑地思考问题，培养学生的理性精神，增强学生的交流能力。

（三）数学建模——学以致用，提升翻译数学语言的能力

数学建模是联系数学与现实世界的桥梁，是数学应用的重要体现。如何将现实生活中的实际问题建立数学模型，这就需要我们一线教师在日常教学中注意培养学生用数学语言来表达现实世界的能力，在实施教学过程中善于将所学内容与实际生活联系在一起。

下面我们通过一道具体的例题来感受一下数学建模在实际教学中的具体实施方法。

【例3】在一片海域上，A，B是海面上位于东西方向相距 $5\left(3+\sqrt{3}\right)$ 海里的两个观测点，现位于 A 点北偏东 $45°$，B 点北偏西 $60°$ 的 D 点有一艘轮船发出求救信号，位于 B 点南偏西 $60°$ 且与 B 点相距 $20\sqrt{3}$ 海里的 C 点的救援船立即前往营救，其航行速度为 30 海里 / 小时，该救援船到达 D 点需要多长时间？

Step1. 提炼数据，加工有效信息

分析：这是一道实际生活中的航海问题，要想解决这个问题，首先就需要将问题中的已知数据进行分析，并"翻译"成数学语言。题目中涉及的两地的距离可以直接用一定长度的线段表示，而题中的"北偏东 $45°$"、"北偏西 $60°$"、"南偏西 $60°$"等，则需要学生掌握一定的地理方位知识，一般我们以"上北下南、左西右东"为标准绘画地图，了解到这些基础知识，就可以将问题所要表述的内容用一个几何图形来直观表示。

Step2. 直观想象，建立数学模型

分析：通过对题干中相对位置的控制形成几何图形，通过分析可以先将问题由"该救援船到达 D 点需要多长时间？"转化为求线段 *CD* 的长度，而要在三角形中求边的长度，就需要借助解三角形——正弦定理、余弦定理这一数学知识，因此数学模型便建立了。

具体解题过程如下：

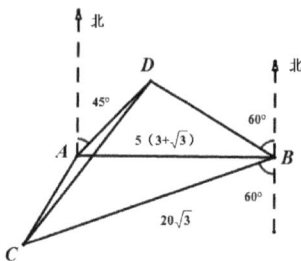

解：ⅰ）数形结合作图，明确已知条件

由题设条件可知，

$AB = 5\left(3+\sqrt{3}\right)$，

$\angle DBA = 90^{\circ} - 60^{\circ} = 30^{\circ}, \angle DAB = 45^{\circ}$

$\therefore \angle ADB = 105^{\circ}$

ⅱ）利用正弦定理，控制 DB 长度

在 $\triangle DAB$ 中，由正弦定理，得 $\dfrac{DB}{\sin \angle DAB} = \dfrac{AB}{\sin \angle ADB}$

$\therefore DB = \dfrac{AB \cdot \sin \angle DAB}{\sin \angle ADB}$

$= \dfrac{5\left(3+\sqrt{3}\right) \cdot \sin 45^{\circ}}{\sin 105^{\circ}}$

$= \dfrac{5\left(3+\sqrt{3}\right) \cdot \sin 45^{\circ}}{\sin 45^{\circ} \cdot \cos 60^{\circ} + \sin 60^{\circ} \cdot \cos 45^{\circ}}$

$= \dfrac{5\sqrt{3}\left(\sqrt{3}+1\right)}{\dfrac{\sqrt{3}+1}{2}}$

$= 10\sqrt{3}$

ⅲ）利用余弦定理，控制 CD 长度

又 $\angle DBC = \angle DBA + \angle ABC = 30^{\circ} + \left(90^{\circ} - 60^{\circ}\right) = 60^{\circ}$

$BC = 20\sqrt{3}$

在 $\triangle DBC$ 中，由余弦定理，得

$CD^2 = BD^2 + BC^2 - 2BD \cdot BC \cdot \cos \angle ADC$

$= 300 + 1200 - 2 \times 10\sqrt{3} \times 20\sqrt{3} \times \dfrac{1}{2} = 900$

$\therefore CD = 30$，即需要的时间 $t = \dfrac{30}{30} = 1$ 小时

所以救援船到达 D 点需要 1 小时。

这是一道涉及解三角形的实际应用问题，在解题过程中通过将问题语言"翻译"成数学语言，从而画出直观图形，运用数形结合方法分析问题，培养学生的直观想象素养；挖掘出问题本质即为解三角形，运用所学知识，运算求解问题。

解三角形在航海、航天方面应用非常广泛，为了拓宽学生的视野，拓展他

们的知识面，教师也可以在本题结束后帮助学生总结仰角、俯角、方位角等实际应用中的角的概念。

通过培养学生的数学建模素养，可以让学生能有意识地用数学语言表达现实世界，发现和提出问题，感悟数学与现实之间的关联；学会用数学模型解决实际问题，积累数学实践经验；认识数学模型在科学、工程技术诸多领域的作用，提升实践能力，增强创新意识，培养科学精神。

四、总结归纳

回顾 21 世纪的课程改革，其重要标志就是从"双基"走向"三维目标"、再走向"核心素养"，这也正是教育改革从量变到质变的过程，也是对教育改革的继承、发展、超越的过程。正如数学学科核心素养是学生在日积月累的数学学习过程中所获得的数学知识、能力、情感态度价值观的有机整合；数学学科核心素养的表现是指能够从数学的角度、用数学的方法，不断地发现问题、分析问题、解决问题的理性精神和个性品质。

作为数学教育工作者，我们真切地希望中学数学核心素养的研究能够更好地促进教师对数学、数学教育、数学教学的深度思考。

作为一线教师，我们更希望在数学学科核心素养引领下的数学课堂教学研究，能够更好地助力学生理性精神的成长、思维品质的形成，促进学生的终身发展。

立足数学核心素养的课堂教学

——以《函数单调性概念（第1课时）》的教学为例

窦　馨　　胡泽军

《普通高中数学课程标准（2017年版）》指出数学学科核心素养是数学课程目标的集中体现，是具有数学基本特征的思维品质、关键能力以及态度与价值观的综合体现，是在数学学习和应用的过程中逐步形成和发展的。而核心素养落地的关键就是一线教师对每一节课的教学研究与实践，多角度深入理解和正确使用数学中的概念，对于培养学生数学核心素养具有重要意义。本文立足于数学学科核心素养，重点论述如何上好一节函数单调性的概念课。

一、课型分析

李邦河院士认为：数学的根本是概念而不是技巧。

数学概念是用高度概括、高度抽象的数学符号语言对一类数学研究对象的空间或数量关系的描述，数学概念具有"内涵和外延"双重属性，具有稳定性和灵活性。

数学概念是数学知识体系中的基础，是数学认知结构的最重要组成部分，是判断和推导数学定理和法则的逻辑基础，正确理解和灵活使用数学概念，对于掌握数学基础知识、运算技能，发展逻辑论证和空间想象能力的培养起决定性的作用。可见，教师引导学生对数学概念的学习对于培养学生的数学核心素养具有非常重要的意义。

高中数学新课程改革中提出，数学核心素养为"学生应具备能够适应终身发展和社会发展需要与数学有关的基本能力和思维品质，包含数学抽象、逻辑推理、数学建模、直观想象、数学运算、数据分析六大数学核心素养"，其中，数学抽象素养的培养可在数学概念的学习上体现。

我们认为，上好一节概念课的前提是教师要理解"概念"的理论和"概念课"教学的要素。

第一，"概念"是一个哲学、数学、逻辑学下的范畴，这一范畴的发展主要形成了三种理论。概念的第一种理论是"概念的经典理论"，这一理论可以追溯到亚里士多德时代，该理论到了20世纪70年代开始被大多数学者接受。该理论认为概念即定义，概念是所定义事物的充要条件，即某一事物的概念和该概念下的事物是同一个集合。但随着模糊数学、心理学和逻辑学的发展，"概念的经典理论"也被很多流派的哲学家反对，因为以人类对事物的认知水平，有时候无法获知事物的所有本质属性。随后，概念的第二种理论应运而生："概念的原型理论"，该理论认为某一事物拥有的主要特征的表述就是该事物的概念。但这种理论也有人提出疑问，比如三条腿的狗虽然不满足狗的主要特征，但是它依然是狗。所以，概念的第三种理论"双重理论"被提出：概念应该是在人类认知水平下力求把事物的主要特征尽可能多地提出。

"概念"本身的理论对"概念课"具有深刻的指导意义，这是因为学生在认知一类事物的概念的过程中，多数情况下要经历这三个阶段的概念。比如，大多数学生对函数单调性概念的认识就会经历三个层次阶段。首先，学生会从函数图像的变化趋势来找到函数单调性的基本特征，并用自然语言描述；其次，学生经历用数学符号语言精确刻画函数单调性的过程，这是概念的经典理论；最后，学生需要从函数单调性的本质出发，认识该概念的内涵和外延，这是概念的双重理论。如果教师能引导学生循序渐进地来认识一个事物的概念，那这种概念课的学习就很扎实、很灵活，同时，这种认知事物的学习过程对学生的终身发展具有更加重要的意义。

第二，数学概念课就是教师引导并启发学生如何科学地学习数学概念以及正确地理解和应用概念的一堂课。可见，"数学概念课"应该包括三个要素：学习、理解和应用。一线教师在一堂数学概念课中关键要把以上三个要素落实到位。为此，我们需要思考以下三个问题：（1）要明确数学概念是什么，也就是要帮助学生习得概念，这涉及概念的名称、定义、属性和例证的分析；（2）为什么这样定义，分析概念形成的原因和形成的合理性；（3）怎样将习得的数学概念运用到各种具体情境中去解决相应的问题。教师如果不对以上的问题进行思考并在课堂中实践，那么概念课的教学效果就有可能不理想。

李静指出，学生上数学概念课通常前半节课听得似懂非懂，后半节感觉听懂了，但是做题只能对照笔记，离开笔记无从下手。这种现象很普遍，这是由于概念课的学习和教学出现了问题。究其原因，前半节课教师是在讲解概念的形成和建立，学生认为抽象，不愿花更多精力深入理解。后半节课是概念应用、实际解题的过程，学生经常会跟着教师的解题步骤一步步模仿下来，以为自己会做了，而不去想为什么这样做，至于每一步的由来，就更不愿深入思考了。产生这种问题的关键，是对数学概念的理解不到位，知其然，却不知其所以然，课后做题时只能拿着笔记模仿解题过程，变成了套路的解题模式，解题过程往往容易遗忘。越不会做，越用大量的题目去练习，就产生了题海战术，学习中不能举一反三。课堂简单化和碎片化的学习，让数学概念课变成记忆性的学习过程，这样的过程让数学学习变得艰难，而且学习效果不好，长时间得不到进步，很多学生因此对数学学习失去了兴趣。谷晓沛指出，T城市学生对"函数概念"的理解水平大约在55%，这低于教学的要求，这说明学生对函数的理解停留在直观的、具体的函数层面，还未更好地达到释义、关联与抽象水平。朱文芳指出，学生对抽象概念的学习，需要借助于一定的经验，通过特殊实例的分析，抽象出概念的本质属性，再推广到一般的概念中去。

这启发我们在教学设计时要基于学生的已有经验和认知水平，在特定的情境下设计出有层次的问题，让学生通过对问题的思考、解决，进而抽象出数学概念，并对数学概念进行深入理解及灵活应用。

二、内容分析

函数是现代数学最基本的概念，是表述客观世界中变量关系和规律的最为基本的数学语言和工具，在解决实际问题中发挥重要作用。

函数单调性是函数的核心性质，对其概念的学习为研究函数的其他性质做了方法和思维上的铺垫。函数单调性概念涉及函数、任意、自变量、因变量、定义域、增函数、减函数、单调递增区间、单调区间等多个子概念，该概念具有较高的抽象性。

刚升入高一的学生可以通过函数的图像简单描述函数的特性，可以画出一次函数、二次函数、反比例函数的图像，具备了认识函数图像的能力，但不能用简洁的数学符号语言描述函数图像。

所以，本节课学生的学习难点是对函数单调性概念的数学符号语言的抽象和理解。难点具体表现为：函数单调性的局部性和"任意"隐含的无限性。

张奠宙教授指出，高中教材中的函数单调性概念的给出方式就像魔术师帽子变出的兔子一样突然，而这个过程没有考虑到观众是否理解。面对这种情况，我们教师就需要在授课过程中充分和学生进行思维的交流，让学生之间也进行思维的碰撞，只有这样充满思维的课堂，学生才能真正理解函数单调性定义的本质内涵。因此，我们先从几何直观引出数学问题，然后引导学生从自然语言到数学符号语言探究函数单调性概念，在此过程中，我们引导学生自主探究、分享交流并抽象出函数单调性概念，重视渗透数学思想方法，培养学生的数学思维能力，提升学生的数学核心素养。

基于以上分析，我们将这节概念课设计了五个环节：概念的引入、概念的生成、概念的理解、概念的应用以及回顾与小结。

三、教学过程

（一）创设情境，引入概念

引入环节是一节课的开端，好的课堂引入可以激发学生的学习兴趣，调动学生听课的积极性，为学生理解知识的本质做铺垫。教师有必要设法帮助学生完成由感性认识到理性认识的过渡。

从学生最熟悉的函数入手，我们设计了以下两个问题：

问题 1：请画出函数 $y=x+1$，$y=x^2-1$，$y=\dfrac{1}{x}$ 的图像。

问题 2：根据函数的图像，你能得出函数的哪些性质，请描述出来。

设计意图：根据苏联教育家维果茨基提出的最近发展区理论，在学生已有一次函数、二次函数和反比例函数的图像和性质基础上，设计了以上两个问题。通过这两个问题，让学生经历从画——画出图像，到看——观察图像，再到说——用自然语言描述的过程，是想让学生借助和运用几何直观感知函数的性质，让学生利用图像理解和解决问题，进而提升学生的数形结合能力。这种从函数解析式到函数图像，再到用自然语言对函数图像和性质的描述与提炼的做法，不仅对初中所学函数内容进行了复习与回顾，更是让学生再一次经历研究函数的具体过程，同时也为后面概念的生成进行铺垫。

引入环节过程如图 1 和图 2 所示。

随自变量 x 的增大，函数值 $f(x)$ 的变化趋势

解析式	$f(x)=x+1$	$f(x)=x^2-1$	$f(x)=\dfrac{1}{x}$
图象直观		（图 3-1）	（图 3-2）
自然语言	x 从 $-\infty$ 到 $+\infty$ 上升趋势	x 从 $-\infty$ 到 0 下降趋势　　x 从 0 到 $+\infty$ 上升趋势	x 从 $-\infty$ 到 0、从 0 到 $+\infty$ 下降趋势
符号语言	$\forall x_1,x_2\in(-\infty,+\infty)$ 设 $x_1<x_2$ $f(x_1)<f(x_2)$	$\forall x_1,x_2\in(-\infty,+\infty)$ 设 $x_1<x_2$ $f(x_1)>f(x_2)$　　$\forall x_1,x_2$ 设 $x_1<x_2$ $f(x_1)<f(x_2)$	自己独立用数学符号语言表示

图 1

随自变量 x 的增大，函数值 $f(x)$ 的变化趋势

解析式	$f(x)=x+1$	$f(x)=x^2-1$	$f(x)=\dfrac{1}{x}$
图象直观		（图 3-1）	（图 3-2）
自然语言	x 从 $-\infty$ 到 $+\infty$ 上升趋势	x 从 $-\infty$ 到 0 下降趋势　　x 从 0 到 $+\infty$ 上升趋势	x 从 $-\infty$ 到 0、从 0 到 $+\infty$ 下降趋势
符号语言	x 在 $(-\infty,+\infty)$ 增大 $f(x)$ 增大	x 在 $(-\infty,0)$ 增大 $f(x)$ 减小　　x 在 $(0,+\infty)$ 增大 $f(x)$ 增大	x 在 $(-\infty,0)$ 增大 x 在 $(0,+\infty)$ 增大 $f(x)$ 减小

图 2

（二）概念的生成

新课程标准中指出，通过高中数学课程的学习，要求学生能够在情境中抽象出数学概念、命题、方法和体系，积累从具体到抽象的活动经验。本着这一要求，我们在教学时力争让学生自主地抽象概括出函数单调性的概念，并引导学生用数学符号语言对其进行表述。

因此，提出以下问题：

问题 3：请你把"随着自变量的增大，函数值增大"这句话用数学符号语言进行表述。

设计意图：函数单调性概念是学生进入高中以来最早接触到的具有高度抽象性的概念之一。如何通过对抽象概念的学习提升学生的数学抽象核心素养是我们一线教师应该常常思考的问题。通过对问题 3 的思考和探索，学生抓住了函数单调性概念的本质，提高了用数学符号语言刻画数学问题的能力，经历了从图形语言到自然语言再到数学符号语言的过程，提升了学生的数学抽象核心素养。

下面我们简单地呈现一下课堂上学生的思维过程。

提到了自变量，首先就要考虑函数的定义域，所以学生先设出函数 $y=f(x)$ 的定义域为 A，"随着自变量 x 的增大"，蕴含着的增大是一个过程，有一种比较的含义，因此用一个量 x 很难去表达，于是学生提出可以用两个量 x_1 和 x_2 来表示，既然要表示增大的过程，就有了 x_1 与 x_2 大小关系，不妨设 $x_1<x_2$，同理函数值增大也可由 $f(x_1)<f(x_2)$ 来表示；"随着自变量 x 的增大，函数

值 $f(x)$ 增大",学生就得到了有 $x_1 < x_2$,就有 $f(x_1) < f(x_2)$;紧接着,我们提出了这样一个问题:是对任意的 $x_1 < x_2$,都有 $f(x_1) < f(x_2)$,还是存在一组 $x_1 < x_2$,使得 $f(x_1) < f(x_2)$ 就行?这个问题的提出是想让学生进一步体会随着自变量 x 的增大,函数值增大的意义,进而得出 x_1、x_2 的任意性。接着又提出问题:$x_1 < x_2$ 是在定义域 A 中任意取值吗?让学生思考。很多学生想到了在引入环节中,二次函数在定义域内的不同区间里,随自变量的增大,函数值的变化不同,反比例函数也不能说在整个定义域里随自变量的增大,函数值减小(见图 2),这也说明了函数的这种性质是函数的局部性质,是在定义域的某个区间里研究的,所以就有了定义域的子区间 $M \subseteq A$。显然 x_1、x_2 在区间 M 里任意取值。由此抽象概括出增函数的定义。一般地,设函数 $y=f(x)$ 的定义域为 A,$M \subseteq A$,$\forall x_1, x_2 \in M$,$x_1 < x_2$,当 $f(x_1) < f(x_2)$ 时,就称函数 $y=f(x)$ 在区间 M 是增函数。之后减函数、单调函数、单调区间的概念也是由学生自己提炼出来的。

这个环节的最后,让学生从形上再次体会增函数与减函数的图像特征:增函数是随着自变量增大(减小),函数值增大(减小)的函数(见图 3);减函数是随着自变量增大(减小),函数值减小(增大)的函数(见图 4)。这就是我们对概念生成这个环节的设计。

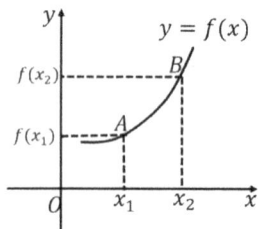

图 3

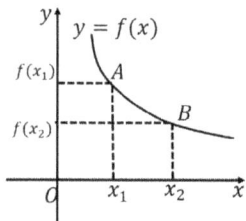

图 4

（三）概念的辨析与理解

对于学生刚学习的数学概念，首先，教师让学生识记概念；其次，通过概念的辨析，让学生进一步正确理解、巩固和深化概念；最后，让学生灵活应用概念，体会新概念学习的必要性和学习意义。为此，我们设计了以下问题：

问题 4：函数的图像（包括端点）如图 5 所示，请你根据图像说出该函数的单调区间和单调性。

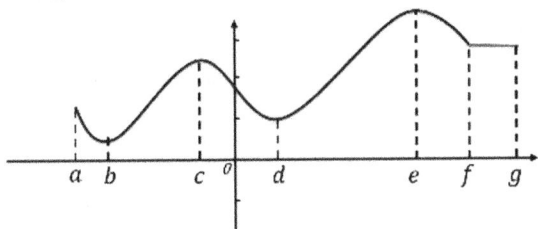

图 5

设计意图：让学生用数学语言准确描述函数图像，提高学生的数学表达能力。这是对函数单调性概念的简单应用。

问题 5：能否说函数 $f(x) = \dfrac{1}{x}$ 在定义域 $(-\infty, 0) \cup (0, +\infty)$ 上是减函数？为什么？

设计意图：让学生理解函数的单调性是函数的一个局部性质。

问题 6：“函数 $y = \dfrac{1}{x}$ 是 R 上的增函数”是“对 $\forall x \in R$，函数都满足 $f(x) < f(x+1)$”的 ＿＿＿＿＿＿ 条件（填充分不必要、必要不充分或充要）。

设计意图：用微观的任意性，刻画宏观的单调性。张奠宙教授在《话说"无限"》中指出：许多数学上的困难，其实是由无限所引起的。比如，对于函数的单调性，画出图像解释函数的单调性很容易明白，但用数学语言的定义，学生往往觉得难以把握。单调性学习上的困难来自"无限"背景，正是因为有无限多对 $(x, f(x))$，我们无法按照增加（减少）的方向一个个地排列起来（有限情形可以做到），所以，才不得不在表述中使用"任意"这样的逻辑量词。

可见，如果学生没有理解"任意"的本质，就理解不了函数单调性定义的本质，更体会不了数学语言化"无限"为"任意"的高明之处。

我们的教学经验告诉我们，用正面的例子来分析概念中的"任意"，往往会陷入"循环论证"的圈子，不易解决问题；而通过举反例，可以让学生比较快地理解"任意"在函数单调性概念中的必要性。学生通过思维的交流与碰撞，给出了很多反例，比如图6、图7代表的两个函数。

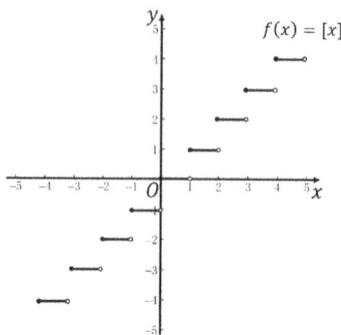

图6

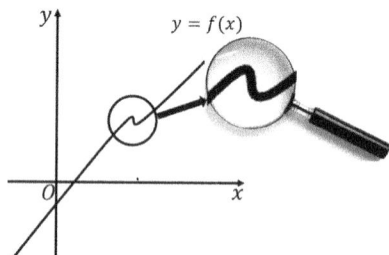

图7

教师通过对以上反例的分析，帮助学生更好地理解"任意"隐含的无限性。

（四）概念的应用

学习数学概念的一个重要目的就是基于概念去解决问题，反过来，这种解决问题的过程又会对学生理解概念具有重要的促进作用，同时，可以提升学生的数学学科核心素养。概念获取的一般规律是由特殊到一般，而它的应用则是从一般到特殊。学生掌握概念是主动在头脑中进行积极思维构架的过程，不仅要学会新的知识，还要使已有知识再一次形象化、具体化。

为此，我们分析学情后，设计了如下的例题：

问题 7：证明函数 $f(x) = x + \dfrac{1}{x}$ 在区间（1，+∞）上是增函数。

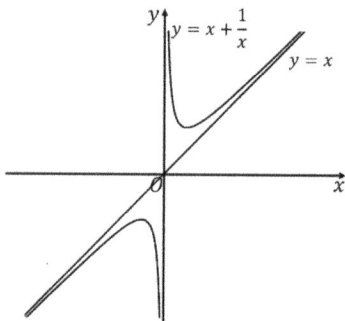

图8

设计意图：应用概念解题，加强学生对函数单调性概念的理解，培养学生的逻辑推理和书面表达能力。同时，通过对例题的评析，激发学生对函数单调性概念的学习兴趣，让学生体会到概念的价值。通过和学生交流作函数 $f(x)=x+\dfrac{1}{x}$ 图像的过程，让学生经历从抽象到直观的过程，进一步体会函数单调性对研究复杂函数的价值，并在此过程中渗透了极限的思想。

课后思考：根据函数单调性的本质，你能用其他的形式来刻画函数单调性吗？

设计意图：教师要通过教学设计，帮助学生理解新学概念的内涵和外延。函数单调性概念的形式不唯一，比如可以用 $\dfrac{f(x)-f(x)}{x_1-x_2}>0$ 或 $\dfrac{f(x)-f(x)}{x_1-x_2}<0$ 等来表示，我们提出此问题供学生课下思考与探讨，并将在下节课让学生在课上分享思考的过程与成果，教师进行总结评价，从而让学生理解函数单调性概念的内涵和外延。

（五）回顾与小结

问题8：请你回顾本节课所学内容，回答以下问题：

（1）学到了哪些知识与方法？

（2）谈谈这节课学习的函数单调性的概念和初中学习的函数增减性的区别与联系？

（3）利用所学的知识与方法，你还可以研究函数的哪些性质？

设计意图：让学生思考并交流这些问题，可以培养学生用联系发展的眼光学习数学的习惯。

四、收获与反思

（一）收获

我们设计本节课引入环节的时候，有两种设计想法：一种是从认识函数的角度出发，比如我们可以提出：给出一个函数，你可以从哪几个角度认识它？根据初中已有的经验，学生会提到函数的定义域、值域、对称性、增减性等，进而从增减性入手抽象出函数单调性的概念，这是一种比较直接的引入方式。另一种想法是从初中已经学过的具体的一次函数、二次函数、反比例函数解析式出发，画出它们的图像，从图像上升、下降的几何直观趋势，再到用自然语言及数学符号描述它们的性质，进而引导学生抽象概括出函数单调性的概念。考虑到我们年级孩子的整体认知水平和对知识螺旋式上升的要求，我们选择了第二种想法。

通过教学实践发现，本节课的教学设计符合教学目标和学情，每个环节的评价可以及时检验教学目标是否达成。

在整个教学过程中，我们关注了学生的思维过程，注重了数学概念的生成和理解过程，通过过程性评价和生成性评价可以发现，学生抓住了函数单调性概念的本质，提高了用数学符号语言刻画函数图像的能力，经历了从图形语言到自然语言再到数学符号语言的过程，提升了学生的数学抽象核心素养。

（二）不足

在探究问题 6 的过程中，有学生举出取整函数作为反例，我们给予了孩子肯定与鼓励，但由于课时有限，为追求课程的完整性，没有继续挖掘这位学生的思维过程。如果教师能及时追问"你是如何想到的"这类问题，就可以将学生的思维过程在课堂上充分展现出来，这样也有益于学生间的思维碰撞。

在教学多媒体的使用上，我们主要以 PPT 为主，学生直观感受略显单一，如果能使用更加多样的多媒体手段给学生展示出函数单调性的"单调过程"，那么，学生会有更加深刻的学习体验。

探秘游戏中的数学——弹珠游戏的中奖概率
——基于数学核心素养的高中数学建模教学实践

丛小睿

概率统计是数学应用的一个典型领域，对提升数据分析、数学建模、逻辑推理、数学运算和数学抽象素养有很大帮助。在概率统计的教学中，教师应通过典型案例开展教学活动，案例的情境应是丰富的、有趣的、学生熟悉的。在案例教学中要重视过程，层次清楚，从具体到抽象，从实际到理论。在教学过程中，应在引导学生利用所学知识解决一些实际问题的基础上，适当进行严格、标准的描述。

本节课是希望通过学生熟悉且有趣的实际情境——弹珠游戏，探究其中奖概率，揭秘商家操作背后的数学，在建模的过程中，帮助学生在活动经验的基础上进一步理解古典概型、计数原理、条件概率、正态分布、二项分布等基础知识，发展数学建模、数学运算和逻辑推理等数学核心素养；通过观察简单事件（确定第一个落点后的条件概率）发现和提出事件之间的关系，将复杂问题分解为简单问题，将未知问题与已有知识联系，在分析和解决复杂问题（未知落点的情况下的概率）的过程中提升基本能力；通过实际问题分析、实际模型和数学模型构建和新问题的提出等方式帮助学生学会用数学的眼光观察世界，用数学的思维分析世界，用数学的语言表达世界。让学生能够站在更高的位置来认识数学知识，能在更自由的情境中发现、分析、解决和提出新问题，将数学学科核心素养内化和沉淀。同时通过本节课的教学也希望能培养学生对于问题的质疑精神，希望学生敢于提出自己的见解，提升创新意识。

环节一：创设现实情境，发现数学问题

T：当科学走进生活，有趣而神秘的游戏就产生了。比如这个游戏——弹珠超人，大家熟悉吗？

今天让我们一起来探秘游戏中的数学——弹珠超人中的获奖概率。

首先，我们请同学来谈谈玩这个游戏的经验和感受。

S1-2：回顾弹珠超人游戏的玩法规则，以及玩的过程；总结经验：在游戏开始红灯亮起的多在中间，后期两端偏多。中间部分的获奖概率感觉上比两侧要高一些，因此设置的奖励更少。直观感觉得到猜想：通过电脑控制红灯亮起的位置可以控制中奖的概率。

活动意图说明：

通过学生熟悉的游戏情境入手，提出问题——弹珠超人中的获奖概率。激发学生的学习兴趣，明确学习目标，将生活经验和数学学习结合起来，增强数学的实用性。

环节二：构建现实模型，分析解决策略

T：这个比较复杂的问题如何拆解成较简单的问题？

S3：首先确定第一个落点，然后从研究这个落点开始下落到亮灯小格的概率。

T：在第一个落点确定的条件下求下落到亮灯小格的概率，是我们学过的哪种概率？

S3：条件概率。

T：最后结果怎么计算？

S3：$P(B) = P(A_1)P(B\mid A_1) + P(A_2)P(B\mid A_2) + \cdots P(A_n)P(B\mid A_n)$

T：第一个落点发生的概率和右侧的设置有关，属于物理问题，我们交给大家课下去研究和思考。

S3同学抽象出来的这个简单的模型就是著名的高尔顿钉板（展示高尔顿钉板教具），它是由伟大的数学家弗朗西斯·高尔顿制作的（人物简介略）。

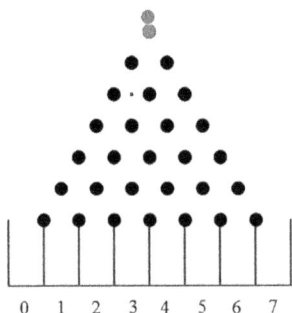

高尔顿（钉）板

由此我们也可以看见，科学是促进数学发展的动力，数学是解决自然科学的基础，学好数学，学会用数学知识和方法解决实际问题对我们多么重要。

T：求解中奖的概率的过程可能用到前面学习到的概率的哪些相关知识内容？

S4-8：计数原理和排列、组合、二项式定理、杨辉三角、事件的独立性、条件概率、二项分布、正态分布、概率加法和乘法公式、全概率公式、分布列……

T：非常好，大家基本上把我们前面学过的所有和概率相关的知识内容都提及了。

活动意图说明：

通过实际情境观察发现并提出问题，猜想，尝试运用已学知识联想、解释猜想或证明猜想。体会条件概率的应用。提高学习数学的兴趣，增强学好数学的自信心，养成良好的数学学习习惯，发展自主学习的能力，提升数学抽象、逻辑推理素养。

环节三：提出数学问题，建立数学模型

T：观察高尔顿（钉）板模型和课件图片，请你分析一下高尔顿（钉）板满足哪些条件？

S9-16：钉子每排相互平行；钉子水平间隔相等；每一排的数目都比上一排多一个；每排中的钉子正好对准上一排两个相邻钉子的中点；在有扰动的情况下球一定会向左或向右落下；碰到钉子后向左和向右落下的可能性相等……

第一个落点确定

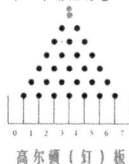

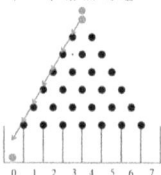

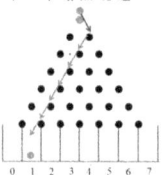

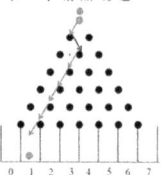

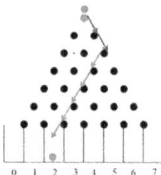

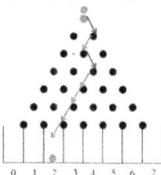

高尔顿（钉）板

T：在满足上述条件的情况下，你想解决一些什么问题？

S17–23：计算小球可能经过的所有路线数；落入各个格子所有可能的路线数；计算小球落入各个格子的概率；猜想若是 1000 个小球落下，小球在格子中的分布形状是怎样的；高尔顿（钉）板和杨辉三角有什么关系？……

活动意图说明：

本环节的设计意在帮助学生了解数学建模的过程，通过条件分析提升学生观察、分析问题的能力，通过问题提出的过程进一步巩固落实前面所学的概率有关内容，提升提出问题的能力，提升数学抽象、数学建模素养。

环节四：分析和解决数学模型

T：怎样计算小球可能经过的所有路线数？

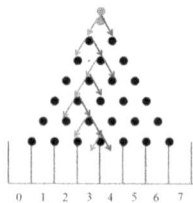

S24：小球在每个点碰撞之后落下的方向只有两个：向左和向右，所以小球可能经过的所有路线数用分步乘法计数原理为：$2 \times 2 \times 2 \times \cdots \times 2 = 2^7$

T：落入各个格子的所有可能路线数怎么分析？

S25：落在几号格就是向右走几步，所以线路数分别是C_7^0、C_7^1、C_7^2、…、C_7^7。

T：看这两个计算结果你能联想到什么？

S26：组合数及其性质$C_n^0 + C_n^1 + \cdots + C_n^n = 2^n$

T：怎么解释这个问题？

S27：等式左侧是用分类加法计数原理得到所有路线总数，右侧则是利用分步乘法计数原理得到所有路线总数，是从两个不同的角度、用两种不同的方法解决同一个问题，从而建立一种等式关系。

第一个落点确定

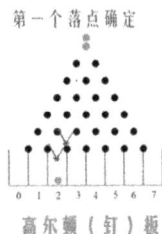

高尔顿（钉）板

T：太棒了！那从上面的图示中你还能通过什么方式得到每个小格所有可能的线路数呢？

S28：每个小格所有可能的线路数是上一层的相邻两个小格的线路数之和。

T：和咱们学过的哪个知识类似？

S28：杨辉三角。

T：小球落入各个格子的概率是多少？

S29：利用古典概型概率公式，各个格子所有可能的路线数除以总的路线数，就可以得到相应概率。

T：这个分布列熟悉吗？你能联想到哪种分布列？

格子号	0	1	2	3	4	5	6	7
概率	$\dfrac{C_7^0}{2^7}$	$\dfrac{C_7^1}{2^7}$	$\dfrac{C_7^2}{2^7}$	$\dfrac{C_7^3}{2^7}$	$\dfrac{C_7^4}{2^7}$	$\dfrac{C_7^5}{2^7}$	$\dfrac{C_7^6}{2^7}$	$\dfrac{C_7^7}{2^7}$

S29：想到了二项分布。

T：怎么验证是否服从二项分布？

S29：$\dfrac{C_7^i}{2^7} = C_7^i (\dfrac{1}{2})^{7-i} (\dfrac{1}{2})^i (i = 0, 1, 2, \cdots, 7)$ 符合二项分布的公式，所以服从二项分布。

T：右侧的公式的实际意义是什么？

S29：在 7 步中，确定向左几步向右几步。

T：很好，那么能够从实验的过程说明这个分布是二项分布？

S29：可以，每一步都在重复选择向左还是向右，且每步之间相互独立，是 7 次独立重复实验，所以服从二项分布。

T：有了分布列，猜想若是 1000 个小球落下，小球在格子中的分布形状是怎样的？

S30：中间高两侧低，轴对称。

T：现场展示高尔顿钉板实验，验证学生猜想。并提问：当小球数目越来越多的时候，得到的这个曲线近似什么曲线？

S30：像正态分布曲线。

T：那是正态分布曲线吗？这个问题留给大家课下去查证。

活动意图说明：

通过问题的分析，在同一个模型中将前面学过的概率相关知识进行应用，体会各知识内容之间的联系，从而加深理解，达到学生巩固基础知识，教师检验学生掌握情况的目的。同时通过问题的解决学生可以进一步体会建模过程中将复杂问题分解之后可以变成我们能力范围之内可以解决的简单问题。帮助学生增强学习数学的自信心，提升数学建模和数学抽象、逻辑推理、数学运算的素养。

环节五：解决实际问题，修正模型

T：根据同学们的分析，我们得到了中奖概率：

$$P(B) = p_0 \cdot \frac{C_7^0}{2^7} + p_1 \cdot \frac{C_7^1}{2^7} + \cdots + p_7 \cdot \frac{C_7^7}{2^7}$$ 下面我们回到现实问题中看一下，是不是每一个落点都需要考虑？

S31：不是，最后两个点不可能。

T：你还能观察到什么和我们理想模型不一样的地方？

S31：在最右侧加了几个落点，导致后面的情况和我们的模型不太一样。

T：很好，观察细致，现实问题往往要比我们抽象出的理想模型复杂很多，但是我们的理想模型可以帮助我们解决复杂问题，使我们接近真相。如何来修正这个模型就交给大家课下小组探究。

活动意图说明：

通过进一步分析继续体会数学建模的过程，发现现实问题和数学理想模型之间关系，感受真实世界与数学世界之间可逆的联系，关注抽象出数学问题与解决现实问题的过程及差异。

环节六：回顾过程，新问题提出

T：你能设计一种新型弹珠游戏吗？可以做哪些改变？

S32-33：把向左和向右的概率变成不相等，行列间不等距。

T：请提出一个新问题，以小组为单位设计制作实验并查找资料自主探究，仿照本节课的研究过程撰写研究报告。

活动意图说明：

培养学生提出新问题的能力和质疑的精神，通过问题引发学生继续探究的兴趣，将课堂延伸到课下，培养学生自主探究的精神、创新的意识，以及科学严谨的研究态度。

反思和总结

数学建模教学需要老师和学生用慧眼观察生活，细心发现问题；要求教师本身有较强的数学建模能力，能够借助生活实际情境问题，带着学生一起感受面对某个综合性情境，抽丝剥茧，抽象出数学模型，解决实际问题。我们可以通过团队合作，在每个知识板块中积累好的素材，丰富数学建模的教学资源。高中生极度缺乏数学建模的经验，老师必须首先在教学过程中带领学生一起体验。

如何理解并建构现实情境模型？如何将模型翻译为数学问题，建构数学模型？如何用数学方法解决所提数学问题？如何根据具体的情境，解读与检验数学解答？如何验证模型的合理性等环节？有了数学建模的经历，熟悉数学建模的过程之后，学生才能更好地独立进行数学建模和数学探究活动。

从课堂效果来看，学生还是十分感兴趣的，课堂气氛较平时活跃，参与度更高，学生开始有去发现问题和解决问题的欲望，使得数学课堂不只有逻辑的魅力，也有应用的价值，使数学在孩子的心目中丰满鲜活起来。以后的教学中我会再接再厉，继续这方面的尝试，开发更多更好的素材，和孩子们一起发现数学学习的乐趣。

新课程理念下的教学评价的分析、理解与建议

胡泽军

《普通高中数学课程标准（2017 年版）》（简称《课程标准》）指出，教学评价是数学教学活动的重要组成部分，它对教师的教和学生的学具有重要指导意义。目前，高中数学一线教师的教学评价主要依据是《课程标准》，但是，由于《课程标准》内容的概括性，所以教师对新课程理念下的教学评价存在理解不深刻、在教学中没有充分地将教学评价的新理念落实到位的不足。本文采用文献综述法，对《课程标准》中关于教学评价的说明进行了分析理解，并进行了案例分析，据此设计了 4 个评价案例供读者理解。本文的研究结果对教师构建新课程理念下有效的教学评价提供理论指导，能提高教师对新课程理念下教学评价的理解，提升教师教学评价的创新性和有效性。

一、对教学评价的概念界定

（一）教学评价的概念

《课程标准》并未对教学评价的概念进行明确界定，这是因为对于我们教师来说，日常工作中经常需要对"教学评价"进行设计、实施和反思，我们对教学评价的理解相对比较准确。《课程标准》中谈到的教学评价主要是指教师对学生的评价，而非教学管理人员对教师教学的评价。

为了清晰，本文首先对教学评价的概念界定如下：

教学评价是依据教学目标对教学过程及结果进行价值判断并为教学决策服务的活动，是对教学活动现实的或潜在的价值做出判断的过程。教学评价是研究教师的教和学生的学的价值的过程。教学评价一般包括对教学过程中教师、

学生、教学内容、教学方法手段、教学环境、教学管理诸因素的评价，但主要是对学生学习效果的评价和教师教学工作过程的评价。教学评价的两个核心环节：对教师教学工作（教学设计、组织、实施等）的评价——教师教学评估和对学生学习效果的评价。

本文所讨论的"教学评价"只指教师对学生学习效果的评价，而非教育管理工作者对教师教学过程和教学效果的评价。

（二）教学评价的作用

教学评价的概念界定了它的评价依据是教学目标，目的是对教学过程及结果进行判断，并为教学决策提供建议。

1. 诊断作用

对教学效果进行评价，可以了解教学各方面的情况，从而判断它的质量和水平、成效和缺陷。全面客观的评价工作不仅能估计学生的成绩在多大程度上实现了教学目标，而且能解释成绩不良的原因，并找出主要原因。可见教学评价如同身体检查，是对教学进行一次严谨的科学的诊断。

2. 激励作用

教学评价对教师、学生具有监督和强化作用。通过评价反映出教师的教学效果和学生的学习成绩。经验和研究都表明，在一定的限度内，经常进行记录成绩的测验对学生的学习动机具有很大的激发作用，可以有效地推动课堂学习。

3. 调节作用

评价发出的信息可以使师生知道自己的教和学的情况，教师和学生可以根据反馈信息修订计划，调整教学的行为，从而有效地工作以达到所规定的目标，这就是评价所发挥的调节作用。

4. 教学作用

评价本身也是种教学活动。在这个活动中，学生的知识、技能将获得长进，智力和品德也有进展。教学评价的方法有测验、征答、观察提问、作业检查、听课和评课等。

（三）教学评价的分类

本文根据评价在教学活动中发挥作用的不同，把教学评价分为诊断性评价、形成性评价和总结性评价三种类型。

1. 诊断性评价

诊断性评价是指在教学活动开始前，对评价对象的学习准备程度做出鉴定，以便采取相应措施使教学计划顺利、有效实施而进行的测定性评价。诊断性评价的实施时间，一般在课程、学期、学年开始或教学过程中需要的时候。其作用主要有二：一是确定学生的学习准备程度，二是适当安置学生。

2. 形成性评价

形成性评价是在教学过程中，为调节和完善教学活动，保证教学目标得以实现而进行的确定学生学习成果的评价。形成性评价的主要目的是改进、完善教学过程，步骤是：（1）确定形成性学习单元的目标和内容，分析其包含要点和各要点的层次关系。（2）实施形成性测试。测试包括所测单元的所有重点，测试进行后教师要及时分析结果，同学生一起改进、巩固教学。（3）实施平行性测试。其目的是对学生所学知识加以复习巩固，确保掌握并为后期学习奠定基础。

3. 总结性评价

总结性评价是以预先设定的教学目标为基准，对评价对象达成目标的程度即教学效果做出评价。总结性评价注重考查学生掌握某门学科的整体程度，概括水平较高，测验内容范围较广，常在学期中或学期末进行，次数较少。

二、对《课程标准》中"评价建议"的分析与理解

（一）关于评价依据的分析与理解

《课程标准》的整体结构如图1所示。《课程标准》在第一部分课程性质与基本理念中指出高中数学学习评价不仅应关注学生知识技能的掌握，更应该关注数学核心素养的形成和发展，制定科学合理的学业质量标准，促进学生在不同学习阶段数学核心素养水平的达成。评价既要关注学生学习的结果，更要重视学生学习的过程。这是《课程标准》对新课程理念下的教学评价的整体方向说明，需要教师在进行教学评价设计的时候把握好这个方向。

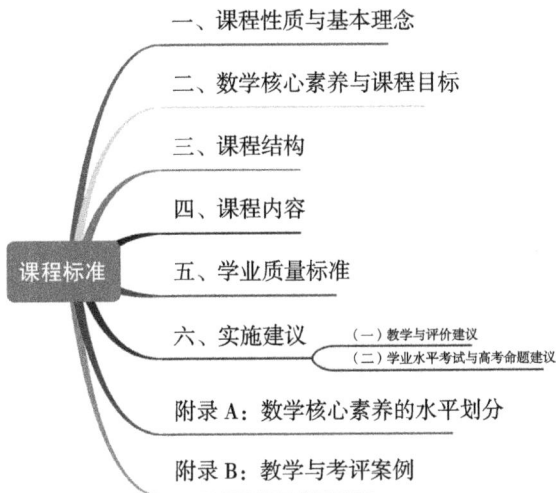

图 1 《课程标准》整体结构

《课程标准》指出教师应开发合理的评价工具，将知识技能的掌握与核心素养的达成有机结合，建立目标多元、方式多样、重视过程的评价体系。通过评价，提高学生学习兴趣，帮助学生认识自我、增强自信；帮助教师改进教学，提高教学效果和教学质量。

《课程标准》在第五部分学业质量标准中指出学业质量标准是学生在完成普通高中数学课程相应阶段学习之后，形成的数学核心素养的标准；它是数学核心素养水平与课程内容的有机结合；学业质量标准是学生自主学习与评价、教师教学活动与评价、教科书编写的指导性标准，也是相应考试命题的依据。所以，学业质量标准就是教学评价的主要依据。

学业质量标准对核心素养的水平要求分三个层次：（1）数学核心素养水平一是高中毕业应当达到的要求，也是高中毕业的数学学业水平考试命题的依据；（2）数学核心素养水平二是高考的要求，也是数学高考命题的依据；（3）数学核心素养水平三是基于必修、选修Ⅰ和选修Ⅱ课程的某些内容对数学核心素养的达成提出的要求，可以作为高校自主招生的参考。核心素养的这三个层次指导教师在设计日常教学考试评价试题时，大多数试题要以考查数学核心素养水平一、二为主，试题不要太难太繁，如果一套卷子有大量试题超出水平二的要求，那么，这对一部分孩子来说是非常有压力的，因为，高考并不要求那么高，这样很容易让他们畏惧数学。

（二）关于评价实施建议的分析与理解

《课程标准》中的第六章是实施建议（见图2），这部分内容对于教学评价的实施进行了专门的说明，并给予了建议，包括：第一部分，教学与评价建议；第二部分，学业水平考试与高考命题建议。这是本文重点分析与理解的部分。

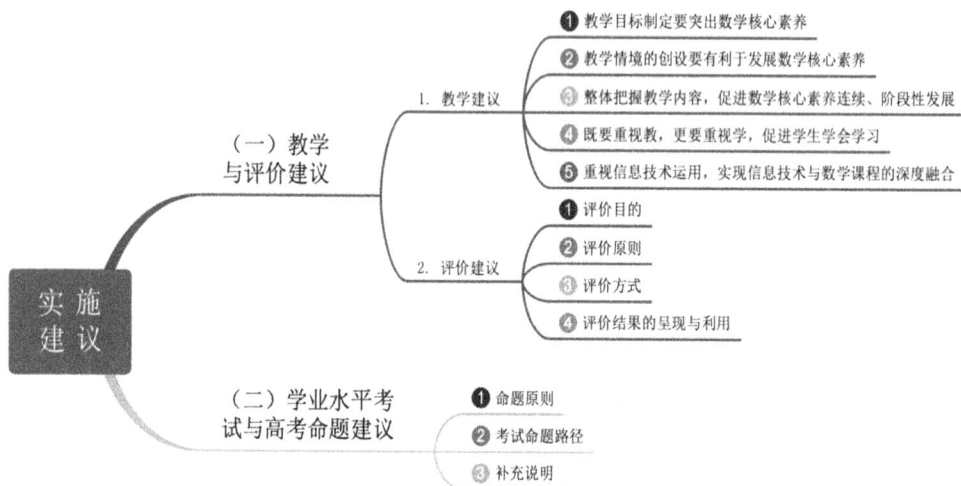

图2 《课程标准》中对教学评价的实施建议框架

在第（一）部分"教学建议"中，突出建议是要发展学生的核心素养，还有就是整体把握教学内容，第4点特别强调教学中要重视"学"，促进学生学会学习，最后重视信息技术。

在第（二）部分"评价建议"中，《课程标准》给了4点建议：评价目的；评价原则；评价方式；评价结果的呈现与利用。

然后，在第二大部分"学业水平考试与高考命题建议"中，一是命题原则，二是考试命题路径，三是给出一些其他补充说明。

下面来看评价建议的四个方面（见图3）。这4个方面分别是评价的目的、原则、方式和结果的利用。

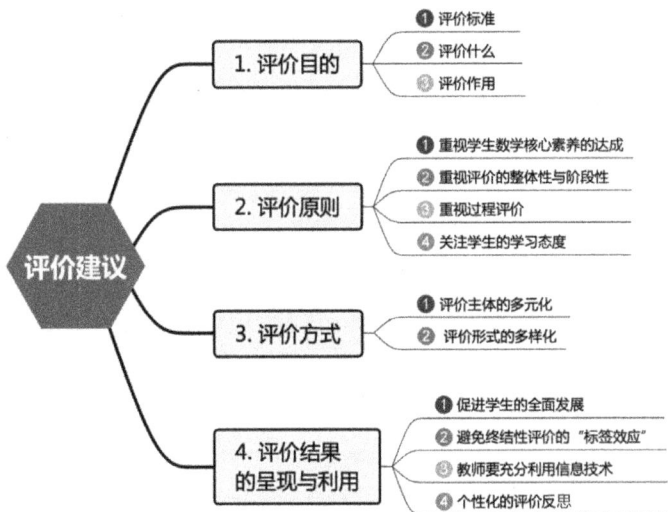

图3　《课程标准》对教学评价建议的说明框架

《课程标准》指出评价应以课程目标、课程内容和学业质量标准为基本依据。日常教学活动评价，要以教学目标的达成为依据。

评价要关注学生数学知识技能的掌握，还要关注学生的学习态度、方法和习惯，更要关注学生数学核心素养水平的达成。

教师要基于对学生的评价，反思教学过程，总结经验，发现问题，提出改进思路。因此，数学教学活动的评价目标，既包括对学生学习的评价，也包括对教师教学的评价。

《课程标准》关于"评价目的"指出，教学评价要关注三个维度：一是知识维度，二是技能维度，三是学生数学核心素养的水平。知识维度主要是围绕四条主线，技能维度主要包括四大素养，核心素养包括三个水平。

根据这三个维度，建构了基于核心素养的三维评价框架，可用比较直观的方式呈现出来（见图4）。

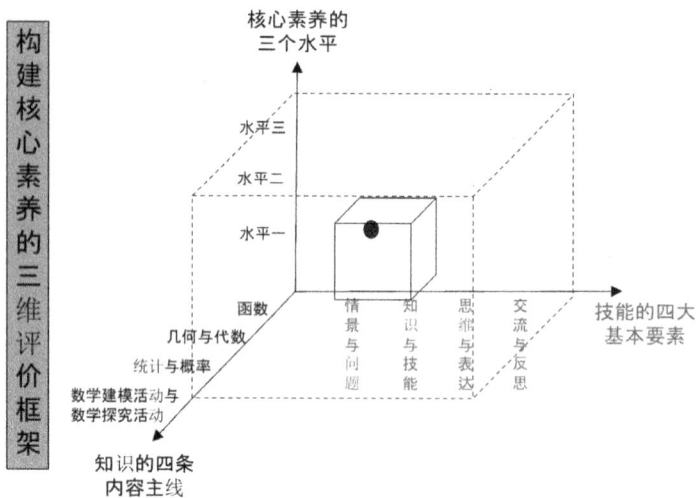

图4 基于核心素养的三维评价框架

一是对知识的考查，主要围绕四条主线，分别是函数主线、几何与代数主线、统计与概率主线、数学建模活动与数学探究活动主线。二是技能的四大基本要素，包括情景与问题、知识与技能的考查、思维与表达和交流与反思。这两个维度其实就是新课改前对知识与技能的考查，所以，新课改前的考查是二维的、平面的。新课改下增加了第三个维度，也就是核心素养的三个水平，这样评价就更立体化、更全面了，更能选拔出人才。

根据这个三维评价框架，一个试题的评价一定要围绕这三个维度来进行，可以认为这个试题的评价维度会落到这个卦限中。基础题可能是一个点，比如就考查一个基本概念的问题，再如高考题的前面几道题。但是，综合性试题它放到这个卦限就应该是一个立体空间体，比如考查的不仅是几何与代数，还有函数问题；要求的技能也不止一个，还有考查的核心素养的水平也不止水平一。

（三）对《课程标准》中案例的分析与理解

这个案例（见图5）第（1）问是一个求圆的周长问题，第（2）问需要解析将几何代数表达。

案例 22 跑道问题

【目的】说明数学直观想象素养的表现和水平，体会评价"在现实情境中，建立实物的几何图形，能够根据图形想象实物；体会图形与图形、图形与数量的关系"的满意原则、加分原则。

【情境】400 m 标准跑道的内圈如图 16 所示，其中左右两边均是半径为 36 m 的半圆弧。（注：400m 标准跑道最内圈约为 400 m。）

（1）求每条直道的长度（圆周率取 3.14，结果精确到 1m）；
（2）建立平面直角坐标系 xOy，写出跑道上半部分对应的函数解析式。

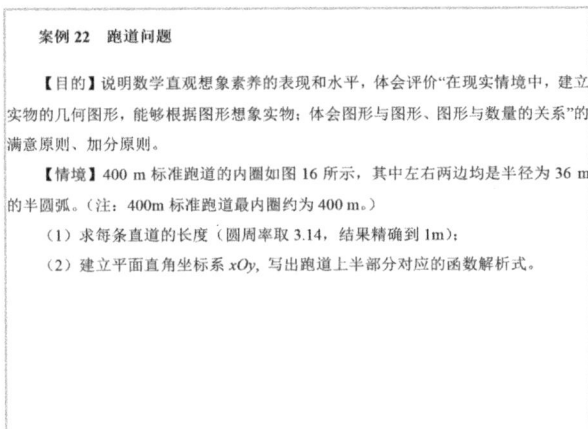

图 5 　《课程标准》附录 B 案例 22

这个题目在"三维评价标准框架"里的第一个维度应该是考查了四大主线的两大主线：函数主线和几何与代数主线；第二个维度考查了情景与问题、知识与技能、思维与表达，第三个维度我们看课标中怎么说的。

《课程标准》指出第（1）问能落实直观想象素养水平一的要求，那我们看水平一要求是什么呢？这个题第（1）问就是算一个圆的周长，正好对应图形与数量的关系、能够描述简单图形的位置管和和度量关系及其特有性质。所以，这就是达到了直观想象核心素养水平一的要求。

第（2）问是要求建系后将图形代数化，课标说这达到了水平二的要求，那水平二是什么要求呢？

直观想象水平二要求学生能够发现图形与数量的关系、掌握研究图形与数量关系的基本方法，解决实际问题或数学问题。能够形成数形结合的思想，体会几何直观的作用和意义。那学生处理第（2）问的过程中，就需要掌握图形与数量关系的基本方法，能够解决实际问题，所以，确实需要达到直观想象水平二的要求。

那这个题放到图 4 中，应该是一个（2，3，2），期中横坐标 2 指的是考查了 2 个主线的知识，纵坐标 3 指的是考查了 3 个基本要素，竖坐标 2 指的是考查到核心素养的第二层次水平。那么，这个题目肯定属于中档难度了。

（四）关于考试建议的分析与理解

《课程标准》给出的考试建议（见图 6）有三个方面。

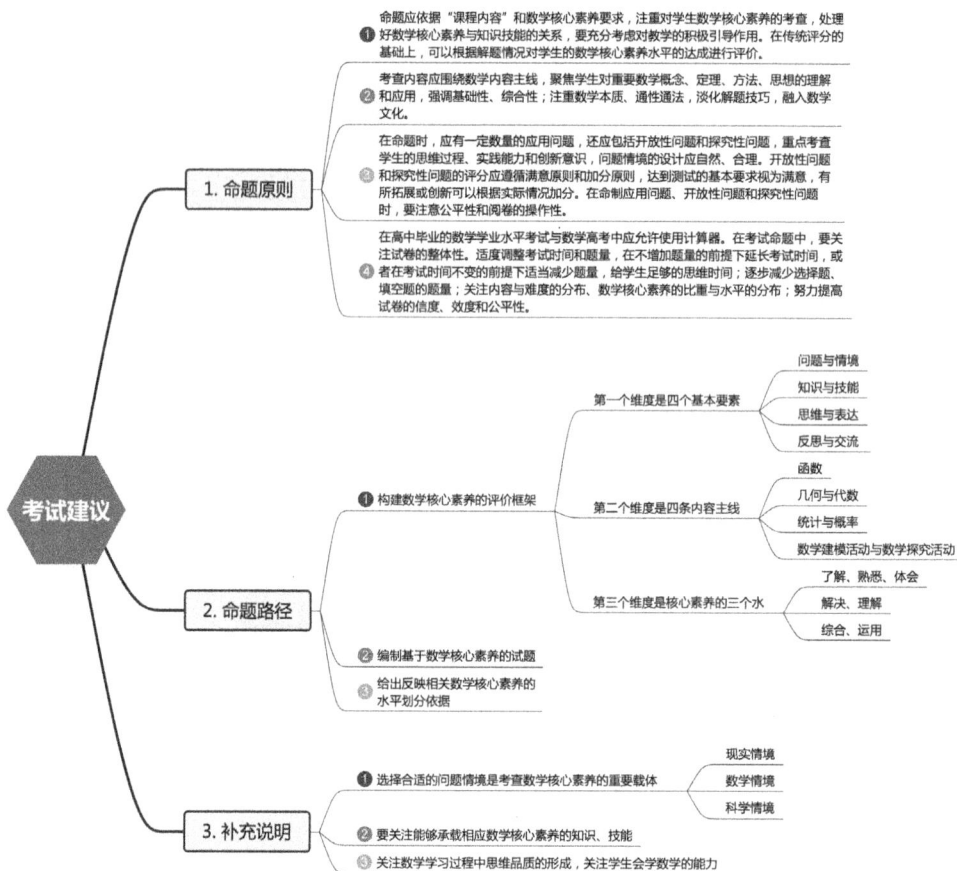

考试建议

1. 命题原则

① 命题应依据"课程内容"和数学核心素养要求，注重对学生数学核心素养的考查，处理好数学核心素养与知识技能的关系，要充分考虑对教学的积极引导作用。在传统评分的基础上，可以根据解题情况对学生的数学核心素养水平的达成进行评价。

② 考查内容应围绕数学内容主线，聚焦学生对重要数学概念、定理、方法、思想的理解和应用，强调基础性、综合性；注重数学本质、通性通法，淡化解题技巧，融入数学文化。

③ 在命题时，应有一定数量的应用问题，还应包括开放性问题和探究性问题，重点考查学生的思维过程、实践能力和创新意识，问题情境的设计应自然、合理。开放性问题和探究性问题的评分应遵循满意原则和加分原则，达到测试的基本要求视为满意，有所拓展或创新可以根据实际情况加分。在命制应用问题、开放性问题和探究性问题时，要注意公平性和阅卷的操作性。

④ 在高中毕业的数学学业水平考试与数学高考中应允许使用计算器。在考试命题中，要关注试卷的整体性。适度调整考试时间和题量，在不增加题量的前提下延长考试时间，或者在考试时间不变的前提下适当减少题量，给学生足够的思维空间；逐步减少选择题、填空题的题量；关注内容与难度的分布、数学核心素养的比重与水平的分布；努力提高试卷的信度、效度和公平性。

2. 命题路径

① 构建数学核心素养的评价框架
- 第一个维度是四个基本要素
  - 问题与情境
  - 知识与技能
  - 思维与表达
  - 反思与交流
- 第二个维度是四条内容主线
  - 函数
  - 几何与代数
  - 统计与概率
  - 数学建模活动与数学探究活动
- 第三个维度是核心素养的三个水平
  - 了解、熟悉、体会
  - 解决、理解
  - 综合、运用

② 编制基于数学核心素养的试题

③ 给出反映相关数学核心素养的水平划分依据

3. 补充说明

① 选择合适的问题情境是考查数学核心素养的重要载体
  - 现实情境
  - 数学情境
  - 科学情境

② 要关注能够承载相应数学核心素养的知识、技能

③ 关注数学学习过程中思维品质的形成，关注学生会学数学的能力

图6 《课程标准》中对考试建议的说明框架

下面我对《课程标准》关于"命题的原则"进行分析与理解。

《课程标准》指出命题内容应围绕数学内容主线，聚焦学生对重要数学概念、定理、方法、思想的理解和应用，强调基础性、综合性；注重数学本质、通性通法，淡化解题技巧；融入数学文化。这一点其实信息量很大，这就要求我们设计题目的时候，始终要围绕数学内容主线展开设计，不能明显偏离，当然，一个题目设计出来，总能和内容主线建立联系。因为主线毕竟已经涵盖了数学的很多分支了。但是，我们是给学生用的，我们的素材可以没见过，但是，不能是学生看到后完全找不到思路的素材。

《课程标准》指出命题时，应有一定数量的应用问题，还应包括开放性问题和探究性问题，重点考查学生的思维过程、实践能力和创新意识，问题情境的设计应自然、合理。开放性问题和探究性问题的评分应遵循满意原则和加分

原则，达到测试的基本要求视为满意，有所拓展或创新可以根据实际情况加分（参见《课程标准》附录 B 案例 20—35）。

《课程标准》已经指出了开放性问题和探究性问题的评分应遵循满意原则和加分原则，这两个原则是管理学中的概念，我的理解是"评分"应该遵从满意原则和加分原则，不是题目本身，也就是说，要让学生能入手，能从多条路径做这个题，各条路径有难易之分，但都可以给分。这类题目不应该成为特别难的题目，适可而止，要能起到评价的作用。

第三在高中毕业的数学学业水平考试与数学高考中应允许使用计算器。在考试命题中，要关注试卷的整体性。适度调整考试时间和题量，在不增加题量的前提下适当延长考试时间，或者在考试时间不变的前提下适当减少题量，给学生足够的思维时间；逐步减少选择题、填空题的题量；关注内容与难度的分布、数学核心素养的比重与水平的分布；努力提高试卷的信度、效度和公平性。

因为高考是个大考，变化的步幅肯定是小的，也就是小步满走，但我们从这一段可以猜想也许未来的学业水平考试会允许带计算器，甚至在未来的高考也会允许算带计算器，这样就可以让学生在计算上少丢分，多在考场上考查数学的能力和素养，达到更科学的评价目的，选拔出素养更高的人才。

这个给我们的启发是，我们在平时进行教学评价时，也要弱化计算量，增加思维量，给学生足够的思考的时间。

最后，课标在命题原则里特别之处，高考毕竟是选拔性考试，一定要起到选拔的功能。

在"补充说明"里，《课程标准》指出"数学问题是指在情景中提出的问题"，也就是说我们所选的素材里边要自然生成问题，不能是教师自己编的不符合实际情景的问题。

然后对于知识与技能，要关注能够承载相应数学核心素养的知识、技能，层次可以分为了解、理解、掌握、运用以及经历、体验、探索。在命题中，需要突出内容主线和反映数学本质的核心概念、主要结论、通性通法、数学应用和实际应用。

最后就是在命题中，应特别关注数学学习过程中思维品质的形成，关注学生会学数学的能力。命题要借助学生熟悉但是不熟练的情景，来考查学生借助自己的数学能力、数学技能、数学素养处理问题的过程，考查的是学生的思维品质，关注的是学生的数学素养。而且，题目本身计算量不大，题目本身也不难，但是，思维不灵活的学生觉得这个题目所考查的知识我不熟悉，就可能觉得自己做不出来，但思维灵活的学生就会根据自己的数学能力来解决遇到的不熟悉的问题。这就起到了考查数学主线、数学能力、数学素养的目的了。

比如《课程标准》中附录 B 案例 24（四棱锥中的平行问题），这样的素材学生非常熟悉，但是，问题设计和我们常规的立体几何证明是不一样的。

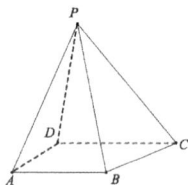

案例 24　四棱锥的平行问题

【目的】以空间中的平行关系为知识载体，以探索作图的可能性为数学任务，依托判断、说理等数学思维活动，说明逻辑推理素养水平一、水平二的表现，体会满意原则和加分原则。

【情境】如图 18，在四棱锥 P–ABCD 的底面 ABCD 中，AB // DC。回答下面的问题：

(1) 在侧面 PAB 内能否作一条直线段使其与 DC 平行？如果能，请写出作图过程并给出证明；如果不能，请说出理由。

(2) 在侧面 PBC 中能否作出一条直线段使其与 AD 平行？如果能，请写出作图的过程并给出证明；如果不能，请说出理由。

图18　四棱锥示意图

图 7　《课程标准》附录 B 案例 24

直线与直线、直线与平面、平面与平面的平行和垂直等位置关系是高中立体几何内容的重点，也是教学的难点。设计开放性问题，让学生在运用与平行和垂直的相关定理进行判断、说理的活动过程中，提高直观想象和逻辑推理素养；通过这样的活动也可以对学生达到相应素养水平进行评价。

（1）能作出平行线。具体做法是，在侧面 PAB 内作 AB 的平行线；因为 AB 与 DC 平行，依据平行公理，这条平行线也必然平行于 DC。完成这个过程，说明学生知道在平面内作与平面外直线平行的直线，需要寻求平面外直线与这个平面之间的关联，依据满意原则，可以认为达到逻辑推理素养水平一的要求。

（2）需要分别判断。如果 AD 与 BC 平行，可以参照（1）的方法作出平行线。如果 AD 与 BC 不平行，不能作出平行线；用反证法进行说理，假设侧面 PBC 内存直线与 AD 平行，可推证 AD 与侧面 PBC 平行，依据性质定理，可推证 AD 与 BC 平行，这与条件矛盾。完成这个过程，说明学生能够理解直线与平面平行的相关定理以及定理之间的逻辑关系，依据满意原则，可以认为达到逻辑推理素养水平二的要求。

三、新课程理念下的教学评价案例分析与反思

下面的评价试题是根据对新课程理念下的教学评价分析与理解的基础上设计的《2021—2022 学年度第一学期期中练习》的部分试题，作为教学评价设计案例，供读者参考，为的是能更好地突出笔者对评价设计的理解。

案例 1：设函数 $D(x) = \begin{cases} 1, & x \in Q \\ 0, & x \notin Q \end{cases}$，则下列结论正确的是（　　　）。

A. $D(x)$ 的值域为 $[0, 1]$ 　　　B. $D(x) > (3.14)$

C. $D(x)$ 是偶函数 　　　　　　D. $D(x)$ 是单调函数

【设计意图】本题考查内容应围绕函数主线，聚焦函数性质，考查学生对重要数学概念、定理、方法、思想的理解和应用，强调基础性、综合性；注重数学本质、通性通法，淡化解题技巧。

【评价反馈】

题号	题型	分值	难度	区分度	年级	
					均分	得分率 %
6	单选题	4	0.75	0.49	3.02	75.39

【评价反思】有 10.12% 的学生选择 A，采访这部分学生得知他们对函数的值域理解还停留在初中连续函数上，认为集合 {0, 1} 不能构成函数的值域。这就提醒教师在教学中要聚焦学生对重要数学概念、定理、方法、思想的理解和应用；注重数学本质，要给学生思考感悟的时间，同时，在课上要进行及时的评价，评价学生是否对基本概念的本质理解到位，而不是停留在形式上，这就要求在宝贵的上课时间，要精选素材，不要在复杂计算上花费太多的时间。

案例 2：在用"二分法"求函数 $f(x)$ 零点近似值时，第一次所取的区间是 $[3，5]$，则第三次所取的区间可能是（　　　）。

A.$[1，5]$　　　B.$[-2，1]$　　　C.$[1，3]$　　　D.$[2，5]$

【设计意图】有些关于"二分法"的试题，重计算量和计算技巧，弱化了"二分法"的本质。本题与之相反，本题弱化了计算量和计算技巧，重视考查"二分法"的本质，聚焦学生对"二分法"思想的理解和应用，强调基础性、综合性；注重数学本质、通性通法。

【学生反馈】

题号	题型	分值	难度	区分度	年级	
					均分	得分率 %
9	单选题	4	0.67	0.31	2.68	67.02

【评价反思】本题的得分率仅 67.02%，与做错这道题的学生进行访谈得知这部分学生没有理解二分法的思想和本质，仅仅会二分法的常规计算试题。这就提醒教师精选教学素材，让好的素材在课堂上激起学生思维的火花，要聚焦学生对重要数学概念、定理、方法、思想的理解和应用；注重数学本质。

案例 3：设命题 p：$x^2-2x<0$，q：$(x-m)(x-m-3)>0$，若是充分不必要条件，则实数的取值范围是 _____。

【设计意图】本题聚焦学生对简易逻辑和解一元二次不等式的理解和应用，强调基础性、综合性；注重数学本质、通性通法，淡化解题技巧。

【学生反馈】

题号	题型	分值	难度	区分度	年级	
					均分	得分率 %
13	填空题	5	0.44	0.65	2.2	43.98

【评价反思】本题考查内容围绕简易逻辑和一元二次不等式等基本概念，但是，得分率低于 50%。学生反映看着这个题很熟悉，但是在计算时却容易忽略很多条件，导致结果不正确。在教学中要重视通性通法，重视逻辑推理的提升。注重学生的"学"，让思维在课堂上真正经历、真正发生。

案例 4：已知函数 $f(x)$ 是定义在 $[1-2m, m]$ 上的偶函数，$\forall x_1, x_2 \in [0, m]$，当 $x_1 \neq x_2$ 时，$[f(x_1)-f(x_2)](x_1-x_2)<0$，则不等式 $f(x-1) \leqslant f(2x)$ 的解集是（　　）。

A. $[-1, \dfrac{1}{3}]$ 　　 B. $[-\dfrac{1}{2}, \dfrac{1}{3}]$ 　　　 C. $[0, \dfrac{1}{3}]$ 　　　 D. $[0, \dfrac{1}{2}]$

【设计意图】本题考查内容应围绕函数主线，聚焦学生对重要函数单调性的理解和应用，强调基础性、综合性；注重数学本质、通性通法，淡化解题技巧。

【学生反馈】

题号	题型	分值	难度	区分度	年级	
					均分	得分率 %
9	选择题	4	0.44	0.65	2.2	43.98

【评价反思】得分率仅 43.98%，这就说明很多学生没有理解函数单调性的本质，仅仅停留在表面，思维不够灵活。教师需要在平时教学中重视落实数学本质。注重学生的"学"，让思维在课堂上真正经历、真正发生。

四、新课程理念下的教学评价建议

"教学评价"对于教师的教和学生的学具有重要的作用。可以打个比方，教师教学就好比要在有限的时间从一个港口到达另一个港口，教师就是船长，学生就是船员，教师要在保证航速的前提下，航向应该保持在一个相对正确的方向，船员们才能顺利达到目的地；而教学评价就像航海里的灯塔，如果航向偏离了，看灯塔及时调整过来，让我们的航船不要偏离航向，浪费时间和精力。

根据对《课程标准》的分析与理解，下面给出六点教学评价建议：

建议一：摒弃过去单一的评价方式，教师应开发合理的评价工具和素材，将知识技能的掌握与核心素养的达成有机结合，建立目标多元、方式多样、重视过程的评价体系。通过评价，提高学生学习兴趣，帮助学生认识自我，增强自信；帮助教师改进教学，提高质量。

建议二：日常教学活动评价，要以教学目标的达成为依据。学业质量标准是学生自主学习与评价、教师教学活动与评价、教科书编写的指导性标准，也是相应考试命题的依据。教师应认真把握学业质量标准，做到教学和评价的精准。

建议三：教师应依据基于核心素养的三维评价框架进行试题难度的甄别，在设计日常教学考试评价试题时，试题不要太难太繁，如一套卷子有大量试题超出水平二的要去。

建议四：命题内容应围绕数学内容主线，聚焦学生对重要数学概念、定理、方法、思想的理解和应用，强调基础性、综合性；注重数学本质、通性通法，淡化解题技巧；融入数学文化。

建议五：命题应有一定数量的应用问题，还应包括开放性问题和探究性问题，重点考查学生的思维过程、实践能力和创新意识，问题情境的设计应自然、合理。开放性问题和探究性问题的评分应遵循满意原则和加分原则，达到测试的基本要求视为满意，有所拓展或创新可以根据实际情况加分。然后对于知识与技能，要关注能够承载相应数学核心素养的知识、技能，层次可以分为了解、理解、掌握、运用以及经历、体验、探索。在命题中，需要突出内容主线和反映数学本质的核心概念、主要结论、通性通法、数学应用和实际应用。

建议六：在命题时，应特别关注数学学习过程中思维品质的形成，关注学生会学数学的能力。要借助学生熟悉情景但是不熟练的角度命题，来真正考查学生借助自己的数学能力、数学技能、数学素养处理问题的过程，考的是学生的思维品质，关注的是学生的数学素养。

"双减"背景下初中英语作业设计初探

陈慧洁

中共中央、国务院办公厅于 2021 年 7 月印发了《关于进一步减轻义务教育阶段学生作业负担和校外培训负担的意见》(简称《意见》),明确要求"减轻义务教育阶段学生作业负担和校外培训负担"。从各地区相关部门到各个学校,都开始布局并实施相关政策,确保"双减"的落地,在此背景下,一线教学的优化改进也提上了日程。作业作为学生学习的重要组成部分,也是"双减"政策顺利开展的重要一环。英语在初中教育教学中占有重要地位,能够训练学生语言知识和语言技能、增强文化意识、发展学习策略、培养思维方式,对促进学生持续综合发展起到至关重要的作用。为确保学生充分掌握所学知识,适量的作业练习必不可少。而近年来,初中英语的作业布置存在一些问题,重复性、机械性、过多、缺少分层的作业已加重初中学生的学业负担。由此可见,"双减"背景下,如何结合实际情况和学科特征,科学有效地设计作业,实现学生学习的减负增效,成为广大一线教师研究的重点和探索的方向。本文从单元整体教学和核心素养培养的角度,论述"双减"政策下作业设计的实施策略。

一、相关概念解读

(一)"双减"

"双减"即减轻义务教育阶段学生作业负担和校外培训负担。中共中央、国务院印发的《意见》中对于"全面压减作业总量和时长,减轻学生过重作业负担"提出了五条建议:健全作业管理机制、分类明确作业总量、提高作业设计质量、加强作业完成指导以及科学利用课余时间，引导学校、教师、家长全方位理解并实施中小学生作业"减负"，进一步提升学校教育教学质量，作业布置更加科学合理，一年内有效减轻学生过重作业负担、三年内成效显著。

（二）作业

作业是教学过程的重要组成部分，是课内学习的延伸，帮助学生练习和巩固。国内外不同学者对于作业的定义有所不同。我国最早的教育著作《学记》中记载："大学之教也，时教必有正业，退息必有居学，臧息相辅。"教育按照时序进行，必须有正式的课业，课后休息时也得有课外练习，由此可见，此时已经有了课外作业或家庭作业的概念（高时良，1983）。哈里斯·库珀将作业定义为"教师布置给学生的、要求学生在校外时间完成的任务"（Cooper，1989）。当前，广义上的作业分为课前、课中和课后作业，狭义上的作业仅指课后作业，即课外老师布置给学生的任务，用于巩固和掌握课内所学知识。本文对作业的定义界定为课后作业。

二、当前初中英语作业存在的问题

（一）作业设计的系统规划性有待提升

目前的作业选材主要来源仍然是教辅材料，通常是根据本节课的知识点勾选一些练习，作业未进行分层，所有学生"齐步走"，导致有些学生认为题量难度大，有些学生又"吃不饱"。同时，单元内部每课时作业之间的关联性不高，更缺乏进阶性、合理的难度分布及目标分布。每课时的作业过于分散，学生不能够很好地把握和检测学习目标的达成，盲目机械地完成作业，不利于掌握学习策略，也不能很好地提升学生自主学习的能力。

（二）不能充分培养学生的核心素养

1.作业所涉认知层次单一

部分教师只关注学生语言技能的提升，而忽略了认知能力和思维能力的培养，仍然秉承着旧有观念，认为巩固学生的语言知识只有依靠不断重复记忆，所以仍然保留很多如抄写这样重复的、机械的练习。然而，学生在反复抄写的过程中，只是机械完成任务，并没有主动内化成自己的知识，更没有深入思考。这样的作业既枯燥耗时，也没有达成应有的效果。同时，机械的训练也无法满足文化意识、学习策略和思维方式等更高层次的能力的培养。有些教师坚信"熟能生巧",所以一味加大题量,希望利用"题海战术"帮助学生掌握做题方法,导致作业时间过长,学生在疲惫的状态下也无法达到相应的预期。所以,教师作业设计的观念和能力还需进一步提升。

2. 作业种类和形式较为单一

当下的初中英语作业类型通常包括:抄写背诵类作业、习题类作业(如单项选择、完形填空、阅读理解、翻译句子、完成句子、写作等),偶尔会加入主题海报制作等活动展示类作业。由此可以看出,占比最高的是书面类作业,种类较单一。且在书面类作业当中,作业涉及的能力多是以记忆、理解层次为主,很少出现培养创造性思维、批判性思维等高阶能力的作业设计。

3. 作业评价方式单一

教师对作业的评价和分析上,简单以对错为导向,注重结果性评价而忽略过程性评价。进而使得学生也往往只关注答案对错,缺乏对过程的反思,知其然而不知其所以然。作业设计应在过程上加以外化和体现,培养学生分析问题、解决问题、反思问题的能力。

三、作业设计实施策略

(一)立足于单元整体教学,加强目标性和系统性

在新课标下,教学活动是以单元学习为载体推动的,每课时的学习目标层层递进,最终实现单元整体教学目标。朱浦在"落实'双减'要求,提效作业设计"公益讲座中提到:教学设计需要包含多重要素,其中教学的关键要素包括教学目标、语用、话题和内容,为确保关键要素的落实,教学评价、教学过程、板书和作业这些相关要素也要关联其中,同时贯穿教学全程的要素还包含学科情感和学科情绪(见图1)。由此看来,教学的各个要素是相互关联、密不可分的。作业是教学整体设计中的一环,不能脱离整体教学设计而独立存在。因此,作业设计作为教学目标实现的路径之一,应以达成单元整体目标为导向,各课时作业服务于每课时的教学目标,相互关联,加强作业的目标感和系统性。

图1

（二）着力于核心素养培养，提高综合人文素养

《义务教育英语课程标准（2022年版）》（简称《课程标准》）指出，英语教学要培养学生的核心素养，包括：语言能力、文化意识、思维品质和学习能力等方面。语言能力是核心素养的基础要素，文化意识体现核心素养的价值取向，思维品质反映核心素养的心智特征，学习能力是核心素养发展的关键要素。四个方面相互渗透，融合互动，协同发展。英语作业作为英语教学工作必不可少的一部分，每一个设计环节都要着力于培养学生综合语言运用能力，提升核心素养。由此可见，作业设计要是想要培养核心素养，必然要做到作业分层的精准化、作业类型的多样化和作业功能多元化，并对作业进行有效的评价和检测。

1. 作业分层精准化

《课程标准》中明确指出，教师应充分了解学生不同的学习经历、学习水平和学习风格，尊重学生的个体特点，充分发挥学生不同潜能，因材施教。作业要做到科学分层、量身定制，就要实现学生的精准分层。而传统的作业分层往往只是单纯根据学生的成绩，按照作业题量大小、题目难易等维度进行分层，这样的方式过于笼统，没有充分考虑学生的个体差异。不同成绩的学生学习方式、态度各有不同，而成绩相似的学生同样存在学习能力、经历的差异。如果仅仅按照分数标准划分，难免会造成"一刀切"的局面，不利于从根本上解决学生个性化的需求。成绩不好的学生，有的是学习非常用功，只是缺乏正确的学习方法，导致事倍功半；有的却是因为惰性强，不愿意勤加练习，导致一知半解，对知识掌握不熟练。而有些成绩较好的学生，应试类题目得心应手，但是遇到了创新型、拓展性的问题，仍然一筹莫展。有些学生渴望有更多自主发展的空间。诸如此类问题，都不能仅从成绩高低这一单一维度简单处理。

笔者认为，除了成绩因素之外，应从学习态度和认知层次给每层学生进行"学生画像"，详见表1，其中学习态度的划分是根据笔者教学实践和观察总结得出，认知层次的划分参考了布鲁姆教育目标分类在认知过程维度的划分。

表1

层级	学习态度	认知层次
A层	勤于思考，认真刻苦，能够高质量完成学习任务	在达成初级认知（记忆、理解、应用）基础上，达成了高级认知（分析、评价、创造）
B层	能够在监督下高质量完成相应学习任务，但稍有惰性和拖延，不够独立自主	达成初级认知（记忆、理解、应用），并达成部分高级认知
C层	惰性较强，需要反复督促才能完成学习任务，任务完成质量欠佳	达成初级认知（记忆、理解、应用）
D层	惰性较强，且未能掌握所学知识，难以完成学习任务，需要时刻监督引导	未达成初级认知（如记不住知识要点、机械记忆后无法理解应用等）

大部分情况下，学习态度和认知层次是正相关的，学习主动认真的学生往往能够很好地理解应用所学，并乐于思考，擅于分析问题、解决问题。但是，需要说明的是，在有些情况下，学习态度和认知层次也会出现不对等的情况，比如上文提到的，有些学生学习态度很好，但是认知层次仍然停留在初级阶段，甚至有些学生学习非常自觉用心但是方法不对，导致记忆无法理解和应用。所以，表1学习态度和认知层次的层级可以排列组合，组成更多、更精细的学生画像。

精准分析、划分学生类型之后，就可以对症下药，设计不同的作业了。针对不同的认知层次，可设计不同类型的作业，以便帮助学生更有效地掌握所学，并在能力方面有所提升，提升认知层次和学习能力，具体设计策略将在后文详细论述。针对不同层次的学习态度，可设计相应的"作业自检单"，伴随作业一起发放给学生，叮嘱学生与作业一同上交。A层学生主动性较好，故在告知作业内容和预设时长后，叮嘱其按时按量完成即可，无须发放自检单；B层学生自主性稍弱，但是基本能够完成任务，只是无人监督时容易拖延，故只需告知其作业预设时长，让其定时完成并记录自己的作业时长，提升其学习效率；C、D层学生除了自主性较弱、易拖延之外，对于知识的记忆和理解往往也是阻碍其作业完成的因素，所以在自检单中，除了让其计时完成作业之外，还增加知识点掌握情况自检部分，促使其主动唤起学习记忆，并及时回顾和反思课堂所学，有助于增强其自主学习的意识；D层学生的自检单还会增设"列出作业中不会做、不确定的题号"一项，便于老师后续有针对地教学反馈。具体呈现如表2所示。

表 2

层级	学习态度	"作业自检单"罗列条目举例
A层	勤于思考，认真刻苦，能够高质量完成学习任务	无须发放
B层	能够在监督下高质量完成相应学习任务，但稍有惰性和拖延，不够独立自主	作业时长： （1）平均时长：15分钟； （2）我的时长：_____分钟；
C层	惰性较强，需要反复督促才能完成学习任务，任务完成质量欠佳	1. 作业时长： （1）平均时长：15分钟； （2）我的时长：_____分钟； 2. 作业知识点来源： （1）语法－名词的数：课本第33页 （2）词汇：课本单词表第6单元 3. 知识点掌握情况： （1）语法－一般现在时：完全掌握（是/否） （2）词汇：完全掌握（是/否）
D层	惰性较强，且未能掌握所学知识，难以完成学习任务，需要时刻监督引导	1. 作业时长： （1）平均时长：20分钟； （2）我的时长：_____分钟； 2. 作业知识点来源： （1）语法－名词的数：课本第33页 （2）词汇：课本单词表第6单元 3. 知识点掌握情况： （1）语法－一名词的数：完全掌握（是/否） （2）词汇：完全掌握（是/否） 4. 请列出作业中不会做、不确定的题号_____

自检单可以让学生养成主动思考、及时反思的习惯，进而加强对认知策略和调控策略的培养，使学生能够明确学习重难点、调整学习方法和策略。同时，老师也可通过学生在自检单中的反馈，了解不同学生的学习进展，不断调整教学策略、作业内容和作业容量，高效、有效地实现教学目标。

2. 作业类型多样化、功能多元化

作业是学生开展自主学习活动的重要载体，是为完成学习既定任务而进行的活动，具有巩固与延伸、检测与反馈的作用。朱浦在"落实'双减'要求，提效作业设计"公益讲座中提出：作业的内在本质是承载了思维的发展，在教学形态上注重学习指导，让学生的学习方式走向真实深度，引导学生迁移运用学科知识。根据新课程目标结构，作业的主体指向可分为：内容（任务内容、话题内容）、技能（听说读写技能和思维技能）、语言（已知语言、新知目标语言、拓展语言）、文化与情感（中外文化理解、情感体验）。作业的功能可分为：复习功能（帮助学生整理、巩固所学内容）、引导功能（为学生提供思路与方法指导）、应用功能（要求学生应用课上所学内容解释习题与解决问题）、拓展功能（安排学生联系课上所学内容进行拓展性学习与研究）、反馈功能（促进教师及时了解学生学习情况）、预习功能（根据学生已有认知和学习内容，引导学生准备新的学习内容）。作业的不同功能可延伸出不同的作业类型，包括：实践性作业（巩固学习、帮助学生掌握特定技能），具有复习、引导、应用功能；准备性作业（介绍即将学习的内容，设置预习思考），具有预习功能；拓展性作业（在新情境中应用已获得的技能，实现问题解决），具有拓展功能；创造性作业（在一个任务中应用许多不同的语言技能和思维技能），具有拓展功能。

课后作业设计，可根据布鲁姆认知分类法，结合上述分类方式和新课标综合语言运用能力包含的文化意识、情感态度、学习策略、语言技能、语言功能等维度进行分层、分类设计。以下针对不同认知层次的学生，罗列了不同类型的作业设计（本文只讨论课后作业部分，不包含准备性作业和课中作业）。

（1）实践性作业

实践性作业内容多为复习巩固课上所学，帮助学生熟练、灵活运用相关语言技能，涉及的认知水平相对初级（记忆、理解、应用），对于上述分层的A、B、C层的学生来说，是可以顺利完成的。但是对于D层学生来说，他们在理解知识内涵、举一反三的层面上，通常是有困难的。具体表现形式为处理题目时缺少步骤和章法，一旦问题设置稍加灵活，往往会失去方向，连蒙带猜。这就意味着他们语言技能相对缺少，并且没有具备良好的学习策略帮助其提升语言技能，根据《课程标准》，初中阶段学生应在学习中善于记要点，在学习中善于发现语言的规律并能运用规律举一反三，形成良好的认知策略。所以，在作业设置上，应增加相应的小提示，用外力引导、推动学生的认知策略的形成。

例如，传统的语法类单项选择题只是让学生写出一个选项，但是没有外化出答案得来的过程，D层学生通常会直接凭直觉蒙出一个答案，达不到巩固知识的目的。所以，给他们的作业中可以呈现一个"做题思路"，通过半开放的提示语，引导他们形成正确的方法。以人教版七年级上册 Unit 6 的一道语法作业题为例：

His friends _____ pears very much.

A. likes   B. like   C. doesn't like   D. don't likes

> 做题思路
> ① His friends 为（复数/第三人称单数），故排除 _____。
> ②助动词后加动词 _____ 形，故排除 _____。
> ③本题选 _____。

如上所示，通过填写做题思路，学生能够明确作业考查的重难点，找出自己知识的漏洞所在，逐步形成认知、调控策略，助力对内容的记忆、理解和应用，进而提升语言技能和语言功能。相应地，教师也能从学生对做题思路的把控中了解重难点的掌握情况，评价的对象也从单一的答案变成了学生思考和学习的过程。需要注意的是，完成做题思路会耗费一定时间，所以 D 层学生的作业题量应相应减少，在精不在多。而其他层次的学生可以适当增加题量，确保熟练掌握。

（2）拓展性作业

拓展性作业意在让学生在新的情境下迁移所学知识，建立新的思考，在巩固学习内容的基础上，进一步充分学生的文化意识、思维品质、分析和解决问题的能力。

拓展性作业的选材非常广泛。可以是老师根据单元话题选出的延伸类材料，如补充阅读、补充写作等，也可以是让学生根据已有知识，自主查找相关资料，并进行整合、加工、分享。拓展性作业的形式也非常多样。可以学生独立完成，也可以设置成小组分工合作完成；若设置展示环节，可以班级为单位，也可以在年级等更大范围中展示和讨论，增进交流和思维碰撞。

需要明确的是，拓展性作业并不是只有达到高级认知的学生才能参与，提升综合能力是面向全体学生的，每个人都会得到认知层面和技能层面的提高和收获。不过，要确保全体学生都能学有所获，就要在作业设计上充分考虑各层学生的能力水平，设计出符合当前学生认知水平的作业内容。

以人教版七年级上册第 7 单元的拓展阅读作业为例。

本单元的主题是"购物"，核心任务是通过单元话题教学，引导学生树立正确的消费观念。这个大主题下分为三个子任务，共 6 课时，具体如表 3 所示。

表3

单元主题：购物－树立正确消费观				
任务	课时	课型	内容	目标
任务一：进行购物对话，买到心仪的商品	第一课时	听说课	1. 句型 How much... 2. 衣物名词、颜色、大小长短、指示代词	听懂购物场景对话，模仿输入语言围绕衣物价格简单语言输出。
	第二课时	听说课	1. 句型 How much... 2. 单复数名词与 be 动词搭配 3. 答语中代词与 be 动词的使用 4. 指示代词、颜色形容词、衣物名词的搭配	操练语言、锻炼记忆能力。
	第三课时	听说课	1. 句型 How much...; I like... 2. 基数词 10—31	复习新学的基数词，巩固就价格进行问答的句型。
任务二：书写广告，成功卖出商品	第四课时	精读课	获取细节信息、提炼广告中用语宣传促销的结构和表达	训练抓关键信息的能力；深入理解语篇；运用本单元目标语言。
	第五课时	写作课	广告组成部分、写作步骤、细节添加	广告写作。
任务三：探索 Lenny 的购物历程，树立正确消费观	第六课时	泛读课	《典范英语》Jungle Shorts	扩展阅读，综合运用知识储备和学习策略。

　　其中，最后两个课时为拓展阅读课，在单元的整体教学上起到拓展和深化的作用。语篇选取了《典范英语》Jungle Shorts 这篇故事，主要讲述了主人公 Lenny 和母亲为下周足球课购买所需短裤的经历。该语篇从语言角度是对话题词汇表达的延展和扩充，从思维角度是对学生认知的一种提升，让学生进一步树立正确的消费观念，深化了单元的主题意义，在学生对语篇层层递进的学习中，蕴含着对信息的获取—理解—内化—应用。作业目标和课程目标一脉相承，引导学生进一步梳理故事逻辑、提炼重要信息、深入思考文章传递的文化思想内涵。由于班级中学生认知水平、语言技能存在差异，所以在作业设计中也体现了相应的分层。作业有两项，学生根据自身情况和喜好选择其中一个，具体如表4-1、表4-2所示。

表 4-1

作业一：Summarize the story		
学生层次	作业内容	评价标准
A 层	绘制整篇故事思维导图并复述	1. 呈现文章逻辑框架 2. 呈现关键信息（who, what, when, where, how） 3. 表述精简、准确 4. 版式美观
B 层	选择一个章节，绘制思维导图并复述	1. 呈现章节逻辑框架 2. 呈现关键信息（who, what, when, where, how） 3. 表述精简、准确 4. 版式美观
C 层	概括故事大意	1. 逻辑清晰 2. 呈现关键信息（who, what, when, where, how） 3. 语言准确
D 层	根据提示问题，概括故事大意	1. 逻辑清晰 2. 呈现关键信息（who, what, when, where, how） 3. 语言准确

表 4-2

作业二：What can you learn from the story? Share your idea.		
学生层次	作业内容	评价标准
A 层	写出你从故事中得到的感悟，不少于100 词。	1. 能够基于文章内容提炼相关道理和情感 2. 逻辑清晰，有理有据 3. 论述翔实 4. 语言准确
B 层	写出你从故事中得到的感悟，不少于60 词。	1. 能够基于文章内容提炼相关道理和情感 2. 逻辑清晰，有理有据 3. 语言准确
C 层	写出你从故事中得到的感悟，不少于三句话。	1. 能够基于文章内容提炼相关道理和情感 2. 逻辑清晰 3. 语言准确
D 层	写出你从故事中得到的感悟，可参考下列表达，字数不限。	1. 能够基于文章内容，根据提示信息提炼相关道理和情感 2. 语言准确

作业一旨在培养学生运用语言知识和语言技能，在理解的基础上，分析、应用、表达，进而培养综合语言能力。作业二侧重于帮助学生把握情感态度和增进文化意识，深入思考、分析、评价。根据不同层学生特点，可进行适当降难处理，评价方式也做出相应调整，确保每个人都能勇于尝试，积极完成任务，有所收获。

（3）创造性作业

相比于拓展性作业，创造性作业更能体现学生核心素养和综合运用语言的能力。创新性作业包括作业形式创新、内容创新和完成作业方式的创新。在内容和形式上，充分调动学生包括听、说、读、写在内的多重语言技能，包含多维度语言知识和学习策略的运用，把情感态度和文化意识渗透其中。在完成方式上，可以个人完成，也可以合作完成，或以演讲、辩论赛等形式完成。例如，在人教版七年级上册第六单元"Do you like bananas?"，单元主题旨在引导学生树立健康的饮食观念，本单元的作业可让学生查找健康饮食的相关资料，分工合作，设计出一周的健康食谱，也可以让学生对比中西方饮食的区别，撰写调查报告；第七单元"How much are these socks?"，话题围绕"购物"展开，可让学生模拟经营店铺，运用所学表达和技巧模拟买卖过程，贴近生活，增强参与感和趣味性；第九单元"My favorite subject is science."，话题围绕"学校课程"展开，可让学生在单元末设计自己理想的课程表或创造出新的科目。

此类作业应关注学生创造性思维、批判性思维的培养，在评价环节侧重于学生的思维品质，对于语言的准确性可相对放宽，鼓励学生多参与、多表达、多展示。

四、小结

本文从作业设计的角度，初步探讨了"双减"背景下学生高效学习的相关策略。摒弃固化的作业理念，通过多样化、多层次的作业设计，能够让学生快乐学习，激发英语学习的兴趣和动力；提升学生综合素养，促进学生全面发展，使其拥有科学的学习习惯和良好的学习能力，引导学生形成健康向上的情感与价值观；构建良好的教育环境，使得初中英语教学更具活力。

中学在线课堂管理的挑战与对策

——以初中英语教学为例

魏玮琳

引　言

2020 年初的新冠肺炎疫情，打乱了正常的中学教育进程。教育部及时提出了"停课不停学"的指导性要求，引导中学利用网络平台有序开展教学活动。这是人类教育史上最大规模的社会实验，而前沿科技在其中发挥了重要的作用。对于传统中学课堂教学来说，这种转变给教师和学生都带来了挑战，为此，本文将根据相关文献及教学实践，梳理中学在线课堂面临的主要挑战，并就如何解决这些挑战给出思考。这一研究对完善中学在线课堂教学思路，改进教学策略，有积极意义。

一、中学在线课堂发展的历史沿革

中学在线课堂兴起于北美，最早的项目出现在加拿大，而最成功的两个项目康科德联盟（Concord Consortium）和佛罗里达虚拟学校（Florida Virtual School）来自美国，这两个项目一直持续至今。推动北美 K–12 在线教育的技术条件包括 20 世纪 70 年代之后个人电脑的出现以及 90 年代之后兴起的互联网。而到 2000 年之后高速的网络才使得广泛的 K–12 教育变得可能。从 20 世纪 90 年代主要是大学开始尝试在线教育，到随后不久政策制定者也转向 K–12 在线教育。

中国的中学在线课堂也由计算机技术驱动，20世纪90年代已有初步探索，主要是广播电视及录像等形式；2000年之后，教育数字化开始出现，主要形式是远程教学，把课程录制成视频，通常以光盘为载体进行传播，但受限于互联网带宽，互联网传播的课程未得到充分重视；2010年之后，以视频课件为主要形式，以互联网为传播媒介的在线教育开始兴起，"互联网＋教育"的形态初步形成，中学网校、学习社区等开始出现，随着移动互联网的进步，基于移动网络的直播课堂也逐渐发展。

二、中学在线课堂管理面临的主要挑战

在这场公共卫生危机中，互联网科技企业为中学教育提供了在线课程平台。经过了一段时间的在线教育实践，互联网教学的便捷性优势尽显，但是也出现了一些新的问题。其中最直接的挑战是：教师如何实现在线课程的课堂管理？相较于传统的线下课堂，在线课堂不易把握学生的课程状态，进而做出有针对性的课程管理。在线课程管理面临的主要问题有三个。

（一）学生注意力问题

如何确保学生在课程中认真听讲？在线课堂中学生的注意力要靠学生自觉，由于很多家长也难以对学生的网络进行全程监督和陪伴，于是一些学生出现了假装学习的现象，如在镜头之外玩游戏等。中学生处于心智、身体快速发展的时期，这种生理阶段决定了其多动、自我管理意识不足等特征，如果没有了教师的实时约束，难以保证他们专注投入在线课堂的学习。

（二）师生互动问题

如何让学生主动提问及为学生解惑？师生互动存在着三个方面问题：一是缺少情意互动和行为互动；二是缺少深层次互动，由于无法面对面沟通，屏幕和网络导致了学生和老师之间的距离感；三是课堂中主要是"控制—服从"的单向型互动，缺少学生之间的互动。

（三）课程效果问题

学生是否能够理解课程内容？在传统课堂中，教师通过观察学生表情和反应可以实时了解学生对课堂内容的掌握情况，并进行调整。而在线课堂的教学中，教师很难通过摄像头实时具体地看到每位学生的学生状态，尤其是录课教学更是难以得到及时反馈，使得教师难以做出针对性的应对和调整。

三、中学在线课堂管理的应对策略

经过一段时间的教学探索和经验总结，以及查阅了相关文献资料，笔者认为解决在线课堂管理的关键在于让学生及时反馈课程状态，避免松散的家庭环境干扰，通过调动学生在整个课程过程中的积极性，让学生成为课堂的主动参与者，教师成为辅导者。在这一思路的指导下，目前笔者形成了一些经验做法（见图1）。

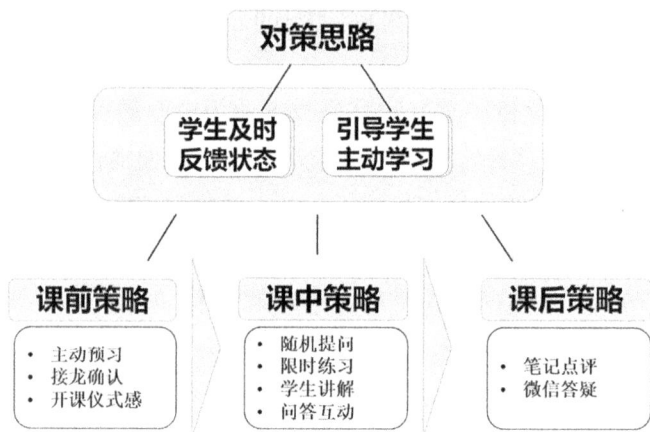

图1 中学在线课堂管理的对策

（一）课前策略

课前策略的目标是让学生尽快进入学习状态，借助互联网的实时交流特征，实现老师对学生的远程引导。具体措施包括：（1）要求学生提前接龙确认正常进入在线课堂，如有问题及时解决；（2）提前发送课程内容，让学生主动预习；（3）宣布课程开始，强调课程要求，营造课程开始的仪式感。

（二）课中策略

课中策略的目标是保证学生的注意力和投入度，调动学生参与课堂的积极性，顺序实现教学设计。具体措施包括：（1）通过随机提问学生问题，限时练习，让学生保持课堂的注意力和投入度；（2）预留提问与答疑时间，形成在线的师生互动；（3）要求学生讲解课文或习题，调动学生参与的主动性。

（三）课后策略

课后策略的目标是实现教师对学生的个性化帮助，根据学生作业与问题，进行个别的交流。具体措施包括：（1）要求学生将上课笔记拍照上传并点评，对学生课程效果形成监督，树立优秀典型；（2）采用微信单独答疑，及时为学生解惑，不仅节约了课堂讲作业的时间，提升了课堂效率，而且有助于缓解学生在课堂中提问的心理压力，增强了学生的提问意愿。

四、基于在线课堂管理策略的教学案例

下面以"中考阅读专题复习五（推理判断题）"为例说明在线课堂管理的具体实践。推理判断题是中考阅读理解中常考题型，主要考查考生对文章中的内容及作者的思路作出合理的判断和推理，具有较强的技巧性。本节课采取腾讯课堂和微信群两种教学平台相结合的方式。

策略实践（一）：将课前预热与接龙确认相结合

在课前5分钟，让学生在微信群看一小段教师自己录制的有关推理判断题的解题技巧，如常见的设问方式有"What can we learn from the passage？ /From the passage, we can learn that.../The writer probably agrees that.../We can infer from the passage that.../"；选项信息常见的错误方式有断章取义、以偏概全、曲解原意、张冠李戴等；针对作者的态度、语气、风格、倾向进行判断；这一类题考生往往可以从文中的首段或者尾段得出答案；等等。时间大约5分钟，请看完视频的同学接龙，当最后一个同学接完龙，就宣布"今日课程开始"，提示让每个学生进入正式上课状态，排除家里其他事物的干扰。

策略实践（二）：环环相扣设问并随机提问

这里课程管理的关键策略是：通过环环相扣的问题引导学生思考，并通过随机提问集中学生的注意力。接下来让学生进入腾讯课堂，教师以北京西城区2019—2020初三第一学期期末考试试卷的D篇阅读为例，教学生如何在实践中运用课前视频里提及的方法。

教师：首先看D篇的几个题，请大家思考哪几个是推理判断题。然后随机点同学回答。学生能找出是32题。

教师：请大家看32题的题目，"What can we learn from the passage？划出关键词是passage"，范围太广。所以判定我们需要从选项里来进一步判断关键词。

教师：首先看A选项"Students should be encouraged to have a time

off for a vacation after high school"，请大家找出关键词" have a time off for a vacation"并定位到原文信息第一段最后一句话和 A 选项里的"vacation"相矛盾，从而排除 A 选项。

教师引导学生如何排除 A 选项以后，让学生去看其他三个选项，找关键词，并定位到原文信息，并翻译。每一个环节都随机点不同的同学回答，让同学们一节课都处于紧张状态，谁都有可能被点到。

策略实践（三）：限时完成练习与学生"做教师"讲解

接下来是练习过程，在腾讯课堂里进行。教师事先准备北京 2019—2020 初三第一学期期末考试试卷西城 C 篇、朝阳 CD 篇阅读让学生练习。要求学生 8 分钟完成每篇文章的阅读并完成相应的推理判断题，然后让学生来说出答案并讲解自己的做题思路。因为在此期间学生并不知道标准答案，所以其间引发了学生的大量思考，让教师了解了学生的易错点。这些易错点包括：（1）学生在读文章时很容易带入自己的感情和想法，所以在选择正确答案时候没有完全基于文章的本意从而会出现偏差；（2）学生在一些长难句的理解上也存在一定的偏差。大家的讨论也让课堂异常活跃。

策略实践（四）：笔记监督管理与个别答疑

下课前一到两分钟，让学生把本节课的笔记或者学案拍照发到微信群里。教师表扬笔记做得好的同学，通过上传笔记和点评，实现对学生听课效率的监督，并让学生自己也感到有所收获，而那些不太会做笔记的同学也能从笔记优秀的同学那里直观地学到做好笔记的技巧及自己未重视的课程内容。作业布置后，整堂课到此也正式结束。为了节约课堂的时间，保证课堂的高效率，学生将完成的作业单独用微信私信教师，教师及时批改并单独讲解错题，在此过程中教师也进一步地了解到学生错题的思路，这一点在平时的面授课堂里有时很难做到，毕竟不能听取每一个同学的想法。而且这种逐个答疑讲解的方式虽然对于教师来说比较费时费力，但是对学生来说其实效果更好，也对在线课堂教学提供了很好的补充。

五、讨论与反思

在线教学实践的大规模开展，为中学教育创新探索与教学方式改革提供了一次难得的契机。本文从在线课堂管理存在的问题切入，通过理论和实践的结合，对在线趋势下的未来中学教育进行了以下讨论和反思。

（一）在线课堂赋予学生更多的主动权

相较于传统课堂，在线教育弱化了教师的权威角色，给课堂管理带来了挑战。但笔者在采取上述课程管理措施中意外发现学生自己在讲解课文和习题时，常常引发其他学生积极的参与与讨论，课堂气氛活跃。这可能是由于，教师权威角色的弱化促使课堂管理从"科层化"转变为"扁平化"，教师从知识的灌输角色转变为整个课堂讨论过程中的共同参与者。

（二）教师由"传教士"转变为"助产士"

在传统的中学课堂中，教师的角色类似于传教士，把自己理解的知识传递给学生，教师与学生之间存在着知识的势能差，知识从教师所处的高处流向学生所处的低处。而在线课堂中，学生可以轻易在网络上搜索到所需的知识，教师的知识权威性受到挑战，在线学习模式也将从被动接受式学习向主动探究创造性学习转变，而教师的角色也应该转变为苏格拉底所说的"助产士"，即教师应以启发的方式，让学生自己去获得真理，得出结论，而不是把已有的知识灌输给学生。传教士模式与助产士模式的根本区别是前者忽视学生的自主学习能力，而后者相信学生能够自己获得知识，并辅助学生获得知识。因此，前者是以教师为中心的教学模式，而后者是以学生为中心的教学模式。

（三）在线教学仍不能替代传统课堂

笔者在采用上述课堂管理措施后，学生上课的投入度和教学效果有了显著提升。但笔者认为，在线课堂仍然不能替代传统课堂，主要理由有三点：（1）无法实时捕捉课堂细节，做出精准应对。在线教育更适合大规模的课堂，而小班教学的优势在于实时观察、实时反馈、适时调整，在这方面，目前的在线教学还不能媲美传统课堂。（2）缺少丰富的情感传达与沟通。传统课堂中教师对学生的情感传达是正常教学活动中的重要部分，比如用微笑、点头认可等肢体语言等方式鼓励学生；而在线课堂通过语言、网络表情、半身视频等方式无法传达教师的全部情感信息。（3）课程互动受到一定程度的限制。如学生的小组讨论不易开展，问答受限于网络条件，经常出现延迟，这些问题也许可以通过进一步完善在线教学的软件、基础硬件设施得以改善。

问题驱动线索的高中物理概念建立
——以"速度变化快慢的描述——加速度"为例

梁吉峰

  问题驱动是指教师在开展教学时，结合相关教学内容以及课程标准，有针对性地将教材内容设置成一系列的"探究性问题"来辅助课堂生成的教学模式。设置问题的依据主要是根据高一新生的物理认知水平和学生的学习兴趣，相关问题循序渐进并且合理"进阶"。本文提及的"问题驱动线索"是一种使用在课前预习环节的问题驱动线索：在课前，学生在预习学习内容的过程中，结合老师事先编制的"问题驱动线索"进行初步思考，初步达到理解基本内容并且锁定感知和理解的"弱点"。在课堂教学过程中，教师还会在预习的基础上进一步提问或者追问更加深入的一系列问题，旨在引发学生的更加全面而深刻的思考。教师力图通过上述"基于问题驱动的"教学模式以及特定环节课堂呈现方式的改进，来帮助学生能够更加积极而深入地参与课前和课中的整个学习过程，践行旨在培养学生物理核心素养的教学理念。

  2020 年修订的高中物理课程标准中对加速度的要求如下：理解位移、速度和加速度；结合加速度概念的建构，体会物理学中的抽象思维。学生初中丝毫没有涉及加速度，更缺乏生活中的感性认识，非常抽象，这就导致学生将很难在短时间内构建概念，这是本节教学的难点。赵凯华教授指出："加速度这个概念由伽利略首先提出，这是人类认识史上最难建立的概念之一，也是每个初学物理的人最不易真正掌握的概念。"我们尝试通过问题驱动的方法，帮助学生完成一个分阶段构建加速度这个概念的思维过程，初步培养学生的高中物理核心素养之科学思维。

一、课前预习："问题驱动线索"的提出

加速度概念是高一乃至整个高中阶段物理学习的一条暗线，它将贯穿整个高一的物理学习，还常见于高二和高三所学的电磁学运动过程。请大家重视加速度概念的学习，并在以后的学习中逐渐加深理解。请你首先阅读教材，然后回答下面问题：

1. 为什么要引入这个物理量？（或者：引入加速度这一物理量有必要吗？）

2. 教科书上说加速度是描述物体的什么运动情况的物理量？它的定义式是怎样的？

3. 加速度是矢量还是标量？若为矢量，方向是怎样规定的？迄今为止，我们还学过哪些矢量？

4. 加速度的国际单位是什么？这个单位你是怎样理解的？你能流畅地说吗？你能流畅地写吗？

5. 请你尝试说说：速度、速度变化量和速度的时间变化率的物理意义分别是什么，并举出相应的实例。（挑战：是否还存在一种"另类的"速度的变化量和变化率）

6. 请你仿照加速度的定义列举出一个生活中的实例，并且定义一个对应的量。

7. 有人说"物体具有加速度，它一定做加速运动"，你认为对不对，请说明理由。

8. 有人说"物体的加速度越大，其速度也越大"，你认为对不对，请说明理由。

9. "物体速度为零，但同时加速度不为零"，这种运动状态可能存在吗？

10. 一个物体运动中的加速度是 6 m/s^2，请你解释一下这个加速度的含义。

11. 请你分别用位移、速度和加速度的概念，分析某种体育运动中的现象。各举一个例子。

12. 请你通过比较说一说：加速度的定义方法与速度的定义方法的共同点和不同点。

13. 从 $v\text{-}t$ 图像中，我们能够直接或者间接地得出哪些信息？$v\text{-}t$ 图像表示的是不是物体的实际运动过程？

14.怎样用 $v-t$ 图像表示物体做加速直线运动、反向加速运动、正向减速直线运动、反向减速直线运动？怎样表示加速度的大小？

二、课堂的起点

通过传感器和光电门的演示实验，来帮助学生感知到"不同中的相同"，并且帮助学生意识到研究上述"不同中的相同"是必要的。

设计意图：在一个轨道上随机选 6 个不同位置，固定 6 个光电门，通过光电门记录挡光时间，可以得到小车在轨道上 6 个不同位置的速度。随机选出两个光电门，算出两个光电门之间速度的变化量和速度的变化率，然后通过引导学生寻找"藏在"不同的位置和速度数据中的相同的物理量这一全新的感知和理解的角度，来帮助学生思考这个物理量的物理意义是什么，初步帮助学生建立加速度概念。

（一）实验器材

小车（含宽度为 1.5cm 的挡光片），轨道，6 个光电门；数据采集器，其一端与光电门相连，一端与电脑相连。实验装置如图 1（正面图）和图 2（侧面图）所示。

图 1

图 2

（二）实验数据

实验数据如表 1 所示。

表 1

挡光时间 t	t_1	t_2	t_3	t_4	t_5	t_6
	0.044	0.035	0.030	0.026	0.023	0.022
速度 d/t	d/t_1	d/t_2	d/t_3	d/t_4	d/t_5	d/t_6
	0.342	0.424	0.492	0.584	0.650	0.691
速度变化量 Δv	v_3-v_2	v_4-v_2	v_4-v_3	v_5-v_2	v_5-v_3	v_6-v_3
	0.068	0.159	0.091	0.226	0.158	0.199
光电门之间的时间 ΔT	T_3-T_2	T_4-T_2	T_4-T_3	T_5-T_2	T_5-T_3	T_6-T_3
	0.27	0.55	0.28	0.8	0.53	0.76
速度变化率 $\Delta v/\Delta T$	$(v_3-v_2)/(T_3-T_2)$	$(v_4-v_2)/(T_4-T_2)$	$(v_4-v_3)/(T_4-T_3)$	$(v_5-v_2)/(T_5-T_2)$	$(v_5-v_3)/(T_5-T_3)$	$(v_6-v_3)/(T_6-T_3)$
	0.3	0.3	0.3	0.3	0.3	0.3

（三）实验数据分析

思考下列问题：

问题 1：小车依次通过每个光电门的挡光时间怎么变化？

生：挡光时间越来越少。

问题 2：小车依次通过每个光电门的速度怎么变化？

生：速度越来越大。

问题 3：小车通过随机两个光电门的速度变化量有没有规律？

生：没有规律。

问题 4：小车通过随机两个光电门的时间间隔有没有规律？

生：没有规律。

问题 5：小车通过随机两个光电门的速度变化率有没有规律？

生：在误差允许的范围内，变化率等于 0.3。

师：为了便于高一的学生快速寻找规律，速度的变化率这组数据取了一位有效数字。

设计意图：演示实验之后，通过引导学生比较小车的速度，小车在随机的两个光电门之间速度的变化量，小车在随机的两个光电门之间速度的变化率，来帮助学生发现速度的变化率果然是"隐藏在"不同的速度和速度的变化量的内部的"不同中的相同"，从而帮助学生意识到研究上述"不同中的相同"可能会是一件有意义的事情，这就是科学探究的真谛。既然小车的速度变化率不变，那么就需要寻求一个新物理量来描述这种性质，这就是加速度。通过学生亲自观察演示实验并且亲自分析数据的过程，培养学生的科学探究精神，逐渐形成严谨认真、实事求是的科学态度。

问题 6：小车若经过相同的时间，速度的变化量会怎样？如表 2 所示。

表 2

时间 t /s	0	1	2	3	4	……	
速度 v（m/s）	0	0.3	0.6	0.9	1.2	……	
时间 t /s	1	2	3	4	5	……	
速度 v（m/s）	7	14	21	28	35	……	
时间 t /s	1	2	3	4	5	6	……
速度 v（m/s）	99	79	59	39	19	−1	……

设计意图：通过表格 2 中几个实例的数据（其中第一组数据就运用演示实验得到的数据），来分析速度的变化量 g，发现经过相等的时间，速度的变化量相等，而且可能为负，进一步想到速度的变化率也可能为负，然后去思考正负的含义。在此步，实验探究"转变"为理论探究，更加全面而深刻。

（四）将加速度与速度进行类比来理解加速度的物理意义

如图 3 所示。

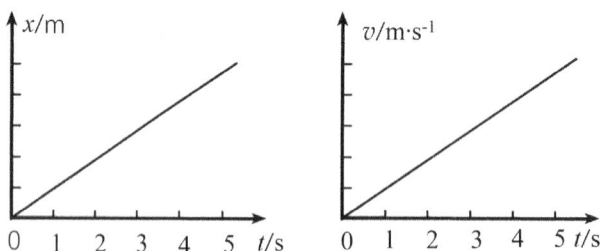

图 3

设计意图：通过 x–t 图像，知道速度是描述物体位置变化快慢的物理量。通过 v–t 图像类比 x–t 图像，知道加速度是描述速度变化快慢的物理量。让学生尝试用类比的方法来体会将要建立的新物理量的物理意义。

三、加速度

问题 1：加速度的物理意义是什么？

生：物理意义是描述速度变化的快慢。

问题2：加速度的定义及定义式是什么？

生：速度的变化量跟发生这一变化所用时间的比值。

定义式是 $a=\Delta v/\Delta t$，Δv 表示质点的速度的变化量，Δt 是质点的速度从初速度变化到末速度所需的时间，a 表示质点的加速度。

问题3：加速度的国际制单位是什么？

生：m/s^2（或 $m\cdot s^{-2}$）读作：米每二次方秒。

设计意图：通过分析实验数据和类比 $x-t$ 图像，加速度这个概念呼之欲出了。此处自然而然得出了加速度的物理意义、定义、定义式、单位。同时也为加速度是矢量还是标量埋下了伏笔。

四、v、Δv、$\Delta v/\Delta t$ 三个相似物理量同异辨析

问题1：一架飞机从静止开始启动经过 20s 后，速度变为 200m/s，这架飞机的速度变化量是怎么样的？加速度是怎么样的？

问题2：一辆汽车做直线运动，经过 20s 速度由 40 m/s 减小到 20m/s，这辆汽车的速度变化量是多少？加速度是多少？

问题3：小球以 $v_1 = 3m/s$ 的速度水平向右运动，碰一墙壁，经 $\Delta t = 0.01s$ 后，以 $v_2 = 2m/s$ 的速度沿同一直线反向弹回，小球在这 0.01s 内的速度变化量是多少？加速度是多少？

通过三道实例，求解速度的变化量和加速度，并将三题的相关数据填入表3。

表3

	原来的速度（m/s）	后来的速度（m/s）	时间（s）	速度的变化量（m/s）	加速度（m/s²）
1	0	200	20		
2	40	20	20		
3	3	−2	0.01		
4（1）	199	200	20		

通过表格中的数据，思考下面问题：

问题1：速度大的，加速度一定大？小呢？反之？

生：不一定。

问题 2：速度大的，速度变化量一定大？小呢？反之？

生：不一定。

问题 3：速度变化量大，加速度一定大？小呢？反之？

生：不一定。

问题 4：加速度大，速度增加得一定快？反之？

生：不一定。

问题 5：速度变化率大，加速度一定大？

生：一定。

设计意图：通过教师自主编制的匀变速直线运动典型实例，让学生亲自算出速度的变化量和加速度；通过引导学生自主观察和分析比较表格中的数据，发现三者大小及其变化大小都没有必然联系，帮助学生进一步去理解加速度的物理意义，初步培养学生科学论证思想。

问题 6：加速度是否有方向？如果有的话，加速度的方向如何确定？

设计意图：还是通过帮助学生自主分析表 4 后两栏的数据，发现他们的数值前的符号（正负号）总是一致的，从而说明加速度的方向与速度变化量的方向一致。

表 4

	原来的速度（m/s）	后来的速度（m/s）	时间（s）	速度的变化量（m/s）	加速度（m/s²）
1	0	200	20	+200	+10
2	40	20	20	−20	−1
3	3	−2	0.01	−5	−500
4（1）	199	200	20	+1	+0.05

问题 7：如何通过理论验证，分析加速度的方向。

生：根据加速度的定义式 $a=\frac{\Delta v}{\Delta t}$ 可知，加速度的方向与速度变化量的方向相同。

设计意图：通过实际数据和理论分析两个角度，得出加速度的方向与速度变化量的方向相同，进一步提升学生的科学推理的思维能力。

五、加速度方向与速度方向的关系探究

请运用矢量图法探究在加速和减速直线运动中，加速度方向与速度方向之间存在什么样的关系呢？

问题1：在加速直线运动中，加速度的方向与初速度的方向有什么关系？

生：如图4所示，在加速直线运动中，$v_2>v_1$，速度增大，Δv 的方向与 v_1 的方向相同，故加速度 a 的方向与初速度 v_1 的方向相同。

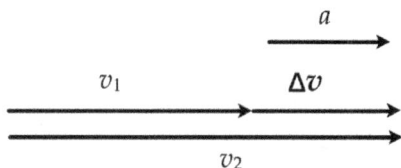

图4

问题2：在减速直线运动中，加速度的方向与初速度的方向有什么关系？

生：如图5所示，在减速直线运动中，$v_2<v_1$，速度减小，Δv 的方向与 v_1 的方向相反，故加速度 a 的方向与初速度 $v1$ 的方向相反。

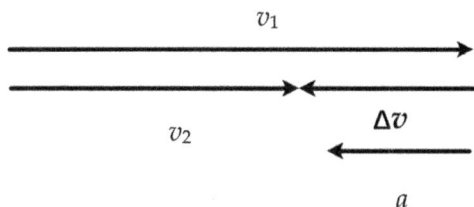

图5

设计意图：通过矢量图的分析，分别得出物体做加速运动和减速运动的条件。在加速直线运动中，a 与 v_1 方向相同。在减速直线运动中，a 与 v_1 方向相反。通过矢量图方式的引入来进一步提升学生对于矢量本质的认识。

问题3：继续探究加速度的物理意义？

生：加速度除了描述速度变化的快慢，还描述速度变化的方向。

设计意图：通过分析加速度的方向，进一步确定加速度的物理意义。从演示实验开始，到类比 $x-t$ 图像，到速度、速度变化量、速度变化率的辨析，再到加速度可以描述速度变化的方向，层层递进，全面而彻底理解加速度的物理意义。整个过程基于事实证据和科学推理，可持续地提高了学生的科学思维能力。

六、从 $v\text{-}t$ 图像"看"加速度

问题 1：在图 6 所示的 $v\text{-}t$ 图像中有几个重要元素？

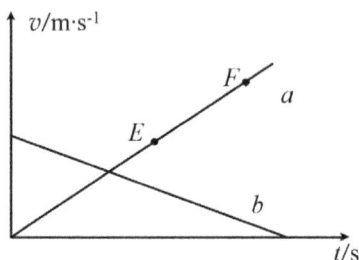

图 6

生：包括横坐标、纵坐标、横截距、纵截距、交点、斜率。

问题 2：在图 7 所示的 $v\text{-}t$ 图像中，加速度"藏"在哪里呢？

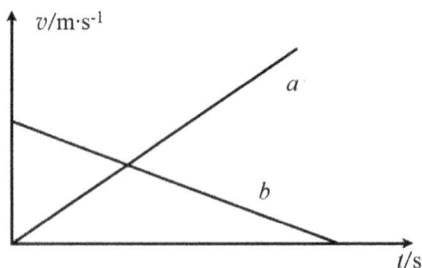

图 7

生：斜率。

问题 3：在图 8 所示的 $v\text{-}t$ 图像中，图像的斜率如何计算呢？

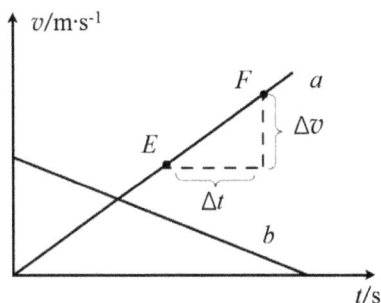

图 8

生：找到这两个点间的速度变化量 Δv 和时间间隔 Δt，即可求得图像的斜率：$\Delta v / \Delta t$。

问题 4：从实验的角度上来说，在 $v-t$ 图像中，如何选点才可以更科学地计算图像的斜率呢？

生：从直线上任意选择长度间隔较大的两点 E、F，可减少相对误差。

问题 5：在 $v-t$ 图像中，图像的斜率为正表示什么意思？图像的斜率为负表示什么意思？图像斜率的绝对值表示什么？

生：斜率为正表示加速度为正，斜率为负表示加速度为负，斜率的绝对值表示速度的大小。

设计意图：通过 $v-t$ 图像，进一步理解加速度的大小和方向。

问题 6：运用 $v-t$ 图像求下面问题中的加速度。

（1）一架飞机从静止开始启动经过 20s 后，速度变为 200m/s，这架飞机的速度变化量是怎么样的？加速度是怎么样的？

（2）一辆汽车做直线运动，经过 20s 速度由 40m/s 减小到 20m/s，这辆汽车的速度变化量是多少？加速度是多少？

（3）小球以 $v_1 = 3$m/s 的速度水平向右运动，碰一墙壁，经 $\Delta t = 0.01$s 后，以 $v_2 = 2$m/s 的速度沿同一直线反向弹回，小球在这 0.01s 内的速度变化量是多少？加速度是多少？

设计意图：刻意让学生通过上面的三个典型实例的定量运算求出加速度，再通过图像的角度来求出加速度，来帮助学生领悟图像角度对理解运动形式的形象直观的特点。还可以加深对加速度的理解，帮助学生更好地形成物理观念。

问题 7：如图 9 所示，将加速度与速度进行类比来寻找加速度。

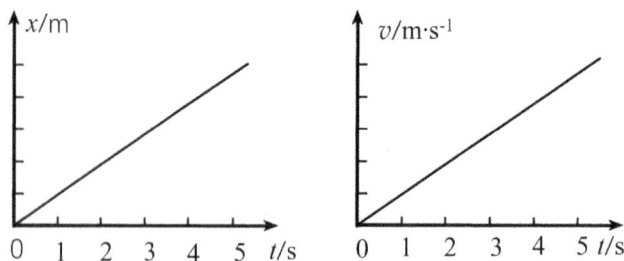

图 9

设计意图：前面通过计算的方法得到了速度、速度的变化量、速度的变化率的区别，再通过类比 $x\text{-}t$ 图像的办法，通过 $v\text{-}t$ 图像寻找速度、速度的变化量、速度的时间变化率的区别，再次凸显图像的重要性，也帮助学生体会到"殊路同归"的神奇。

七、在"自身"感觉中"体验"加速度

问题 1：播放过山车运动的视频，观察游客的夸张表情，思考游客感到刺激的来源是什么？

生：速度的变化很快，也就是加速度很大，游客在为加速度"买单"。

问题 2：播放十字路口绿灯交通工具启动视频和发生车祸时的视频，分析现象。

生：发生交通事故时，由于碰撞的时间极短，所以加速度会很大。交通管理部门为了交通安全，制定了死亡加速度为 $5 \times 10^3 \text{m/s}^2$ 这一数值，以警醒世人。

问题 3：播放科学家坐在航天器中，随火箭加速的视频。

生：人类生理能够承受的加速度是有限的，科学家们为了人类的进步，付出了很大的代价。所以要学习他们这种勇于探索的科学精神。

设计意图：通过生活中不同的人在不同的情景中对加速度的体验，进一步"体会"加速度。凸显"从生活走向物理，再从物理回归生活"的课程理念，培养他们的科学态度与科学精神。

八、从对物理现象的文字描述的角度来区分速度和加速度

问题1：飞机飞得巨快？

生：巨快指飞机的末速度比较大。

问题2：摩托车启动得巨快？

生：巨快指摩托车的加速度比较大。

问题3："猎豹全速追及羚羊"中的"全速"是指？

生：全速指猎豹的最大速度。

问题4："猎豹的提速能力甚至超过喷气式飞机"中的"提速能力"是指？

生：提速能力指猎豹的加速度比较大。

设计意图：生活中的语言往往混淆了速度和加速度，通过比较生活中的物理现象，区分速度和加速度的不同。让学生在学习了加速度的物理意义的基础上，再次对相关的说法提出质疑和批判，并进行检验和修正。

九、课后延伸

问题1：为什么不用速度的另类变化率（$\Delta v/\Delta x$）？

问题2：是否有必要区分平均加速度和瞬时加速度？

问题3：加加速度是否存在？

设计意图：通过这几个对学生暂时有难度的问题的课后延伸，激发学生思考问题的积极性，培养学习物理的兴趣，以期逐步形成探索自然的内在动力。

综上所述，本文提及的"问题驱动线索"是一种课前预习的问题驱动线索：在课前，学生在预习学习内容的过程中，结合老师事先编制并下发的"问题驱动线索"进行初步思考，从而锁定感知和理解的"弱点"。教师在课上还会在学生预习的基础上进一步提问或者追问更加深入的一系列问题，旨在引发学生的更加全面而深刻的思考。力图通过这种教学方法以及特定环节课堂呈现方式的改进，来帮助学生能够更加积极而深入地参与课前和课中的整体学习过程。践行旨在培养学生物理核心素养的教学理念，提升学生的物理核心素养。基于上述教学思想的本节课的课堂教学实践活动，学生思维活跃，课堂参与度很高，效果良好。

对"探究影响电磁铁磁性强弱的因素"
实验装置的改进

郭剑楠　夏红胜

　　现行中学物理教材中安排了大量的演示实验和学生实验，但有些实验存在现象不易观察，实验器材结构复杂、难于操作等问题，直接影响了实验教学的效果。因此，如何在教材原有实验方案的基础上改进实验，使其在科学性、实用性、可操作等几个方面得到改善就成为教师在完成探究教学过程中亟待解决的问题。

　　下面是笔者对北师大版本九年级物理第14章第3节《探究影响电磁铁磁性强弱的因素》探究实验的改进过程。

一、教材内容简介

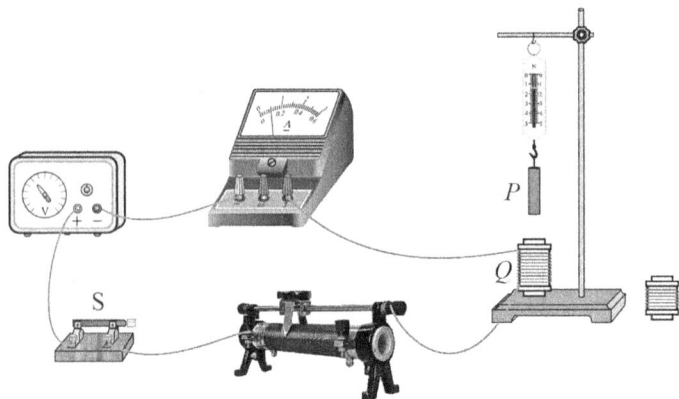

图1　教材实验装置

按照如图 1 所示的装置组装电路并进行探究实验，弹簧测力计下悬挂一根软铁棒 P。

（1）线圈的匝数一定，改变通过电磁铁线圈中的电流大小，从弹簧测力计的读数判断电流大小与电磁铁磁性强弱的关系。

（2）电流大小不变，改变线圈匝数，从弹簧测力计的读数判断线圈的匝数与电磁铁磁性强弱的关系。

将实验的数据和观察到的现象记录下来。从实验数据和现象中可以得出结论：影响电磁铁磁性强弱的因素有 ＿＿＿＿＿＿＿＿＿＿＿＿＿。

二、学生在完成上述实验的过程中遇到的主要问题

问题 1：电磁铁通电后电流产生的磁场强度在电磁铁两端磁性最强，但随着距离电磁铁越远，磁场强度减弱很快，在如图 1 所示的距离挂在弹簧测力计上的软铁棒受到的磁场力比较小，因为精度所限，弹簧测力计示数几乎没有变化。当把软铁棒靠近电磁铁时，因为磁场强度的增强使软铁棒受力瞬间增大，软铁棒会吸附在电磁铁上，从靠近到吸附的过程时间极其短暂，学生分组实验过程中无法记录到弹簧测力计示数的变化，因此也就无法完成教材中记录探究实验数据和现象的要求。

问题 2：教材上的实验方案在严谨性上也存在值得商榷的地方。这个实验探究的是影响电磁铁磁性强弱的因素。实际实验中当电流一定，匝数未变时，随着软铁棒与电磁铁距离的改变，软铁棒受到的磁场作用力也在改变，改变的原因并不只是电流强弱与线圈匝数变化引起的，这会干扰学生得出正确的实验结论，所以在实验过程中应该增加"软铁棒与电磁铁距离一定"这个实验条件的控制，改进后的实验装置图如图 2 所示。在改进后的实验装置中增加了刻度尺来保证"软铁棒与通电线圈距离一定"的实验条件。

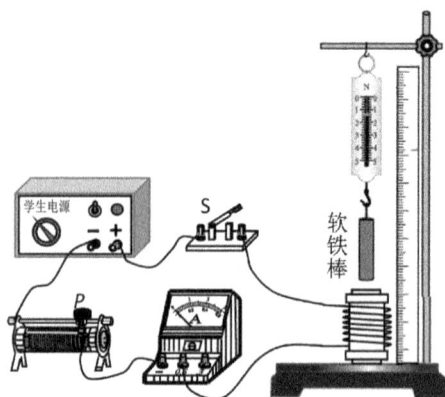

图2 教材实验装置改进

三、实验改进过程

该实验中还需要解决实验现象和实验数据难以记录的难题，针对这个问题，笔者对实验的完成过程做了如下改进。

（一）实验1的探究方案

增加实验引导学生思考如何完善实验条件。

首先，学生自选实验器材，设计实验证明条形磁体对软铁棒的吸引力大小与软铁棒距离磁体的距离有关。学生给出的实验方案如表1所示。

表1 磁体对软铁棒的吸引力大小与软铁棒距离磁体的距离有关的实验方案

方案1	方案2	方案3

其次，师生一起分析评估3种设计的思路是否正确及完成实验的实操性和可行性。学生的实验现象记录如表2所示。

表 2　磁体对软铁棒的吸引力大小与软铁棒距离磁体的距离有关的实验现象记录

	方案 1	方案 2	方案 3
控制变量	同一个条形磁铁和同一个软铁棒	同一个条形磁铁和同一个软铁棒	同一个条形磁铁和同一个软铁棒
自变量	软铁棒与条形磁铁之间的距离 s	软铁棒与条形磁铁之间的距离 s	软铁棒与条形磁铁之间的距离 s
因变量	条形磁铁对软铁棒的吸引力	条形磁体对软铁棒的吸引力	条形磁铁对软铁棒的吸引力
自变量如何改变和测量	改变并测量条形磁铁距软铁棒的距离	改变并测量条形磁铁距软铁棒的距离	改变并测量条形磁铁距软铁棒的距离
因变量的变化如何观察和测量	通过软铁棒拉动弹簧伸长量 ∆L 反映条形磁体对软铁棒的吸引力大小	通过弹簧测力计示数的变化量 ∆F 反映条形磁体对软铁棒的吸引力大小	通过托盘天平的倾斜程度反映条形磁体对软铁棒的吸引力大小
设计思路是否正确	正确	正确	正确
实操性及可行性	软铁棒带动弹簧的伸长量 ∆L 几乎不可见	弹簧测力计的灵敏度较差，拉力的变化量几乎看不出来	托盘天平灵敏度较好，但无法定量反映动态变化

（二）实验改进后的步骤

基于上述讨论，师生一起将最佳实验设计锁定在方案 3，在教师引导下，从方便实验操作和记录数据的角度出发，学生选择用电子秤代替天平。实验步骤如图 3 所示。

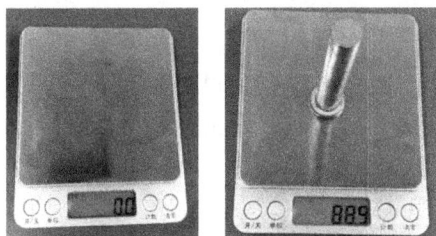

步骤 1：测量软铁棒质量

步骤 2：s=3cm　　　步骤 3：s=2cm　　　步骤 4：s=1cm

图 3　磁体对软铁棒的吸引力大小与软铁棒距离磁体的距离有关的演示实验过程

从图 3 所示实验现象学生很容易得出实验结论：对同一磁铁和软铁棒，软铁棒与磁铁的距离越近，软铁棒受到的磁场作用力越大。完成这个实验的过程也为学生完成下一个实验时正确选择实验器材做好了准备。（见图 4）

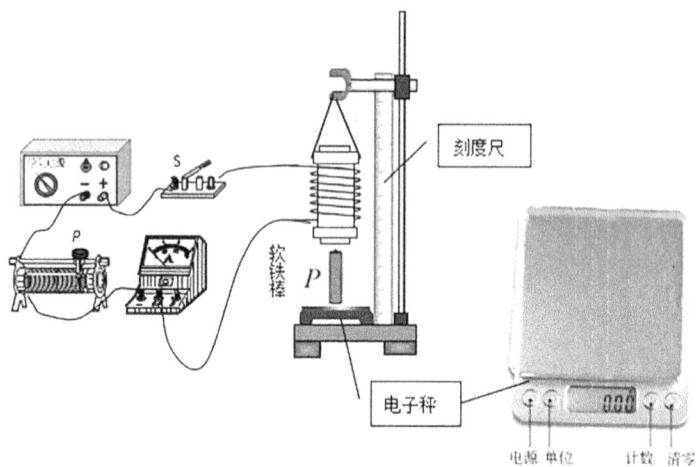

图 4　改进后的实验器材装配示意图

（三）实验 2 的探究方案

实验 2：用电子秤替代弹簧测力计完成当线圈匝数一定，通过电磁铁线圈中的电流越大，电磁铁磁性越强的实验。

【实验器材】学生电源、电磁铁、已调零的电流表、已调零的电子秤、滑动变阻器、软铁棒、刻度尺、铁架台、开关各一个、导线若干（见图 5）。探究实验过程如图 6 所示。

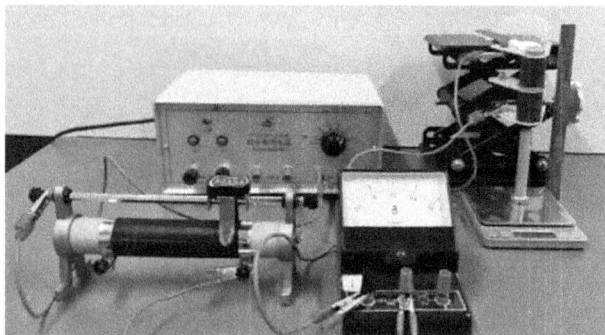

图 5　改进后的实验装置实物

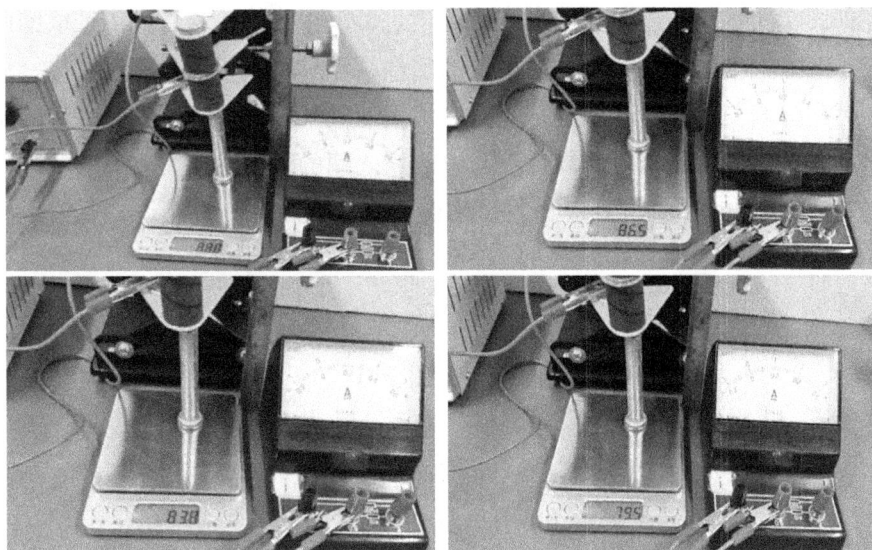

图 6　探究实验过程

【实验步骤】

①断开开关，如图 6 所示组装实验电路图，将滑动变阻器的滑片 P 置于最大阻值处。用已调零的电子秤测出软铁棒的质量 m_0 并记录在表格中。

②闭合开关，调节滑动变阻器滑片到适当位置，读出电流表示数 I、电子秤的示数 m，并将 I、m 记录在表格中，断开开关。

③保持软铁棒的位置不动，闭合开关，调节滑动变阻器滑片到适当位置，读出电流表示数 I、电子秤的示数 m，并将 I、m 记录在表格中，断开开关。

④仿照步骤③再进行 4 次及以上实验。

⑤利用 $\Delta m = m - m_0$ 计算出电子秤示数的变化量，并将 Δm 的值记录在表格中。根据 Δm 的大小可以判断电磁铁的磁性强弱。

实验数据记录如表 3 所示。

表 3　电子秤示数的变化量与电流的关系数据记录

I/A	0.14	0.2	0.26	0.3	0.34	0.40	0.44	0.50	0.60
m_0/g	88.9	88.9	88.9	88.9	88.9	88.9	88.9	88.9	88.9
m/g	87.9	87.2	86.1	85.2	84.1	82.4	81.1	78.6	73.9
$\Delta m/g$	1.0	1.7	2.8	3.7	4.8	6.5	7.8	10.3	15.0

注：线圈与软铁棒距离 s=1cm。

如图 7 所示，通过分析数据和图像学生可以得出结论：在电磁铁线圈匝数一定，电磁铁中的电流越大，电磁铁的磁性越强。从实验过程可以看出：用电子秤替代弹簧测力计优点一是可以直观清晰地观察实验现象，方便地记录实验数据；二是可以方便地控制软铁棒与电磁铁之间的距离一定，避免实验条件的变化对学生得出实验结论产生干扰，实验效果非常好。

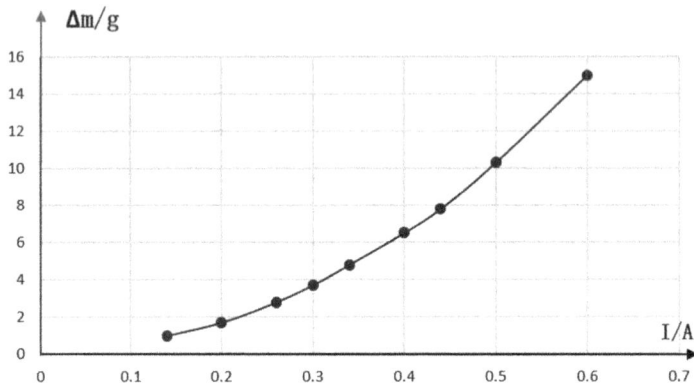

图 7　电子秤示数的变化量与电流大小的关系

四、实验改进过程对促进学生思维能力提升的思考

实验探究教学需要解决两个层面的问题：第一个层面是怎样按照科学探究的程序进行实验探究，这个层面关注如何设计探究方案及探究过程是否科学、可行；第二个层面是如何引导学生进行实验时对设计方案中存在的问题进行评估和改进，使实验现象和数据方便观察和记录。

本案例主要从以上两个方面对教材中的实验进行了改进，但改进的过程是建立在学生发现问题基础上的，并不是直接告诉学生应该如何改进，所以笔者在对课本实验改进时先引导学生设计了图 3 所示的实验 1，让学生认识到应该增加"保持通电线圈与软铁棒距离一定"的实验条件；然后设计和完善实验 2 的探究方案，对实验方案中可能会出现的问题进行交流和讨论。在实验方案相对成熟的情况下完成实验探究，最后取得了较好的实验效果。

改进后的探究教学过程体现了以问题为引领，以学生为主体的教学思想，很好地提升了学生完成探究实验的能力。总之，由于科学探究的生成性、探索性及学生的学习能力和认知水平的不同，探究教学过程是一个动态变化、时刻面对未知因素的过程，因此单凭主观臆断的经验教学是无法胜任的，所以我们要认真研究教材中的每一个探究实验的实际完成效果，从学生的观察角度和认知水平去设计探究实验的课堂教学过程，才会使探究教学过程更富有实效性。

运用思维导图与整体思考法促进学生思维水平的提升

郝昀铮

思维导图是有效的思维模式，是应用于记忆、学习、思考等的思维"地图"，有利于人脑的扩散思维的展开。博赞（1964）将思维导图定义为放射性思维的天然表达，认为思维导图是人脑的天然功能。学习科学研究表明，注意力会更容易被刺激性强的事物吸引，包括色彩艳丽的、生动形象的、形态丰富的以及新颖有趣的事物。思维导图正是利用颜色、图像、关键词、曲线等要素吸引人们的眼球，较单纯的线性文字优势显著。即使人们因为某种需要，把注意力指向并集中于"大块"的线性文字，也会由于有太多的无关信息干扰而不能把注意力集中在核心内容上，导致费时费力。

卡皮克等人的记忆研究告诉我们，在学习过程中应该更多地进行"提取练习"，而不是一遍遍地研读书本。从"提取"的视角来审视我们的各种教学方法和学习方法，我们就有了一个重要评价指标，这个指标就是在教学或学习活动中含有多大比例的"提取"活动。只要能够激发学习者的"提取"，说明使用思维导图有助于增强学习和促进学习的保持。

在已有研究中发现，思维导图所用导图的思维水平停留在简单归纳上，缺少概念之间的逻辑论证，思维导图的诊断功能得不到利用。研究中还发现，二次还原思维有助于找到思维障碍，促进思维不断深入思考，提升学习的自我反思与调控。下面以 2019 年北京市高考理科综合能力测试化学学科考题为例（见图 1）。

用CaO可以去除CO_2。H_2体积分数和CaO消耗率随时间变化关系如下图所示。

从t_1时开始，H_2体积分数显著降低，单位时间CaO消耗率____（填"升高"、"降低"或"不变"）。此时CaO消耗率约为35%，但已失效，结合化学方程式解释原因：____。

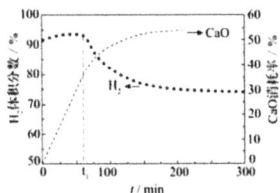

	满分	得分率
27题	14	0.64
第（1）④题第一空	1	0.51
第（1）④题第二空	2	0.29

图1　2019年北京高考理科综合能力第27题（1）小题④及高考阅卷数据

还原学生解决问题的思维路径如图2所示。

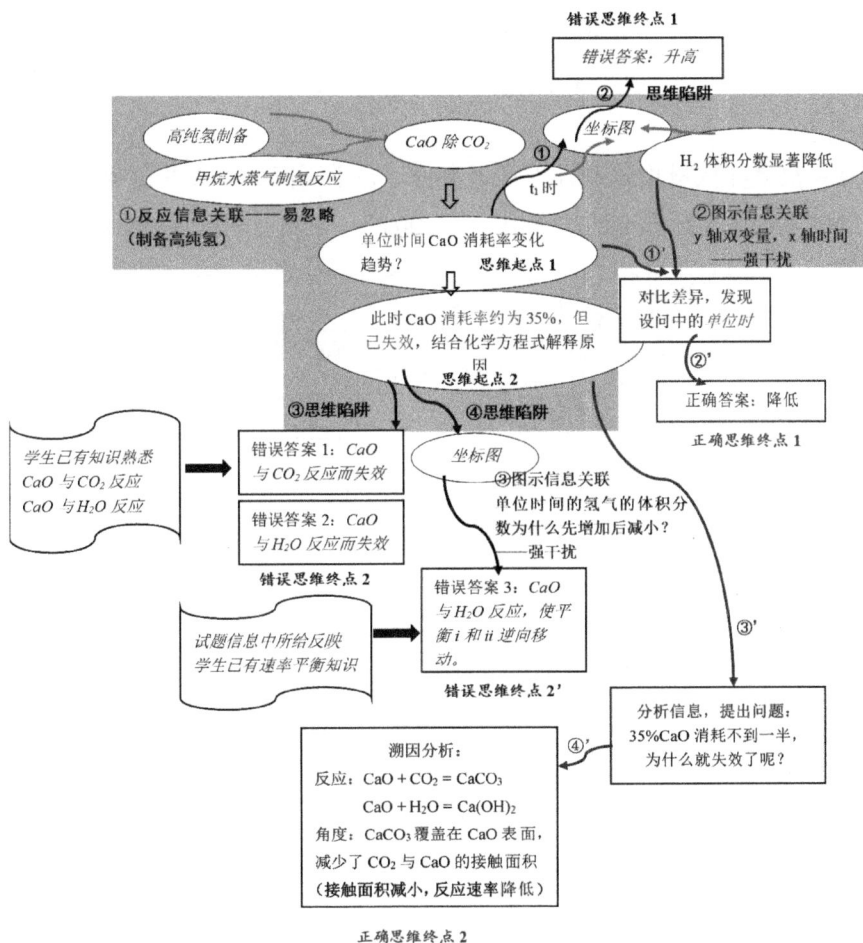

图2　学生解决问题的思维路径

　　整体思考法是一种全面思考问题的模型，用于培养创新性思维。这种方法将思维方式分为6类，而每个问题设置时思考者只用一种方式思考。在一个学习任务中，可以设计1—2个问题，这样可有效避免思维混杂，同时形象地展示出思考的路线，这有利于对教学进行整体设计，有序地进行思维的展开和整理，学生核心活动重点在客观性、探索性、批判性思考展开，发展证据推理素养，逐渐在学习过程中将隐性思维显性化，显性思维工具化。

　　"真实问题解决"成为中国学生发展的核心素质之一。它要求学生善于发现和提出问题，对问题感兴趣并积极解决问题；能够根据具体情况和条件选择和制订合理的计划；能够在复杂的环境中工作。此外，思维能力已经融合了科学精神核心成就的许多关键点："理性思维"要求学生具有清晰的逻辑，能够使用科学的思维方法来理解事物、解决问题和指导行为；"批判性提问"要求学生有问题意识；"勇于探索"要求学生在思考时大胆、积极寻求有效的问题解决方法。

　　在解决真实问题中发展证据推理素养，在不断问题推理的过程中，体现了对问题的实证、求证和论证的意识。其形成的一般路径如图3所示。

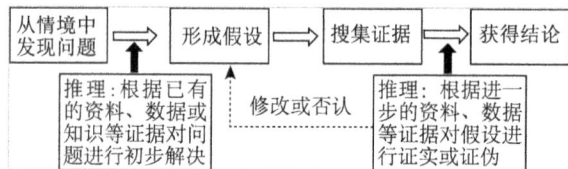

图3　真实问题解决的推理路径

　　设计采用整体思考法，培养学生的创新思维，发展证据推理素养。本研究设计框架如图4所示。

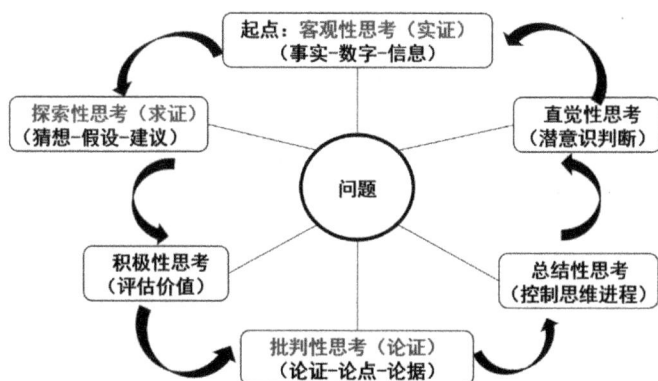

图 4　培养创新思维的整体思考法要素及一般实施顺序

以微项目膨松剂为实践案例。膨松剂主要承载的是碳酸氢钠的化学性质，同时兼顾和碳酸钠性质的对比；引导学生在真实情境下通过分类、比较、观察、实验等方法，结合研究物质性质的基本程序对碳酸氢钠用作膨松剂的作用原理进行实验探究，体会研究物质性质的基本方法和基本程序的实用价值。依据《普通高中化学课程标准（2017 年版）》，同类物质具有相似的性质，一定条件下各类物质可以相互转化；认识金属及其化合物的多样性，以探索物质性质、实现物质转化。结合真实情景中的应用实例或通过实验探究，认识物质及其转化。了解它们在生产、生活中的应用。

从内容组织上，依据教材中提供的关于膨松剂资料素材，教学时应尽量还原真实情境，并聚焦化学问题（见图 5）。本课题中结合生活中的真实情景提出 2 个具有挑战性的化学问题：（1）在食品的加工过程中加入膨松剂为什么可以使食品变得松软或者酥脆？（2）为什么碳酸氢钠受热分解产物容易使馒头发黄带碱味？这是一组真实情景中的综合复杂问题。在解决问题时，首先，要对膨松剂进行分析，膨松剂既有生物膨松剂又有化学膨松剂，而化学膨松剂通常含有碳酸氢钠，这样就将复杂问题聚焦到了碳酸氢钠这种化学物质上，通过多种信息获取证据，由碳酸氢钠的作用原理可以知道碳酸氢钠可以与酸反应产生气体，也可以受热分解产生气体，解决了"加入膨松剂为什么可以使食品变得松软或者酥脆"的问题。之后，继续解决"碳酸氢钠受热分解产物容易使馒头发黄带碱味的问题"，此时学生认识了单一膨松剂的缺陷，进一步设计复合膨松剂，回到现实的复杂问题中，增强了问题的真实性。膨松剂贴近学生的生活，课下学生可以设计膨松剂以及运用膨松剂亲自动手蒸馒头，产生成就感，能够进一步感受化学物质在生活中的重要作用。

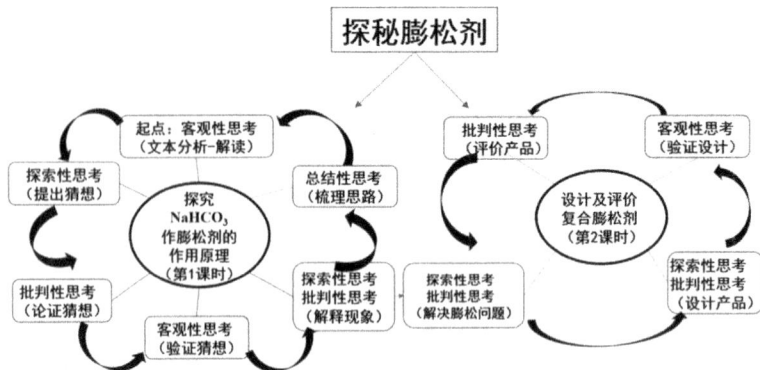

图 5　培养创新思维整体教学设计

从思维能力培养上，采用整体思考法设计学习活动，通过 2 个真实情景中的挑战性问题，可以激发学生循环进行客观性思考、探索性思考和批判性思考。让学生在解决新的问题的同时，主动地习得新知识，发展证据推理素养和创新思维能力。

从学段知识水平分析，学生初三已经学习过酸碱盐的通性以及复分解反应，初步具备给物质分类的思想，学习了金属钠与氯气的性质，知道研究物质性质的常用方法和程序，知道碳酸钠与碳酸氢钠可以与酸反应产生二氧化碳，具备分析膨松剂的知识水平。

从真实问题解决的前测调查问卷（见表 1），了解学生的思维障碍点，设计本专题促进学生思维提升的发展点。学生活动框架如图 6 所示。

表 1　学生问卷分析

前测问题	学生观点（40 人）	从整体思考法分析存在的问题	发展点
从"面团"到"馒头"的过程中，观察到哪些现象？如何解释？	29 人变大或膨松或变大膨松，产生气体 6 人变大或膨松或变大膨松，颜色变化，产生气体 5 人猜测了气体成分	1.观察现象不够全面，缺少客观性思考； 2.解释现象不能深入本质，猜想水平停留在一步关联，没有论证。缺少探索性思考	客观性思考 探索性思考
如何让馒头更加膨松？有哪些方式？	20 人发酵时间长一些或加酵母 11 人加入小苏打或膨松剂 9 人加酵母及小苏打	思考路径单一，只是凭借经验，不能全面获取信息、加工信息；不能提出全面的假设，进行推理论证；缺少探索性思考和批判性思考	探索性思考 批判性思考
小苏打在蒸馒头中可能起什么作用？说明理由。	36 人产生气体，其中 20 人认为与酸反应，其他同学无理由；4 人提出调节口感或其他	1.提出的观点笼统，不具体，没有论证，缺少批判性思考； 2.不能提出不同的猜想，缺少探索性思考	批判性思考 探索性思考

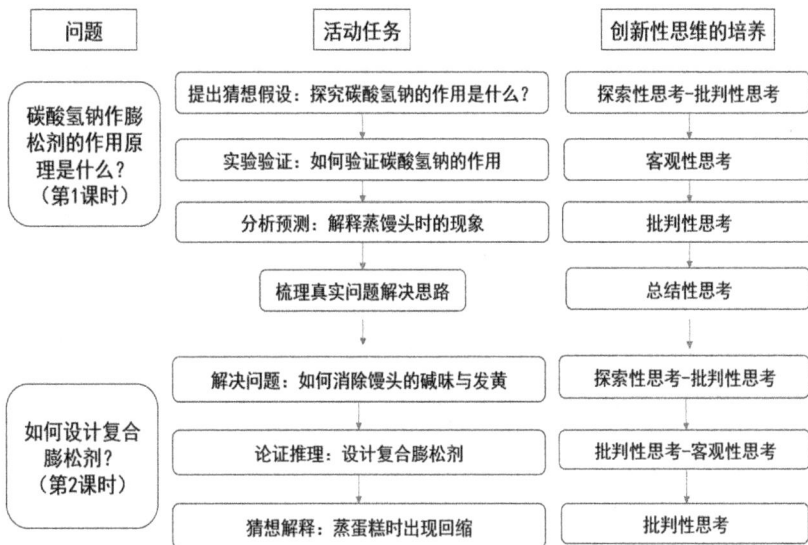

图 6　学生活动框架

　　膨松剂贴近学生的生活，课下学生可以亲自动手蒸馒头，设计膨松剂以及运用膨松剂来制作其他制品，产生成就感，能够进一步感受化学物质在生活中的重要作用。通过探秘膨松剂这个真实问题情境，不断提出具有挑战性的问题，激发学生的主动性，让学生在解决问题过程中习得新知识，再应用新知识解决新的问题，更重要的是真实情境中的问题解决为发展学生的创新思维提供良好的资源。学生在设计膨松剂时形成的思维导图如图 7 所示。

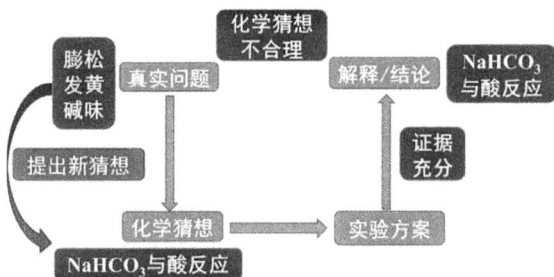

图 7　设计膨松剂的思维导图

　　采用整体思考法发展学生的证据推理素养，培养创新思维能力。整体思考法是一种全面思考问题的模型，用于培养创新性思维。这种方法将思维方式分为 6 类，这样可有效避免思维混杂，同时形象地展示出思考的路线，这有利于在对教学进行整体设计时，有序地进行思维的展开和整理，本主题的学生核心活动重点在客观性、探索性、批判性思考展开。

教学设计结合教材中关于膨松剂提供的资料素材，教学尽量还原真实情境，第 1 课时添加不同条件下蒸出不同效果的馒头，第 2 课时增加关于蛋糕回缩的问题讨论，对于学生提出假设、论证假设、设计方案、评价论证提供更好的思维训练机会。学生分别经历了 2 个轮次的文本分析、提出假设、论证假设、实验验证、解决问题、发现新问题的过程。教师通过与学生的对话，不断设问、追问、反问，促进学生之间的评价、学生的自我反思、对问题的不断追问、对证据的不断评估、对结论的不断论证，最终解决问题。在此过程中学生的客观性、探索性、批判性思考得到训练与发展。同时设计并使用评价指标，对学生的学习表现进行持续性的评价，不断调整跟进教学干预，形成教学评一体化的设计。

基础教育阶段建设化学多元课程体系的实践研究

杨文静

一、建设学科多元课程体系的必要性

（一）中学化学课程改革与发展的趋势

课程改革、教学改革的核心是以学生为本，满足学生的学习需求，促进学生的自主发展。新一轮课程改革更加强调教学目标的多元化、学习方式的多样化、教学资源的结构化、课堂教学的开放化以及网络信息的普及化，这一系列变革给传统的化学课堂教学带来了挑战。以培养化学学科素养和创新能力为主的教育改革，其中的重要内容之一就是课程的变革。中学化学的整体发展趋势就是以能提高学生的综合科学素质和自身学习能力为目标，使课堂深度化、自由化、全面化、个性化。在课程的设置方面主要朝着多元化形式发展，以改变学习方式为内容，并能有效地利用科技发展的资源，进入一个研究型、网络化教学新时代。

（二）招考制度改革对化学教学的挑战

2014年9月，国务院公布了《关于深化考试招生制度改革的实施意见》，我国的招生考试制度正在从少数人才选拔为主导思想的模式走向多元化的招生录取模式，着眼于促进学生的健康成长和成才，培养学生的综合素质和职业规划意识，建立多元化的学业评价和招生体系。以前的化学基础教育模式为了适应高考的人才选拔模式，过度强调学生对学科知识的熟练认知及应试技能的培养。虽然这种教学模式在一定程度上为高校的人才选拔起到积极的作用，但学生的科学视野、创新能力、动手能力、探究能力及批判性思维并未得到很好的培养，降低了学生学习化学的兴趣。高考招生制度改革后，化学基础教育者重新审视原有的教学模式，探索多层次的化学教学体系以适应不同类型人才发展的需求成为必然，同时也为中学化学课程体系的重构和优化提供了难得的机遇。

（三）我校是一所隶属于北京航空航天大学的基础教育学校，与大学院系联系紧密

依托大学雄厚的教学资源，我校学生有更多机会进入大学实验室，对自己感兴趣的课题进行深入了解和个性化学习，部分学生可以到大学实验室开展科研，探索科学世界，培养创新意识。同时学校鼓励各学科积极进行课程建设，开发校本课程，每个学科组也指定专人协助教研组长进行学科课程方案的设计实施与调整。

在一贯制背景下的化学学科教学如何打通不同阶段的壁垒进行有机的衔接，让学生在科学素养方面得到贯通式的培养，是我们更加关注的问题。同时如何利用大学优质的硬件资源和师资优势，使部分对化学感兴趣、学有所长的学生能够在中学阶段学习大学化学的部分课程，也是我们着力探索和开发的课程方向。

二、建设学科多元课程体系的总体设计

我校化学组系统梳理学科课程体系，在保证必修课程教学质量的前提下大胆探索，开设更多化学校本课程，固化和整合优质课程资源，强调课程的增长点和可持续发展性，构建和完善多元化多层级的化学课程结构。针对不同层级的课程提出不同的评价标准。引导学生从单纯的"被动应试型"转到以兴趣和专业发展为导向的"主动研学型"。我校高中化学课程结构如表1所示。

表 1　北航实验学校高中化学课程结构

课程类别		课程内容	设置意图
必修课程	国家级	必修1	必修课程是为全体高中生奠定共同学科基础，形成基本的化学观念和科学探究能力； 选择性必修课程和校本拓展课根据学生个性发展和升学考试的需要设置的模块结构，体现高中化学的学习领域与未来大学化学学习的衔接和关联
		必修2	
选择性必修课程	国家级	化学反应原理	
		有机化学基础	
		物质结构与性质	
拓展课程	校本课程	拓展课I（高二）	
		拓展课II（高二）	
选修课程	国家级	实验化学	选修课程满足不同学生的学习兴趣与个人需求，采用系列模式，提高课程的灵活性和兼容性，利于学生根据自身兴趣和特长自主选择
	校本课程	项目式学习在化学中的应用（初一、初二、高一、高二年级）	
市级地方课程	市级	初一、初二年级	在初中阶段及初高衔接阶段设计不同主题的微项目探索，培养学生科学研究的基本方法
衔接课程	校本	初三年级	

三、建设学科多元课程体系的可行性

（一）开设校本课程

1. 项目式学习实践研究

以项目式学习的方式开设化学实验型选修课，建立资源库，为课程开发、常规备课和拓展教师知识储备做好准备。尝试在初中一二年级和高中一二年级同时开设基于"能量"为主题的项目式学习选修课，初步探索项目式学习的有效实施策略，尝试制定评价量表并在实践中不断修订与改进。还可开设以"颜色变化"为主题项目式学习选修课——"会变脸的化学"，学生根据兴趣和教师的引导与讨论，自选子项目课题进行研究，重点锻炼学生经过"提出问题—查阅资料—分析讨论—进一步追问"的思维过程，提出有探究价值的问题的能力，并为后续课程的开发留下了宝贵的素材和问题资源。

2. 拓展课 I

针对高二年级选考化学学生开设。考虑到学生已经学习到了铁的氢氧化物，因此第一个项目便定为"制备氢氧化亚铁"。不断失败，再不断改进后，学生终于在三周后观察到白色沉淀生成，成功制备出氢氧化亚铁。当学习到溶解、过滤与重结晶相关知识时，项目便设置为"制作天气瓶"。激发学生对复杂问题的探求，并自主思考、完善、解决问题，仅用两周时间，所有同学都完成了天气瓶的制作。学生在高二的学习进度已涉及大多数化学反应，但对于化学反应中的颜色变化并不熟悉，第三个项目设置为"制作化学圣诞树"。一开始学生只想到单一物质溶解后呈现的颜色，随后尝试酸或碱溶液滴加指示剂的颜色，再后来开始利用物质间的相互反应制取新物质而呈现的颜色。进度快的学生甚至探究了不同溶剂、不同温度、不同浓度对同一物质的溶液颜色的影响。此次项目历时两周，圣诞节来临前一棵独属于化学的"圣诞树"圆满完成。

3. 拓展课 Ⅱ

针对高二年级选考化学并对科学研究感兴趣的学生开设。其中，《仿生材料的研究与制备》以化学学科为基础，同时依托物理、生物等其他学科的知识支持，进行多学科交叉教学。聘请中国科学院的教师为授课教师，同时请北航机械学院的博士生协助指导。学生以小组合作的方式，分别进行了"仿柚子皮的防震材料的研制"、"仿竹子结构的韧性材料的研制"、"仿鱼鳞结构的防水材料的研制"及"仿壁虎脚的吸附材料研制"四个项目的研究。通过一个学期9节课（18课时）的努力，均取得了一定的阶段性成果，得到了初步的仿生材料，使学生进一步了解了相关专业（例如化学、机械、材料、生物等）的学习内容及发展方向。

（二）整合和拓展初中阶段化学课程设置

义务教育阶段化学课程属于科学课程范畴，科学课程（7—9年级）是学生学习科学的入门课程，应全面培养学生的科学素养，为他们的终身发展奠定基础。通过综合实践活动、学科实践活动等多种途径提升学生的科学素养。

1. 整合学科资源

（1）在《北京市实施教育部〈义务教育课程设置实验方案〉的课程计划》中提到"综合实践活动课程是国家和北京市规定的必修课，包括学科实践活动、信息技术……"，"学科实践活动课程的开发和实施，要避免用学科教学内容简单替代，要突出实践性、探究性，尽量依托参观、调研、制作、实验等形式，要逐步形成学科内综合以及跨学科多主题、多层次（知识类、体验类、动手类、探究类等）的系列课程"，"在七八年级开展'开放性科学实践活动'，渗透物理、化学、生物、地理等学科知识和能力培养，重点提高学生的科学探究能力"。我校化学教研组整合学科资源，拓展7—8年级的市级地方课程中的化学专题教育内容，以主题教学的方式开展学科实践活动，得到7、8年级学生的欢迎。我校初中化学课程设置如表2所示。

表2　北航实验学校初中化学课程设置

课程类别	开设年级	课程主题
学科课程	9年级	微项目学习： 质量守恒定律 土壤的酸碱性 身边的化学 神奇的化学电源
市级地方课程	7年级、8年级	

2.开设市级地方课程

针对初二年级开设的市级课进行了微项目式学习的探讨式教学，分别开设了主题为"食物中的化学"、"化学小制作"及"小小污水处理站"等三个微项目。项目的选取以贴近实际生活、引发学生研究兴趣为出发点，采用小组合作的方式进行研究。初二学生的化学学科知识储备较少，但其创新力较强，且十分热衷于思考及动手实践。因此，在教师的积极引导下，顺利完成了三个微项目，达到了良好的教学效果。

《神奇的化学电池》本学期共开展了9次课的活动，其中前两节课完成了课题引入和原理探究的任务；第三、四次课主要是学生通过网络查阅资料、总结讨论并完成方案设计；第五、六次课让学生们进入实验室，亲自动手实施了方案，但学生遇到了很多实际的困难；因此，第七次课我们进行了集中讨论和实验探究，解决了大部分同学实验中遇到的困难；第八次课，学生在前面实践和讨论的基础上，完成了最终的作品，并于课下准备了总结课题的PPT；最后一次进行了集中的汇报展示与评比。

（三）尝试在初高衔接阶段设置化学微课程

开设以项目式学习为主要学习方式的中小衔接化学先修课。经过反复打磨，以"蜡烛的燃烧"、"大象牙膏"、"元素及元素周期表"以及"趣味化学实验"为主题，进行了"微小型项目式学习"在准常规课中的实践探索。通过这一课程，不仅使学生初步了解化学，增强了学习化学的兴趣，同时也促进了他们的思维发展和动手能力的提升。同时初步尝试在常规课堂中进行微小项目式学习的教学实践，并取得了良好的效果。最终完成了《质量守恒定律》、《化学肥料》和《土壤的酸碱性》等初高中衔接项目课。

四、收获与反思

（一）收获与经验

通过项目式学习方式的选修课、拓展课、衔接课等的教学实践，形成了不同层次类型的多元课程体系。通过各类课程探索，能够让老师通过设计不同主题的学习有侧重地去提升学生的能力短板，并采用合适的方式去继续激发学生的兴趣和潜能。同时也大大提升了教师课程开发能力，提高教师的综合素养。

项目式学习这种教学方式可以使用于不同的课程类型，但要根据具体的教学主题和内容来进行选择和判断。比如，范围较广的主题和具有一定的探究深度的内容，适用于项目式学习选修课，从而为项目的开展提供充足的时间和空间保证；主题范围相对有限且趣味性、实操性较强的主题，适用于拓展性项目课；而主题素材与教学内容严密关联的微小型项目，适合引入常规课堂。

（二）存在的不足

一是教研组师资不足。虽然具有老中青相结合的合理结构，但是多处在身兼数职、分身无术的境况中，年轻教师担任班主任，老教师担任管理工作，平时培训进修和教学任务重，所以选修课和拓展课的开设只能是一个阶段尝试一种课型结构，虽然深受学生喜爱，但是人手不足，很难在同一阶段同时开设多种课型的课程。

二是教师在针对多学科交叉教学方面稍显能力不足。一个项目的研究中会涉及多学科层面的知识，老师与学生一起研讨，共同查找资料，修改和完善学生的实验方案，多方借力，保证学生的项目研究能够顺利开展。

生物中考信息获取能力提升的策略与途径

葛科学

《义务教育生物学课程标准（2011年版）》指出：学生应"初步具有收集、鉴别和利用课内外的图文资料及其他信息的能力"。近几年的中考试题也很好地体现了这一点：基于新的问题情境，考查学生信息获取能力，即通过多种渠道收集、鉴别、转化和运用信息的能力。

中考试卷中的信息主要通过语言、文字、图像、表格等符号传递，都具有重要的承载意义，在新情境中及时准确地获取、转化这些符号信息，是进一步分析和解决生物学问题的基础，也是生物学科能力的一种重要体现。我们该如何提升自己的信息获取能力呢？

一、注重对学习对象的深加工，去伪存真，把握本质

任何能力的培养都不可能一蹴而就，需要生物课堂的不断渗透。对学习对象的深加工是提升信息获取能力的重要途径，这儿的"深"并非与"浅"对立，既不是通过补充大量的课外知识来增加自己的学业负担，也不是违背身心发展规律，提前学习高中知识，而是通过收集、筛选、鉴别信息，去伪存真，抓住本质属性，把握内在联系，举一反三，迁移应用。

以2019年北京生物中考卷18（3）为例：

显微观察发现，肾小管不同区段的上皮细胞形态结构存在差异，如图a、b、c所示。其中a细胞所在区段是重吸收的主要部位，推测原因是_____。

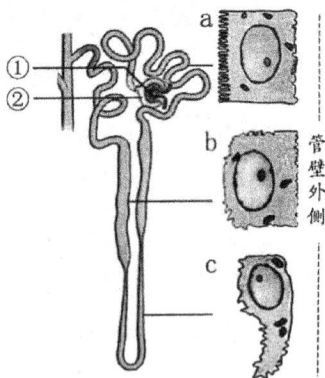

该题目以学生熟悉的肾单位模式图及尿液形成的过程为问题情境，采用常规文字材料和图片信息，要求学生用"结构与功能观"，从细胞水平解释特定的生命现象，并将其思维过程外显。

肾单位中的肾小管是重吸收的重要部位，这是学生熟悉的情景，而从细胞水平解释重吸收现象，就是变迁之后的陌生情境，在陌生情境中获取、处理信息成为作答本题的关键。如果抛开文字信息而直接看图，我们不知该从哪个角度比较 a、b、c 三种细胞，而题目文字信息明确指出"肾小管不同区段的上皮细胞形态结构存在差异，如图 a、b、c 所示"，由此我们能获取以下信息：（1）a、b、c 三种细胞都是上皮细胞；（2）三种细胞位于肾小管的不同区段；（3）它们的形态结构差异较大。根据结构与功能相适应的生命观念，功能区别主要是由结构差异决定的，故阐述 a、b、c 三种细胞结构差异成为本题的关键，结合图像信息我们不难发现：a 细胞靠近管腔一侧的细胞膜有大量褶皱，大大增加其吸收表面积，故可推测其所在区段是重吸收的主要部位。

解答该题目需要肾单位结构功能及尿液的形成过程等事实性知识做支撑，更需要具备在陌生情境中获取、处理信息的能力。能在短时间内做到知识和能力的有机结合，是学生在日常学习过程中的不断思考与总结的结果，是对学习对象深加工之后的收获，比如：小肠结构适于消化吸收、成熟区根毛结构适于吸收水和无机盐、肺泡结构适于气体交换、神经细胞的特殊结构适于传导兴奋、红细胞的结构便于运输氧气、叶片结构适于进行光合作用、输导组织适于运输物质、鸟类适于飞翔……这些实例从细胞、组织、器官和个体层面，渗透结构与功能相适应的生命观念，削枝强干后我们不难发现它们的本质是相通的，这就是深加工的过程。只有亲身经历这个过程，学生才能将琐碎的信息转变成自己的认知对象，甚至是能力提升的营养成分。复习过程中，若只是简单重复记忆肾单位结构功能及尿液形成过程，就无深度和效率可言，不仅低效、耗时，更难以保证在新情境中的迁移和应用。

二、从题干获取信息要高屋建瓴，细处着手

中考试题中既有纯文本信息的题目，也有非连续文本提供信息的题目，读题审题一定要有"大局观"，从整体把握题目主脉络。以海淀区初三期中调研卷的一道题为例，原题及参考答案如下：

肝脏在人体生命活动中发挥重要作用。下图为肝脏的局部剖面图。请回答下列问题。

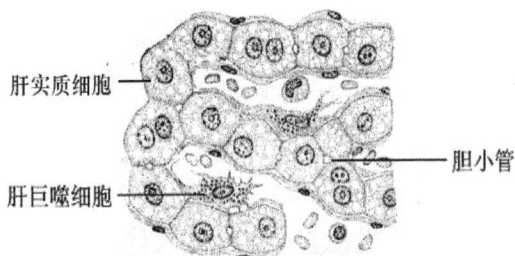

（1）肝脏是人体最大的消化腺。肝实质细胞分泌的_____，通过胆小管最终流入小肠，使脂肪变成微小颗粒，从而增加了脂肪酶与_____，有利于人体对脂肪的消化。

（2）肝脏对维持血糖浓度相对稳定起重要作用。经小肠_____的葡萄糖会经血液汇集到肝脏，肝实质细胞将暂时不用的葡萄糖转化成糖原，贮存备用。

（3）肝脏还有净化血液的功能。肝脏里的_____能吞噬和清除从肠道来的细菌、异物等，保护其他器官免受病原体等的侵袭。

（4）谷丙转氨酶是肝实质细胞内的一种物质，通常在血液中含量极低。当肝实质细胞的_____（结构）被破坏，血液中谷丙转氨酶含量升高，因此，人们常以此来衡量肝脏功能。

（5）由此可见，细胞是肝脏_____和_____的基本单位。

参考答案：

（1）胆汁　脂肪微粒的接触面积

（2）吸收

（3）肝巨噬细胞

（4）细胞膜

（5）结构 功能

该题目综合度较高，涉及营养物质的消化和吸收、人体免疫、细胞基本结构等知识，看似零散琐碎，实则由重要概念"细胞是生物体结构和功能的基本单位"贯穿始终。从作答情况来看，前四小题正答率都很高，难度系数在0.9以上，而第（5）小题成为最大的失分点，难度系数仅为0.68，从表面看来失分原因是对"结构和功能基本单位"理解不够透彻，实则是由于获取信息能力的缺陷。读题审题时过多关注琐碎的事实性知识，只见树木不见森林，忽略了题目的主线，作答时也就丧失了创新意识。只有高屋建瓴、细处着手才能做到方寸不乱、胸有成竹。

该题目选用的肝脏局部剖面图是一个崭新的情境，根据题干文字资料及图片信息，梳理出如下重要信息（见表1）。

表1

细胞名称	细胞功能	肝脏功能
（1）肝实质细胞	能分泌胆汁，有利于人体对脂肪的消化	肝脏是人体最大的消化腺
（2）肝实质细胞	将暂时不用的葡萄糖转化成糖原，贮存备用	肝脏对维持血糖浓度相对稳定起重要作用
（3）肝巨噬细胞	能吞噬和清除从肠道来的细菌、异物等，保护其他器官免受病原体等的侵袭	肝脏有净化血液的功能
（4）若细胞结构破坏，相应的功能就会受到影响		
（5）由此可见，细胞是肝脏结构和功能的基本单位		

基于此，隐藏在具体事例背后的主线也就凸显出来，即（1）、（2）、（3）、（4）这四个具体事例支撑重要概念：细胞是生物体结构和功能的基本单位，而对此重要概念理解的过程，渗透着生物学核心素养：结构与功能相适应的生命观念，总结如下（见图1）。

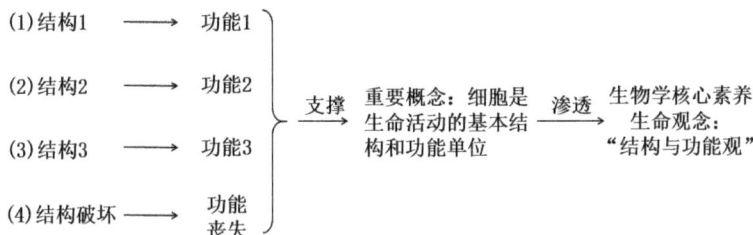

(1) 结构1 ——→ 功能1
(2) 结构2 ——→ 功能2
(3) 结构3 ——→ 功能3
(4) 结构破坏 ——→ 功能丧失

支撑 重要概念: 细胞是生命活动的基本结构和功能单位 渗透 生物学核心素养 生命观念: "结构与功能观"

图 1

三、重视教材插图信息，据文读图，以图释文

生物学教材插图种类繁多、内容丰富，是教材的重要组成部分。插图一般通过图片、表格、流程图等形式呈现出来，蕴藏大量的生物学信息，能生动、直观、形象地弥补文字表达的不足。有效获取插图信息不仅能提升信息获取能力，更能拓展思维活力和创造能力。

以人教版《生物学教材（七年级上册）》图 1-1 "阳光下生长的小麦"和图 1-2 "捕食大马哈鱼的海豚"为例：这两幅插图是"生物的一生需要不断从外界获得营养物质"的具体事例，是对"生物的生活需要营养"这个概念的重要支撑。在复习阶段，不能只满足于看懂插图的图文信息，更要拓展、迁移出去，在构建知识框架体系的同时，提升自己的信息获取能力。

这两幅插图可以迁移到生态系统的组成成分：小麦是绿色植物的典型代表，它能够通过光合作用制造有机物，是生态系统中的生产者；而海豚是动物的代表，它们不能自己制造有机物，只能直接或间接地以植物为食，是消费者。二者获取营养物质的方式有着本质的区别，这也是区分它们在生态系统中"角色"的主要依据。基于此，对"分解者如何获取营养物质"的思考与讨论也就随之而来，这个迁移过程不仅是对已有信息的获取和应用，更有对未知信息的补充和探究。

同理，我们也可拓展到光合作用和呼吸作用：小麦通过叶绿体，利用光能，把二氧化碳和水转变成储存能量的有机物（如淀粉），并且释放出氧气，这个过程就是光合作用。小麦通过光合作用制造的有机物不仅可以用来构建小麦植株，同时也养育了生物圈中的其他生物。而大马哈鱼被海豚捕食，体内的营养物质经过消化吸收后进入海豚的循环系统，进而被运送到全身各处体细

胞，这些细胞利用氧，将有机物分解成二氧化碳和水，并将储存在有机物中的能量释放出来，供自己生命活动所需，这就是呼吸作用。

阅读教材插图的过程是获取信息的过程，更是将图片信息内化为自身语言的过程，这不仅有利于基础知识的理解巩固，更有助于学科核心素养的提升。

获取信息能力不仅是中考考查的重要能力，更是学生终身发展的必备能力。从现在开始，不再静待知识的到来，主动出击，亲身经历，获取多方面的信息，再加工，再发展，只有这样习得的知识才能真正内化于心！

关注学生认知 寓"历史解释"于历史纵深处

——以《德意志帝国的君主立宪制》教学实践为例

柴婵娟

《普通高中历史课程标准（2017 年版）》中明确提出："历史课程要将培养和提高学生的历史学科核心素养作为目标，使学生通过历史课程的学习逐步形成具有历史学科特征的正确价值观念、必备品格和关键能力。"在新课程标准中，"历史解释"作为学科核心素养被明确提出，因为"所有历史叙述在本质上都是对历史的解释"，"我们通过对历史的解释，不断接近历史真实"。那么，何谓"历史解释"？它在中学历史教学中承载着怎样的功能呢？

一

关于历史解释，李剑鸣先生认为："就是使过去的人和事变成可以理解的知识的过程。"在《普通高中历史课程标准（2017 年版）》中，对于历史解释提出了具体的要求："区分历史叙述中的史实与解释，知道对同一历史事物会有不同解释，并能对各种历史解释加以辨析和价值判断"，"学会从历史表象中发现问题，对历史事物之间的因果关系作出解释；能够客观评判现实社会生活中的问题"。该要求归纳起来就是两点：一是认识历史与历史解释；二是学会历史解释。

我们的历史教材，本质上是对历史的叙述，它既记述了客观的历史事实，也反映了主流史观对历史的认识，即历史解释。如何区别教材中的史实叙述与历史解释，如何认识这些历史解释，进而学会历史解释，这是学生在历史学习中面对的重要课题。学会历史解释，是历史学习的一个较高要求，是检验学生有否具有历史学科核心素养的综合表现。历史学科诸素养中关于运用的要求，都可视为历史解释。可以说，历史解释不仅反映了历史学科的核心思维能力和表述方式，还体现着历史观和价值观的浸润，承载着学科育人的重要功能。

那么，我们该如何基于"历史解释"来进行课堂教学设计呢？在课堂教学中该如何培育学生"历史解释"的核心素养呢？笔者将以一课的教学实践为例，谈谈自己的看法。

二

为了让读者对这节课的设计有一个整体的印象，笔者先简要介绍一下这节课的基本流程和设计思想。

（一）教学步骤一：基于学生认知水平的情境导入

上课伊始，出示《格林童话》图片，接着设问："在你们成长的过程中，有没有读过这样一本书呢？""这本书的作者是谁？是哪国人？"在学生回答的基础上指出格林兄弟只能叫德意志人，因为当时的德意志只是一个地理概念，还不是统一国家。然后展示席勒的话"德意志，你在哪里？我找不到那个地方"，引入19世纪民族国家建立之前的德意志。这样用学生熟悉的素材创设情境导入，拉近学生与历史的距离，同时将"德国"和"德意志"两个概念进行辨析，有助于学生认识历史，形成历史解释，激发探究后续问题的欲望。

（二）教学步骤二：德意志民族国家建立的背景

这部分内容是拓展延伸出来的。教材关于"德意志帝国的君主立宪制"内容叙述较少，重点介绍了德意志帝国宪法，关于德国统一只有寥寥几笔。但是，不了解德意志的历史传统和民族国家的建立，学生很难理解德意志帝国政治制度的独特性。所以，教学中拓展延伸了德意志民族国家建立的背景，完善学生知识结构，为后续探究提供支撑。

（三）教学步骤三：德意志民族国家建立的过程

教师利用历史地图，用故事的方式讲述普鲁士三次王朝战争完成统一的概况。学生在具体的历史时空中，在生动的历史细节中感悟德意志民族国家建立的特殊性，体会历史人物的政治智慧，为后面探究德国政治制度的特殊性提供知识支撑。

在完成德意志民族国家建立内容之后，设计了一个综合探究问题：推动德意志民族国家建立的因素有哪些？需要学生综合运用前面所学来解决问题。

（四）教学步骤四：德意志帝国的君主立宪制

1. 比较美德联邦制的异同及成因

这一环节是通过创设图文资料和问题情境，教师引导学生完成的。教师展示"德意志帝国版图"和"德意志帝国联邦制国家结构示意图"，学生可以直观把握德意志帝国联邦制的特点。接下来，教师层层设问：这样规范起来的国家结构跟哪个国家相似？这类国家结构的特点是什么？德国联邦制跟美国一样吗？是什么原因导致了德美的差异呢？在此基础上，出示材料：

> 当时有人讽刺说，这是一个由一只大猛兽、半打狐狸和十几只耗子组成的联邦。

——丁建弘《德国通史》

请同学思考学者所说的"大猛兽"、"狐狸和耗子"分别指什么？学者为什么这样说？该环节的设计意图在于：教师引导学生调动所学，运用历史分析的方法解决问题，为下一个环节学生的自主探究起示范作用。

2. 比较英德君主立宪制的异同及成因

这一环节由学生利用文字、表格、故事等资料，自主探究完成。教师展示"德意志帝国宪法"的相关内容，请同学结合材料，概括德意志帝国政治制度的特点。接着，请学生自主完成英德两国政治制度比较表格的填写。为了方便学生直观理解英德君主立宪制的不同，教师还插入了一则关于英王维多利亚和德皇威廉二世的小故事。

最后，教师提出综合性探究问题：英德近代君主立宪制不同特点产生的原因？学生需要借助前面的知识铺垫，从历史的纵深处去进行"历史解释"。

（五）教学步骤五：近代西方资本主义政治制度的确立与发展单元小结

在学生完成"近代西方资本主义政治制度的确立与发展"地图填写的基础上，教师进行单元小结，引导学生立足历史时空，整体把握17—19世纪欧美资本主义政治制度的确立与发展，体会不同文明间的共性和差异。

三

在分享《德意志帝国的君主立宪制》基本流程及设计思想的基础上，笔者想谈谈这节课中基于学生认知，引导学生进行"历史解释"的一些做法及思考。

（一）基于"历史解释"的单元和课堂教学设计

1. 基于"历史解释"的单元整体教学设计

该节课隶属于普通高中新课程标准实验教科书历史必修1第三单元"近代西方资本主义政治制度的确立与发展"单元，该单元的核心概念是"代议制民主制度"，展现了人类政治从专制到民主、从人治到法治的历程。该单元所涉及的英美法德四国各有特色，充分体现了人类政治文明的共性与多元。

通过课前检测了解到，大部分学生对于近代西方资本主义政治制度了解甚少，相关知识贫乏，单元学习难度大。从个性特征上看，高一学生正是人生观世界观形成的关键期，独立性强，表现欲旺盛。教师可以整合单元教学素材整体设计教学，运用比较的方法，通过历史材料和问题情境设置，引导学生立足历史时空，把握近代西方资本主义政治制度确立的概况，理解英美法德四国政治制度的共性及差异，学习从历史传统和现实国情中去探究差异形成的原因，学习历史解释的基本方法，学习尊重历史和差异，实现历史学科以德树人的育人目标。

2. 基于"历史解释"的课堂教学设计

本单元第9课"资本主义政治制度在欧洲大陆的扩展"包括法兰西共和政体的确立及德意志帝国的君主立宪制两大部分内容，教学内容复杂，学生理解也有一定的难度。基于教学实际，笔者将第9课法德分开设计成两课时，从而形成"德意志帝国的君主立宪制"这一学习主题。关于这部分内容，教材叙述很简略，主要介绍了德意志帝国宪法，德意志统一只有寥寥几笔。但是，不了解德意志的历史传统和民族国家的建立，就很难理解德意志帝国政治制度的独特性。所以，在教学中拓展延伸了德意志民族国家建立的内容，这样就为后面学生探究德意志帝国政治制度特点的成因提供必要的知识支撑。通过课前调查也了解到，授课班级学生对于复杂的德国历史普遍感兴趣，特别是对德国政治制度有强烈的探究愿望。所以，在课堂教学设计上立足学生的认知水平，实现了学习内容的优化重组，通过多元历史材料和问题情境的设置，引导学生从历史的纵深处去理解历史，形成历史解释。

课标关于本节课的要求是"知道法兰西第三共和国宪法和《德意志帝国宪法》的主要内容，比较德意志帝国君主立宪制与法国共和制的异同"。课标的能力指向是"比较异同"，比较的目的是认识各国制度的独特性，其价值在于让学生认识世界政治文明的统一性和多样性，尊重不同文明间的差异。无论比较的对象是谁，目的是一致的。所以，从学生的认知出发，笔者将本节课比较的重点落在英德的君主立宪制。

（二）基于"历史解释"的课堂教学实践及思考

1. 生动的历史讲述为"历史解释"提供知识支撑

随着新课程改革的深入发展，讲述法遭到质疑。那么，新课程背景下历史课堂还能不能讲述？讲述法能不能培育学生的学科素养？在笔者看来，讲述法简洁、高效、易操作，有着其他教学方法难以替代的优势。问题是我们到底该在课堂上讲什么，该如何去讲述。《德意志帝国的君主立宪制》这节课中，笔者拓展延伸了"德意志民族国家建立的背景"这一内容，这在学生的知识储备中是没有的，教师只能依托图文资料，用讲述的方法来完成。教师讲述这部分知识恰恰是学生后面探究德意志帝国政治制度成因的关键，指引学生从历史的纵深处去理解历史，遵循史料实证的基本原则去进行历史解释。所以，要想培育学生的学科核心素养，教师的历史讲述是必需的。当然，这种讲述应该是为了解决学生的知识盲区，完善学生的认知结构，为学生的自主探究服务。同时，教师讲述的应该是典型的鲜活的历史，应该是能引起学生兴趣和共鸣的。

2. 利用情境创设和问题探究为"历史解释"提供条件

德国著名教育学家第斯多惠曾经说"教学的艺术不在于传授，而在于激励、唤醒和鼓舞"。那么，我们该如何激励、唤醒和鼓舞学生，引导他们去进行"历史解释"呢？在《德意志帝国的君主立宪制》一课中，笔者是借助情境创设和问题探究来实现的。在课堂导入环节，教师从学生的生活中选取素材创设情境并层层发问，引发认知冲突，激励学生进入课堂探究。在"铁血王国普鲁士"教学环节，教师通过典型图文资料配合教师的历史叙事创设情境，同时配合问题探究，帮助学生认识到普鲁士最终能承担统一重任，与它的历史传统密切相关，其军国主义、专制主义传统，即所谓的"普鲁士精神"也被带到了统一以后的德意志。在完成"德意志民族国家建立的背景"和"德意志民族国家建立的过程"之后，综合性探究问题"推动德意志民族国家建立的因素有哪些"需要学生综合运用相关知识解决问题，体验历史解释的基本方法。在"德意志帝国的君主立宪制"部分，教师创设了两个任务情境：一个是比较美德的联邦制，是教师引导和示范；另一个是比较英德的君主立宪制，是学生独立探究完成，两个任务紧密相连。学生需要调动单元所学，将政治制度史置于历史的纵深处去解释。最后的单元小结回扣单元主题，有助于学生从整体上解释近代英美法德四国资本主义政治制度的共性及差异。

3. 引导学生用唯物史观的基本立场、史料实证的基本方法去进行历史解释

德意志长期分裂动荡，为什么在19世纪上半期出现强烈的统一诉求，并最终建立起统一的民族国家呢？这与当时德意志的经济状况密切相关。19世纪上半叶德意志资本主义经济发展，关税同盟建立及局部统一市场的形成是德意志民族国家建立的经济基础，关于这一部分内容，教材完全没有涉及。唯物史观的一个重要内容是揭示社会结构中生产力与生产关系、经济基础与上层建筑的辩证关系。为了引导学生用唯物史观的方法来认识历史，在教学中拓展了"德意志关税同盟"这一内容，帮助学生认识关税同盟的形成是德意志民族国家建立的重要背景，引导学生用唯物史观的基本立场进行历史解释。

此外，本节课还大量引用了多元的历史材料来推进教学，像文字资料、历史地图、图像、漫画、图示、表格等，其目的就是要引导学生根据史料提供的信息来认识历史，用史料实证的基本方法来进行历史解释。

4. 在历史的细节处感悟历史、解释历史

历史是生动的，是鲜活的，立足"历史解释"的课堂教学，应尽可能多地关注历史的细节，给学生提供有血有肉的历史，让学生在历史的细节处去感悟历史，去解释历史。比如，铁血王国普鲁士中"士兵王"弗里德里希·威廉一世的小故事、三次王朝战争中俾斯麦高超的外交技巧、德意志帝国建立的历史场景、英王维多利亚和德皇威廉二世的政治逸事等，都凸显了对历史细节的关注。这些细节的处理，贴合学生的认知水平，将抽象的历史问题生动化，有助于学生理解历史、感悟历史，形成自己的历史解释。

中国著名史学家陈寅恪先生认为，对历史要有一种"了解之理解"。英国历史学家卡尔认为，读一本历史著作时，应该仔细倾听作者的心声。意大利学者克罗齐在说明历史解释时，提出了"一切真历史都是当代史"的著名论断。我们历史学科的育人功能，归根到底就是让学生认识历史，解释历史。基于"历史解释"核心素养培育的历史课堂，既要关注学生的认知水平，提供典型生动的历史素材，也要有问题情境的推进，还要有唯物史观的引领和史料实证的基本方法，教师需要引导学生置身历史时空的大背景下，从历史的纵深处去

发现问题，去解决问题，这就需要教师有丰厚的学养和广博的视野。

身为历史教师，只有不断学习，不断提升自己的专业素养，才能更好地选择和驾驭教学素材，给学生一个鲜活生动的历史课堂。作为历史教师，潜心笃定，锤炼专业功底，我们始终在路上。

优化学习路径　涵养学科素养

——时空观念核心素养涵养的路径研究和实践

王艾霞

历史学家葛剑雄先生在《历史学是什么》中说："时间和空间，是历史的两个最重要的要素。"李剑鸣先生在《历史学家的修养和技艺》中也提到："过去的任何一件事或一句话，要得到确切的理解，就必须置于具体的时间和地点（in time and place）来看待，'超时空'的立论必然远离'事实的真相'。"由此可见，时空观念不仅是构建历史解释的基础，更是历史学科本质的体现。《普通高中历史课程标准》（2020 年修订版）明确指出，时空观念就是在特定的时间联系和空间联系中对事物进行观察分析的意识和思维方式。时空观念核心素养指向思维方式的涵养，在教学中需要循序渐进达成。先从基本历史常识和基本技能入手涵养学生的历史感，如熟知表达时间和空间的学科术语，如熟知古今中外历史进程养成时序观念，再比如准确运用历史年表和历史地图来描述相关史实。在具备上述常识和技能的基础上再提升培养目标，如能够在具体的时空框架下，对较长时段的史实进行全面论述和合理解释。下面结合教学实践对上述培养路径进行说明。

一、熟知时间术语涵养历史时间感

历史学科中的时间概念既有年代、日、月这样的"短时段"，也有时代、时期和阶段这样的"长时段"，学生在历史学习中往往对此视而不见，实际上这是缺乏历史感的表现。教学中可以让学生对教材中的时间术语进行标注和总结。如《中外历史纲要》（上）第一单中就有"公元前 2070、夏朝、原始社会、商朝、殷、公元前 1046、周朝、西周、周初、西周后期"等表述，梳理总结后学生会认识到"公元纪年和朝代"是表达历史时间的常用方式。教材中还有与皇帝有关的纪年方法，如汉高祖、汉武帝和汉景帝等属于皇帝谥号，如洪武、嘉靖等属于皇帝年号，如明太祖、明成祖等属于皇帝庙号。经过不断梳理时间术语学生初步具有了历史时间感。

上述时间术语比较简单，但是历史学家在历史研究中划分的具有特定内涵的历史阶段就有点难度，如先秦指的是秦朝统一以前的历史，包括夏、商、西周以及春秋战国，这是中国早期国家以及向大一统国家过渡阶段，与秦朝之后的大一统国家相比有典型的阶段特征，如政治上以部族联合或分封制为基础，集权程度不高，管理比较分散等；再比如魏晋南北朝指的是从曹魏到隋朝灭陈这段历史，其中包括曹魏、西晋、东晋、五胡十六国、南朝的宋齐梁陈与北朝的北魏、东魏、西魏、北齐、北周诸多政权，其中有的政权在时间上有前后的时序性，如曹魏、西晋和东晋，有的是并立政权，如南朝的宋、齐、梁、陈与北朝的北魏、东魏、西魏、北齐、北周。学生掌握这些历史阶段就需要创新性的学习方法，有的老师通过构建政权时序图来引导学生加深理解，如图 1所示。

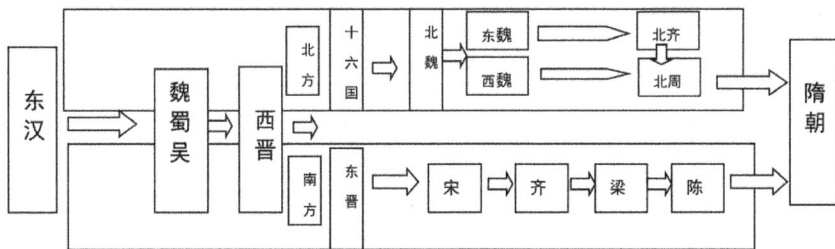

图 1　魏晋南北朝时期的政权变迁示意图（220—589）

学生通过时序图不仅可以弄清楚这一时期政权更替情况，还可以进一步认识到这一时期的民族交融和南方经济的发展为隋唐大一统奠定了基础等更深层次的时空观念内容。历史的发展阶段是学者基于对中国历史发展进程的认知而划分出来的，含有历史学家的价值判断和历史评价，通过对历史阶段特征的深刻理解，学生的时空观念和历史感逐渐增强。

二、全面识读地图涵养具象的空间观念

历史地图和文字资料一样含有丰富的历史信息，但是学生往往因为缺乏识读地图的基本技能而挂一漏万，所以时空观念的涵养需要重视培养识图的基本技能。

可以从四个方面解读历史地图进而涵养学生的空间感：

一是通过图例获取地图上的丰富信息，如识读"秦朝疆域图"，让学生准确指出疆域范围东到大海西到陇西北到长城南到南海，指出都城咸阳的准确位置，明确秦初 36 郡以及南征北战后增设的 4 个郡，通过图例了解和匈奴、南越少数民族的交流，以及驰道和直道主要交通干线构建起发达的交通网等信息，综合上述地图上的信息学生会感知到一个统一的多民族的秦朝概况。

二是利用黄河、长江等典型地理标志准确定位重要区域，如关中地区、中原地区、苏湖地区、湖广地区等。

三是清楚地图上古今地名的变化，如北京及其附近地区在西周时称燕，秦代这一地区归属广阳郡治，汉朝属幽州，而到了隋朝则改幽州为涿郡，唐初涿郡复称为幽州，后北京成为范阳节度使的驻地，辽政权在此建陪都称南京，金政权在此正式建都称中都，此后元朝、明朝和清朝的都城均建立于此，分别为大都、北京和京师。

四是识读专题性地图中的丰富信息，如解放战争形势图、三大战役形势图，既要获取战争的区域、进攻的方向等空间信息，以及战役的先后顺序、战争的进程等时间信息，也要透过现象看到战场上解放军由被动到主动的战争发展态势。

学生通过全面识读地图信息逐渐涵养敏锐的历史空间感。

三、综合认识时空信息提升时空观念素养

葛剑雄先生曾说："我们之所以能够将某个地域作为考察对象，应当是它作为一个整体，与周围有着显著的不同，而内部各部分则存在着共同点。这种共

同点可以是自然的，也可以是人文的，还可以是自然与人文两者结合的。"由此可见，在教学中引导学生综合联系特定时空中的政治经济文化诸要素，是理解重大史实涵养历史时空感的重要内容。

如识读孝文帝改革中的"迁都洛阳路线图示意图"，在明确了平城和洛阳的地理方位后，还需要结合具体史料把握平城和洛阳在政治、经济、军事等方面的特点。我们补充朱绍侯先生的《中国古代史》中的一段材料："经济上，平城寒瘠，且交通运输不便，在人口日益增加的情况下，粮食供给常发生困难。军事上，平城地处边境，北边受到柔然威胁，经略南方又显得悬远。政治上，由于各族人民不断地反抗，北魏统治者迫切要求同汉族地主进一步合作。为此，他们需要进一步消除已经缩小了的民族界限，实行汉化政策，但在鲜卑贵族集中的旧都平城，保守势力比较顽固，推行汉化政策阻力很大。"学生通过这段材料认识到，北魏统一北方后，平城无论在经济上、军事上还是政治上都缺乏作为统治中心的优势。而洛阳作为华夏文明的中心，显然具备更多优势。学生有了上述认识后对北魏迁都洛阳的理解更加深刻，能够从背景、经过和影响等方面论述这一重大史实。

通过全面识读时空信息，学生认识到时空不再是干巴巴的年代和地名，而是有着丰富内涵的历史场景，重大的历史事件具有特定的时空背景，这正是时空观念核心素养的重要表现之一。

四、全面认识较长时段的史实强化时空观念素养

历史中的重大事件、历史发展趋势、制度、观念和社会心态的演变、对某个人物的评价等往往发生在较长时段中，那么学生在长时段历史进程中独立探究历史问题的能力培养特别重要。先明确都经历了哪些重要时空，再联系具体时空诸要素去构建合理的解释，如此可以达到"求事物变迁之迹而明其因果"。

例如，在学习中国儒家思想的演变时，首先能够梳理其"创立、成为显学、取得正统地位、被挑战、宋明理学新发展和明清之际在批判中发展"这一脉络，并准确把握每个阶段的具体内容，然后在具体时空中探究其原因，如有的老师采用表格的方式进行梳理和探究（见表1）。

表1 儒家思想的发展演变

	主要内容	政治背景	经济背景	其他背景
春秋战国	孔子创立儒学，提出"仁"和"礼"；孟子、荀子等发展儒学成为显学。孟子将孔子政治主张发展为"仁政"，提出"民贵君轻"；荀子提出"君舟民水"	周王室衰微、诸侯争霸，分封宗法制度遭到破坏	铁犁牛耕推动生产力发展，井田制瓦解，封建土地私有制形成	"士"阶层崛起；私学兴起
汉朝	董仲舒提出"天人感应"、"君权神授"、"大一统"、"三纲五常"等思想和"罢黜百家，独尊儒术"的主张，儒学取得正统地位，后逐渐成为主流文化	黄老思想不适应时代发展；国力强盛；加强中央集权的需要	经济发展国力增强	
魏晋南北朝	受来自佛教、道教的冲击，儒学正统地位受到挑战，三教相互吸纳渗透	国家长期分裂朝代更替频繁战乱频繁	北方经济遭到破坏	佛教的中国化并在民间广泛传播；道教的传播
宋朝	程朱理学：理是万物的本原，把天理和伦理道德直接联系起来；强调"格物致知"，提出"存天理灭人欲"；陆九渊的心学："心"即是"理"；发明本心	统治者加强中央集权、加强思想控制的需要		隋唐时期的复兴儒学运动；科举制度的发展；科技的发展
明清之际	黄宗羲从批判封建君主专制制度的角度，批判理学视君臣之义为天理的伦常观。顾炎武从经世致用的角度提倡实学，批判理学空谈。王夫之通过气和理的关系，论述物质第一，意识第二，对理学的唯心主义进行批判；通过运动绝对，静止相对的辩证关系批判理学形而上学观点	君主专制中央集权空前加强	商品经济蓬勃发展	理学僵化，科举制度僵化，近代科技文化传入

基于表1内容学生深入思考并理解诸多史实之间的联系。横向分析表格内容，可以看出时空诸要素影响下儒家思想发展的具体表现；纵向分析表格内容，可以认识到儒家思想的演变过程并发现前后之间的联系，从而构建起对儒学演变这一重大问题的合理解释。

再如，2021年海淀高三期末练习第24题，原题是：结合所学，解读所示地图中反映的历史信息。这属于时空观念水平4的问题，学生能力难以一下子达成，故而对问题进行分解，设置如下三个问题：

问题1：观察三幅示意图，简述铁路发展的表现。

问题2：依据地图，结合所学，分析中国铁路发展的原因。

问题3：结合所学，说明铁路发展所带来的影响。

问题1的难度在时空观念水平层级2，即能够把中国铁路发展定位在特定的时间和空间框架中，利用历史地图对铁路发展进行简述。问题2的难度在时空观念水平层级3，即能够把握时空联系对较长时段的史实进行概括和说明。问题3的难度达到了时空观念水平层级4，即在对历史问题和现实问题进行独立探究的过程中，能够选择恰当的时空尺度对铁路发展进行分析、综合、比较，在此基础上做出合理的论述。

学生在解决上述问题的过程中，从不同角度逐层深入地提取了地图信息，能在具体的时空框架下，结合史实，全面论述不同阶段铁路发展的历史原因及影响，能够进行提炼总结。史实准确，史论结合，逻辑清晰。通过水平层级逐步提升的三个问题涵养学生的时空观念素养。

任何历史事物都是在特定的、具体的时间和空间条件下发生的，只有在特定的时空框架当中，才可能对史实有准确的理解。这种时空观念素养会帮助学生在历史学习中形成专业的学习思路，有助于他们构建合理的历史解释。

讲课就是"讲故事"

——当前高考命题下的历史教学策略

李晓涛

首都师范大学的叶小兵教授曾于 2009 年 1 月在访谈录中讲道:"历史考试所检测的是历史学科的学习程度,而不是考察记忆历史教科书的程度。所以一旦考试不再唯书,唯书式的教学结果当然难以辉煌了。可以这样说,不适应当前历史高考改革的要求,实际上是一种尚未完全进入历史教学改革状态的结果而已,其症结就是还停留在只认一套教科书上。"叶小兵教授的一席话,道破了历史考试变化的"天机",也给我们历史教师提供了新的思路与方向。近年来,越来越多的教师感受到,高考试题似乎离我们的历史教材越来越远,甚至有教师感叹,教与不教一个样!在这样的背景下,教师到底应该如何讲课、如何使用教材呢?

从夏商周到新中国成立,从古希腊罗马到美苏争霸,从梭伦改革到李时珍……人教版历史教材必修一、二、三讲述了古今中外政治、经济、文化发展史上的大事,选修一、四也囊括了历史上具有重大影响力的改革与人物。这样丰富的历史教材是不是已经足够我们教师使用了呢?不,还远远不够。在浩如烟海的历史知识中,教材的内容仅仅是沧海一粟。囿于篇幅,教材不可能面面俱到,这就要求教师适时补充合适的资料,把教材缺失的内容讲完整,将教材表层的内容讲透彻。通俗说来,讲课就是"讲故事"。

这里的"故事",既指历史事件的前因后果、发展过程,又指为提升学生兴趣而补充的历史资料。由于高三教师背负着高考的巨大压力,常常执拗于学生核心知识的背诵与掌握,却忽视了学生的历史理解。这样的高三复习模式,学生虽记住了知识,却丧失了能力,在灵活多变的高考题面前因缺乏分析和理解而败下阵来。因此,教师要变"记忆型"的历史教学为"思维型"的历史教学。这就需要教师提供相关材料,帮助学生在理解的基础上记忆消化。

如在讲述"罗马法的历史地位"时,教材写道:"近代时期,资产阶级根据罗马法中的思想,制定出保障自己利益的法律。他们还利用和发展了罗马法中的思想和制度,作为反对封建制度、推进资本主义发展的有力武器。"

何谓"罗马法中的思想"呢?没有资料的补充与教师的讲解,学生很难明白罗马法和反封建之间的联系。于是,教师可提供如下材料:

> 罗马法包括三个大的分支或组成部分,即[公]民法、万民法和自然法。
>
> ……
>
> 自然法不是司法实践的产物,而是哲学的结晶。斯多噶派发展了具体体现为正义和公正的理性自然的思想。他们断言,所有的人在本性上都是平等的,都有权享受一些基本权利,对这些权利政府无权侵犯。这一法律优先于国家本身,任何擅自亵渎它的统治者必然成为暴君。
>
> ——P. L · 拉尔夫等《世界文明史》

可见,"罗马法中的思想"是指罗马法体系中的"自然法",它是哲学的结晶。自然法中蕴含着"人人平等"、"天赋人权"、"人民基本权利不可侵犯"等思想,而这些思想不正是日后资产阶级反对封建制度的武器吗?

我们还可以进一步阐释罗马法的历史地位:

> 第一,罗马法曾经为市民阶级或资产阶级战胜教会和世俗封建势力提供了理论武器。
>
> 第二,罗马法为资本主义经济的发展和巩固提供了现成的法律形式。
>
> 第三,罗马法为新兴资产阶级的民权理论提供了思想渊源。
>
> 第四,在资产阶级取得政权以后,罗马法又为资产阶级的法律体系的建立提供了楷模,是近代欧洲大陆国家立法所遵循的范本。
>
> ——李雅书、杨共乐《古代罗马史》

材料从政治上的革命、经济上的发展和革命之后的政权巩固几个方面阐释了罗马法对于资本主义发展的意义。通过阅读材料,学生对教材中罗马法影响的叙述就更加清晰了。显然,这一内容并不需要死记硬背,便已印象深刻了。海淀区教研员赵文龙老师曾说过,如何在结论与史实之间搭起桥,是历史教学中要注重的问题,这样,学生才会思考。所以,在高三复习中,教师的"讲故事"就是史实与史论之间的桥梁，补充适当的材料，把历史事件的来龙去脉讲清楚，学生自然就能分析出事件的前因及后果了。在这一过程中，学生不但记熟了核心知识，也学会了分析问题。

再以 2016 年北京高考文综卷选择第 18 题为例：

20 世纪一二十年代，一位历史人物因创办《新青年》被誉为新文化运动的先驱，后又成为"五四运动的总司令"。此人 _____。

A. 是中共一大上海组的代表

B. 在中共一大被选为书记

C. 提出"政权是由枪杆子中取得的"

D. 指挥了八一南昌起义

从题干部分，我们能够分析出，这位历史人物是指陈独秀。题目考查的是陈独秀在中共一大时的历史作用。此题具有迷惑性的选项是 A。许多教师在讲课时都会提及"南陈北李相约建党"，即陈独秀在上海、李大钊在北京相约成立了共产党的早期组织。学生根据教师的讲述，反而会产生错误的联想，那就是这样重要的人物，一定是中共一大的代表吧。其实并不是。考纲中并不要求学生熟记中共一大的代表，但教师在讲课时完全可以补充一大代表的内容。

1921 年 7 月 23 日至 31 日在上海举行。出席代表 12 人，代表全国党员 50 多人。

中共一大代表名单

上海	李达、李汉俊
北京	张国焘、刘仁静
长沙	毛泽东、何叔衡
武汉	董必武、陈潭秋
济南	王尽美、邓恩铭
广州	陈公博
留日	周佛海
武汉	包惠僧（陈独秀委派）

教师呈现出这份材料后，眼尖的学生会发现，在这份中共一大代表名单中，并没有对建党起到至关重要作用的陈独秀和李大钊。教师可以适时提出这个问题，然后加以解释，陈独秀和李大钊因为公务而未能参加。同时也有材料证实，他们当时并未认识到这次大会的重要性，以至于后来中共代表回想不起一大召开的确切时间，所以将每年的 7 月 1 日定为"党的生日"。直至 20 世纪

80 年代，经过邵维正先生的考证，才将时间确定为 7 月 23 日。

教师还可以补充金一南在《浴血荣光》一书中关于中共一大代表的命运的材料：

> 1921 年 7 月，一大在上海召开了，13 位代表有多少人能够想到这个党 28 年以后能夺取全国政权？……

> 1923 年，陈公博因投靠军阀陈炯明被开除党籍；1923 年，李达脱党；1924 年，李汉俊脱党；1924 年，周佛海脱党；1924 年，包惠僧脱党；1930 年，刘仁静被党开除；1938 年，张国焘被党开除。

> 13 位党代表，脱党的、被党开除的达 7 位，超过半数。……王尽美 1925 年牺牲，邓恩铭 1931 年牺牲，何叔衡 1935 年牺牲，陈潭秋 1943 年牺牲。

> 13 名党代表中，脱党的、被党开除的 7 人，牺牲的 4 人，加起来是 11 人，最后党内幸存者仅毛泽东、董必武二人。

这些材料的补充，使学生对中共一大的认识更加深刻，那么在做题时，就不会受到选项 A 的错误干扰了。同时，在潜移默化中，也完成了一次对学生情感态度与价值观的教育与引导。

有些教师会提出质疑：高三课堂如此宝贵，一节课只有 40 或 45 分钟，每一个历史知识都如此详细地解释，时间来得及吗？笔者认为，高三历史复习不求快，但求精。精讲的一轮复习，看似占用了大量时间，但远比一知半解的三轮四轮更有效。要想让学生尽可能多地消化吸收精华，细嚼慢咽总是胜过囫囵吞枣。也有老师提出其他质疑：现在在新课改背景下，若以老师讲解为主，学生作用又如何凸显呢？笔者发现，现如今，为了体现学生的主体作用，一些历史教师矫枉过正，将课堂完全变成了学生展示的舞台，虽然学生参与度大大提高，但形式上的热闹掩盖了教学的本质，这样的课堂效率也是大打折扣的。而且，我们的教学形式并非没有学生的参与，学生在复习的过程中阅读了材料，理解并分析了材料内容，通过教师的讲解与提问思考了问题，这都是学生的一种参与。而这些参与显然提升了学生的学科素养，也与现在的高考命题变化相一致。

在《普通高中历史课程标准（实验）解读》中，对历史考试有这样一番描述："为了充分发挥考试这一评价方法的发展性功能，考试的内容、方式、结果处理等方面出现了新的发展趋势。在考试内容方面，强调加强与社会实际、学生生活经验的联系，重视考查学生历史思维能力、创新能力，少考一些识记性的内容，多考一些体现综合运用历史知识、需要创新思维的内容……"现在的高考命题越发体现了这一要求，考查的是学生的思维能力，是运用历史知识解决问题的能力，而非死记硬背的能力。所以，在这样的高考命题下，教师要学会"讲故事"，这样学生才能真正学会"做试题"。

如何在音乐教学中有效地引导学生关注音乐本体

王　婷

匈牙利音乐教育家柯达伊曾说："音乐应该属于每一个人。"是的，听到欢快的音乐你会手舞足蹈，听到悲伤的音乐你会伤心落泪，这些都是音乐带给我们最直接、最感性的体验。但如果继续追问："为什么这段音乐让你感到欢乐？"很多学生却不知道如何回答。这是教学中很常见却又容易忽视的重要问题，如何让这些感性体验上升到理性认识，如何让学生从"喜欢听"到"听得懂"？这就需要教师在音乐课堂教学中引导学生更多地关注音乐本体，关注音乐要素与情感体验之间的联系，通过音乐作品内在的表现形式唤起学生发现美、创造美的审美体验，从而培养他们的审美感知能力。

"音乐本体"即音乐自身，它在不同的语境下有不同的指向——可以泛指音乐作品、音乐作品文本（乐谱）或音乐作品的音响，可以指构成音乐作品的基本表现要素，如旋律、节奏、节拍、力度、速度、音区、音色、调式、调性、和声、织体等，也可以指构成音乐作品，形成某种音乐体裁、风格或流派的内在规律。音乐学习应当从音乐中来，到音乐中去。任何音乐体验都应进入到音乐内部，体验音乐内部的表现形式，充分感知音乐要素的表现作用，提高学生对音乐本体的认识和理解。既然音乐本体如此重要，那么教师在课堂上应当如何更有效地引导学生关注音乐本体？

一、引导学生建立关注音乐要素的主观意识

我们接触到一首音乐作品，首先是对音乐的整体感知，音乐传递给我们一种什么样的感觉。但是说到音乐带给我们的感觉，却需要从音乐的表现要素

入手。

音乐表现要素就如同音乐的语言，它以自身独有的特点告诉我们，音乐为何能传递给人们或喜悦或悲伤的情感，它是以什么样的形式深入人心、震撼灵魂的。

音乐的表现要素，主要包括音乐作品的旋律、节奏、节拍、速度、力度、调式、结构、音色等方面。教会学生用"音乐的语言"感知、分析、描述音乐作品是建立听觉感受的前提条件。比如旋律的进行方式如何？节奏是密集还是疏松？速度是快还是慢？音色是明亮还是低沉？力度是强还是弱？等等。从这些基本的音乐要素分析，可以让学生从接触一首作品的开始，就有意识地从作品的音乐方面分析、关注其传递情绪的方式，而不是简单地陈述作品是否"好听"。

以《永远的回忆》一课为例，课中欣赏和学唱音乐剧《猫》中的经典唱段《回忆》，这一唱段在剧中一共出现了三次。在教学设计中，紧紧围绕"音乐要素"，建立学生对作品的"听觉感受"，分析每一次演唱的不同之处。如同音重复和四度音程给人带来的紧张与不安；魅力猫和小猫杰米卡的音色对比；力度加强、音调移高八度后的情绪变化等。所有的一切，都从音乐中找寻答案，学生逐层深入地探讨音乐所要表达的情绪与剧中故事情节发展的密切联系。

在学生掌握了基本的音乐要素的分析方法之后，教师可以逐步涉及更有难度的音乐知识，如乐器类别、音域、音色、体裁分析等方面，引导学生关注音乐作品更深层次的内容。这样循序渐进的课程设计，能帮助学生建立对音响结构的综合体验能力和感知能力，提升艺术素养和人文素养。

如《鳟鱼钢琴五重奏》一课，对于初中生来说，理解变奏并不难，难的是让学生理解不同的音乐要素对塑造不同音乐形象所起的作用。在教学设计中，围绕音乐要素与情感体验和音乐形象之间的联系，引导学生关注音乐要素的变化。在聆听主题和每一段变奏之前，可以围绕这四个问题，即（1）辨别主奏乐器;（2）感受音乐情绪;（3）分析音乐要素的表现作用;（4）判断主要变奏手法，引导学生逐层深入地探讨音乐所要表达的情绪和作曲家的创作意图。

在聆听的音乐的过程中，只有培养学生建立关注音乐要素的主观意识，学会用音乐的语言描述音乐要素的变化与音乐情绪情感、音乐表达形象之间的联系，才能真正让学生在音乐中感受美、体验美、创造美，达到音乐美育的目标。

二、以音乐本体为中心适当设计实践活动

在聆听一首作品的同时，对音乐要素的分析、理解、诠释是感受音乐作品传达情感表征的重要环节。作为教师，我们不是主观地说音乐表现了如激动、欢快、哀伤等情绪，学生就会感同身受的；而是通过让学生以实际行动参与课堂、表现感受音乐，让音乐要素本身的特点感染到学生，从而产生情感共鸣。这同时也对我们的教学提出了全新的挑战。

教师们可以基于学生的音乐感知能力，引导学生结合音响和音乐本体分析，开展演唱、演奏、创编等实践活动，充分调动学生的视觉、动觉等感官，在游戏中学习专业的音乐知识和技能，加强对作品的情感体验，培养艺术表现能力。以歌曲《樱花》为例，曲调虽然不难，但唱出味道却要下一番功夫。在课堂上，教师可引导学生更多地关注音乐本体，如和学生一起交流如何演唱、演奏会更有感染力，用什么样的声音演唱，歌曲的力度、速度是怎样表现的，音乐表达了什么样的情感等。设计的系列问题可以启发学生深入地、有感情地表现作品，从而提高艺术表现能力。为了更好地了解日本都节调式音阶，可以采取游戏的方式，让学生扮演不同的音符，唱到谁，谁就站出来，显而易见，等到游戏结束大家就会发现出现最多的五个音是"m、f、l、t、d'"，即都节调式音阶。为了更好地唱出歌曲尾音的韵味，体验樱花凋落时的那种自然美、余味美，可以借助奥尔夫教学法中的声势教学，配上富有日本特色的简单动作，更好地表现歌曲。

此外，学生还可以对欣赏或唱、奏的音乐片段进行创编，如大小调式之间的变换，体验不同情绪的对比；或将欣赏的音乐片段作为音乐动机，进行简单的上下句结构的创编，引导学生了解"同头换尾"、"起承转合"等创作手法；抑或是让学生填词或编写剧本，配合所学习的音乐，进行即兴表演。这样不仅能达到良好的教学目的，还能激发学生的创作热情。

需要强调的是，无论是演唱还是演奏作品，我们的最终目的是让学生感受音乐作品的情感表达；无论是声势律动、节奏创编还是即兴表演、分组游戏等教学环节的设计，都应以音乐本体为中心，以学生能更好地理解音乐作品为目的，千万不能主次颠倒、本末倒置。

三、以音乐文化背景理解音乐本体的创作特点

人们常说"十里不同风，百里不同俗"，不同地域的地理特点、民风习俗都会产生不同的文化特点。而音乐是人类共通的语言，音乐以声音为载体，表现不同国家、民族、地域的动态文化。各个地区、各个民族不同的音乐创作特点往往蕴含了不同文化对于音乐不同的影响。所以我们说，以文化为依据，分析音乐的本体特征，能更深入地了解音乐的内涵及其表现。以音乐要素分析音乐，以文化背景理解音乐，以地域风俗特点表现音乐，真正做到从音乐中来，到音乐中去，在音乐中提高学生的审美感知能力、艺术表现能力与文化理解能力，从而促进学生审美感知、文化理解素养的形成与发展。

这也就要求教师在备课时更多关注音乐的语境及所承载的文化符号，以音乐本体为中心，把文化背景作为辅助学生音乐学习的一个方面，培养学生音乐文化思维，让我们的教学更为高效。如在教学中播放一段音乐，可以提问学生：这是我国哪个民族的音乐？然后追问：为什么？这个民族的音乐有什么特点？作品的旋律、节奏特点是什么？有何特色的伴奏乐器？……这样逐层深入地设计教学问题，培养学生"从音乐本体"入手的音乐思维，以文化为背景探寻音乐本体中各要素创作的地域性特征。

音乐是情感的艺术，音乐教学应着重培养、提高学生的音乐审美能力，而审美应该是自由的、开放的，每个人对音乐有不同的理解。在课堂教学中，应逐步培养学生关注音乐本体的意识，辅以音乐活动、理解文化背景，深入挖掘作品传达的情感内容及作者的创作意图，在教学中落实核心素养的要求，提升学生的艺术水平与音乐鉴赏能力。

基于学情模型化的学为中心高中美术学测设计探究

——以《美术鉴赏》学情侦索学测研究为例

高自平

学为中心、以学定教是学生求教之学、自主学习、协作学习的统一。本文通过学情模型化，课堂观察，学习支架，借助不同功能、不同层次、学科学习和综合学习兼容并蓄的学测探究，有效实现学情提调、动态追踪、精准调控，让每一个学生学会学习，主动发展。

一、高中美术学情现状分析

古希腊学者普罗塔戈说：头脑不是一个要被填满的容器，而是一束需要被点燃的火把。当今天试图在美术教育中努力地点燃这束火把的时候，却发现学情复杂性和困难远远超过我们预期，学生似乎没以前那么"听话"了。

如何从"教为中心"走向"学为中心"？什么是学生比较好的学习状态？教师应该怎样促进学生主动学习？一个个问题切切实实摆在我们面前。

归纳起来，学情复杂性集中表现在学生、学识、为学和学为四个方面。

学生方面：（1）对于一个学习主题内容来说，即使同一个年级，或者同一个班，学生的知识储备差异就很大。因为现在不同家长、环境、信息资源对学生的成长都产生了不同的影响，虽然同一年龄的孩子思维水平相差不是特别明显；（2）个体差异可以表现为：学优生、学适生、学困生、学惰生、学厌生等；（3）整体及整体与个性统一性差异：班级整体与部分学生；不同学校，不同班级，不同学科之间；（4）男女性别差异。

学识方面：（1）学生本身知识掌握、认知和元认知水平差异；（2）教材和教学变化的影响。

为学方面：（1）孩子学习目的不同，差异也很大；（2）社会环境的影响，如网络、信息媒体、不同的学习经历、青少年偶像网红崇拜等；（3）学生学习个性化需求不同。

学为方面：（1）学生学习品格不同，积极性、主动性的差异；（2）态度、情感和课程参与度差异等。

因此，当课堂从"教为中心"向"学为中心"转化时，如果不了解学情静态本质及其动态发展规律，或者了解了却没有很有效的问题解决策略，那么"学为中心"的教学就会失之于表面、片面、肤浅，流于形式而内涵不足。

二、学情磁性导引模型化

既然认识到学情的复杂性，那么如何研判、提调、捕捉、追踪和推动学情发展呢？

通过平时课堂观察、学测数据、学习实践，我们以"三位一体"磁性导引模型体系为基础，充分运用学测形式，收集具有说服力的各种数据实证"证据"建模，提高结构效率，形成有助于求教之学、自主学习、协作学习综合驱动的有机统一体，积极推动学情合理有序健康发展。

"三位"指学情的要素、结构、功能。

"一体"指学情的性质属于有机统一体。学情有静态和动态之分，它们和而不同、变动不居、充满活力的本质，要求我们实践探索不能碎片化、表面化、形而上学，而要在整体中把握个性，在运动中研判引导。

"磁性导引"首先指教学要最大限度在学生、教师、知识之间建立相互信赖、相互吸引的对应关系；其次是模型导引内容变量之间关联性密切，魅力教学、趣旨增强。

"三位一体"的磁性导引模型如图1所示。总体模型："三位一体"磁性导引模型 = "三位一体"构架 + 三维优化体系。旨在反馈学情，帮助教师对学情研判、动态、磁性导引、增益诸方面进行针对性研究，是学情静态→动态发展→新的相对静态循环体系，这个体系中教师对学生学习学情精准调控和关键学测教学设计十分重要。

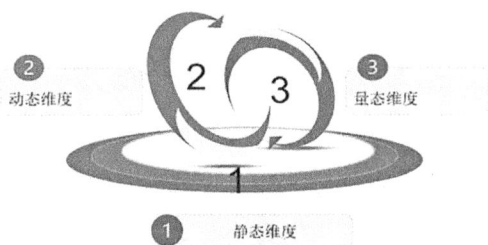

图 1

"三位一体"架构图式如图 2 所示。"三位一体"架构：是学情层级关系和基本运行体系，清晰精确的学情单元划分，有利于权衡学生个体在"学为中心"学习中，差异在哪儿？什么样的差异？补救点和发展点在哪儿？教学和学测如何设计和驱动才能更好促进个性化发展？等等。

图 2

磁性导引微观模式如图 3 所示。该模式主要体现教学引导的科学有效性、活泼性、密切性和趣旨魅力性，要求学测设计在学科教学、综合实践、"做中学"、跨学科等不同维度，嵌合学情发展需要，学生、教师、知识之间关切谐和、互联亲近，增强"学为中心"课堂的人性化效益。

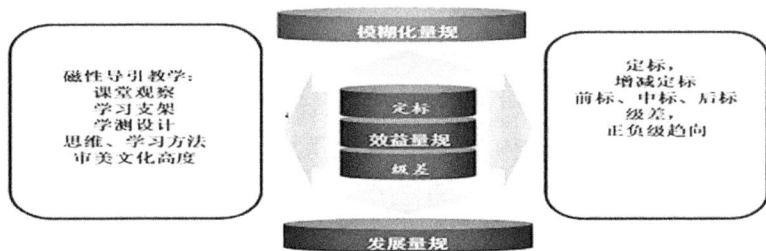

图 3

三、基于《美术鉴赏》学情的"学为中心"

（一）"学为中心"意涵

这里"学为中心"指高中《美术鉴赏》课堂教学中，老师改变以教为主观念，教是为了不教，授人以渔。美术课堂应该以学会学习为圭臬，通过教师的引导和学生合作，来实现学生独自一人无法完成的学习，"学为中心"并不悬置教师的导师作用，而是将"教"变成学生主动"求教"。引导学生如何更好地学会学习，才能培养学生具有不断迭代更新、元认知的自我塑造能力。

其次，"学为中心"是学生学情功能化产物。学教有矩的学生学习可以分为三种：（1）有人教的学习，如学校课堂、网络课堂、讲座等，是"求教之学"；（2）自我的学习或"自主学习"，如自我从书籍、媒介和其他渠道获得知识，或者"做中学"，也可以称之为"主动探索学习"；（3）合作学习，指课堂上的小组学习、媒体网络互动学习等。这些学习的途径和方式都可以作为"学为中心"的有机组成部分。

（二）主动营造"学为中心"的学科生境和超学科综合学习意境

模型化有利于教师整体、全面、动态、发展性掌控学情，学测设计是主动营造"学为中心"的学科生境和超学科综合学习意境的重要手段，通过不同模式的主题学测，实现学科知识结构、认知结构和教学结构的学科统一生境。教材是教学内容的主体，但并不等同于学生具体学习的美术内容。认知结构层次化，教学过程活性化，让学生觉得学习目标可为、能为，从而提高课程参与度，有效提高学习效能。

充分考量学情，准确提调，适时追踪和增益评估科学化，形成超学科综合学习意境。以教材为基础，根据学段年龄段的共同学情进行初步设计，并随着不同班级具体情况，"同课异施"，最大限度能够观照到每一个学生的具体生情，以命题、主题探究、做中学、项目综合实践、师生积极互动、信息加工、学生演示、讨论、练习和小组活动等设计，点燃学生的学习灵感和欲望，创造学生学为的磁性导引意境。

四、《美术鉴赏》学情侦索的学测设计

人美版高中《美术鉴赏》是最新编写的美术欣赏课程。现在教材与过去最大的不同是通过主题化探索，单元大概念、课时中概念和环节小概念相结合来强化学科知识层次化，同时增加了不少引导学生思维活动、综合实践、积极认知的操作项目，知识点、事实点、思考点和实践点，布点明确具体，新课程给教师教学主动性留下了足够的发挥空间。

"学为中心"的《美术鉴赏》课堂是学生求教之学、自主学习、协作学习的统一。教师不仅驱动知识技能学习，更成为磁性导引学生主动求索学习方法的学习，所以学情研判、施动和梯度分化尤为关键。教师通过积极学测设计，精准实现课堂观察、学习支架的建设性作用，潜移默化，帮助学生走出学习过程的"不适区"，进入"舒适区"和"发展区"。

学测设计宗旨：符合学情，激发学情。

（一）课堂观察的学测设计

课题观察是学情研判的最直观方式，教师通过观察学情变化和反思自身教学获得反馈。美国社会心理学家贝尔斯（R. F. Bales，1950）和美国课堂研究教育家弗兰德斯（N. A. Flanders，1960）提出课堂观察量化研究方法，虽然量表形式记录和诠释课堂可以操作，但量化片面性也不可避免。1970年研究者加入了定性研究方法，将定量与定性综合研究是现在课堂观察的常用方法。教学中采用的课堂观察学测设计有：（1）课堂发言互动性观察；（2）上课姿势观察；（3）学测完成状况观察；（4）教学方式学情观察；（5）学测性提问。

（二）学习支架学测设计

基于学情的学测设计可以通过搭建一些支架来帮助学生系统性理解。

《美术鉴赏》课堂中要创造引导学生学习的学测支架，这个支架有利于降低学生的学习困难，或突破理解障碍，教师还辅之以加速学生对知识理解的功能性言语、关键词暗示、递送问题解决拐杖、无讲解的教学演示等。

1.教学结构支架设计尊重学生的学情实际

教师首先对教材内容有比较深入的理解，重点放在本课知识技能与核心素养层次关系上，然后根据前测和学生实际情况，确定教学内容、程序和学测活动的教学结构，建构相应环节的合适学习支架，引导学生更深层次更好地学习。

2. 建构主体性、分体环节性和功能性学习支架

主要支架：建立突出教学重点和突破教学难点的主体支架，用分体支架和功能性支架消除部分学困生学习困难、认知挫折，或加快学生理解速度。

一般对《美术鉴赏》单元的学科结构、认知结构和教学结构创建主体支架和分体支架。

3. 因变微调

课堂活动实施过程中，首先，考虑学生问题解决和任务完成实际能力，根据学生生情，特别是学困生、学惰生设置观察判断理解性学测，教师提供语言协助或图片工具加以引导。其次根据班级，调整问题的难度值。

功能性支架有：（1）学习支架一——视频音画支架。教师利用课程中的相关语境，让学生身临其境，从所见、所闻、所听到所想，引导学生情感和思维的交互碰撞，发挥美术学科的特点，增强学习的感觉特征，有助于抽象思维认知的直观性和情感意象记忆，培养纷杂状态下学生从表象中去伪存真、批判性思考的能力。支架放在导入型学测部分比较好，引人入胜，便于新课衔接。（2）学习支架二——层次性支架。根据教学重点内容的思维进阶、缘起成因、单体和综合、现象与本质等，利用正确与错误、辨别与对比、单选与多选不同难度值，设计不同层次的各种学测活动形式。（3）学习支架三——开放性"做中学"支架。形式贴近生活，贴近时代，丰富多彩，教师由导引帮扶到放手学生自主探究，让每一个学生都公平而有质量地参与活动，经历学习过程，升华思考，促进学习不断延续和深化。（4）学习支架四——磁性创意支架。如案例与抽象、抽象与具体化、创作与设计、自然与艺术、百变大师等。（5）学习支架五——跨学科超学科支架。以交互思维做支撑学以贯之。

（三）单元学测设计

单元教学是课时组合性教学，有总体框架也有分体衔接差异。学情可分三个阶段：一是前学情→单元前、课前预判和累加研判；二是学情驱动→课堂跟踪；三是后学情→单元后、课后内化评估和巩固升华。

教师在总体设计单元前学情时，要尽可能做到准确的基础性预判，再具体到每个课时的前学情，研判环节和目标要了然于心。

前学情，即课前学情。一般来说，同龄同班学生的认知结构水平相对稳定，落差较大的是单元知识结构，这是信息化时代学习方式和渠道多样性导致

的结果，但对于教学影响不容小觑，就好像同一界面不均匀的参差介质，基本教学定位确定是磁性导引生成的关键，对不同生情的吸引力差别较大。

经验有时也可能成为前学情的固化思维模式，迷恋经验就容易脱离实际，对实践指导就会产生偏差。

预判课前学情，在依靠教师先前对本班各种观察、交流和实践性经验基础上，同时发挥调研和课前学习单优势，提供符合课前学情品质的合理情境，进行数据和实证分析，才能更务实有效地为创设学测设计提供磁性导引方向。

"课前任务单"的设计，要有利于课堂学情研判、前后测比对跟踪。

课堂学情跟踪与驱动。课堂是一个复杂多变的学习环境，丰富多彩、充满活力的课堂中，学生活动的共性趋势和个性需求，既有章可循也变动不居，学情动态掌控体现着教师睿智和教学综合能力。同时学测的实证检验和数据分析也是准确反映学情状况和教学效果的关键性标杆。

课堂上的学测形式多样，一般可以分成以下5种：（1）语言性学测，如问答、小组讨论、学生观点陈述等；（2）活动性学测，如学生黑板演示、小组活动、项目活动、展示展演等；（3）命题、任务、主题性文本学测；（4）绘画、设计、创作技能性学测；（5）综合性学测。

通过四个环节来监测课堂学情增益效果：（1）提调。导入型学测，目的是研判学生"已经知道什么，知道多少"。（2）追踪。多种活动学测，通过教师主动抛引生发学情发展的学测支架，检测学生学习的效果，及时给予辅导和问题解决工具，推动教学深入。（3）检测。文本性和技能性学测。（4）稳固。项目性学测。

后学情→单元后、课后内化评估和巩固升华。课后期学情学测即后测有两种情况：一是课后期10分钟左右的综合学情增益测试；二是单元学习后用一节课时间进行的全面性后测，在单元设计中，这种安排比较好。

五、结语

《美术鉴赏》"学为中心"的关键是学情要素驱动。在课堂上，让每一个学习发动机活力四射，求学之心跃跃欲试，莫过于学生、知识、教师之间滋养磁性般吸引的原动力，教师既是激发学生主动学习活力的组织者，也是学校学习共同体建设的拥趸。

直面现象本身，带着思想上路。近年来研究小组致力于复杂学情模型化探微研究，以学定教，通过课堂学情观察分析，学习支架设计，借助不同功能、不同层次、学科学习和综合学习兼容并蓄的学测探究，有效实现了学情提调，动态追踪，精准调控，为培养学生主动学习、勇于实践、积极创新创造了茁壮成长的坚实基础。

"双减"背景下中学劳动教育与美术学科教学融合的思考研究与探索

高　原

美术的"美"是美感和审美，美术的"术"可以理解为创造美的劳动技术。从古至今，人们无论从劳动中获得审美的灵感，还是通过劳动创造艺术作品，劳动、创造与美术密不可分。劳动是人类社会生存和发展的基础，人类在劳动的过程中创造了艺术，自然而然孕育了美。

一、劳动教育与美术学科之间的关系

首先，美术学科中也有着丰富的劳动教育素材。从中国古代劳动人民的智慧结晶如长城、兵马俑、故宫的建筑之美，到各类青铜器、金银器、陶瓷器的工艺之美，再到剪纸、年画、刺绣的画面之美……这些通过劳动技术取得的成就，都体现了劳动这项技能的崇高与永恒，是劳动人民智慧的结晶。把富于创造性的劳动融入学生喜爱的美术创作中，在劳动中享受愉悦与美感，在美术创造的过程中渗透劳动的内涵，让学生体会劳动的乐趣与不易，使学生通过美术学科不断提高劳动意识与劳动技艺。

其次，现代美术中包含绘画、设计、工艺等多个模块，这些内容都与劳动实践息息相关。比如绘画，需要通过劳动实践，运用造型、色彩线条等形式语言将灵感转化成为画面，绘画实践的过程即是劳动创造美的过程；设计和工艺则是通过劳动设计创作出产品满足人们的多元生活需求和审美需求。

再次，美术教师可以结合教材通过深挖美术学科中包含劳动素养的内容来扩展学生对于劳动实践创造美的认知。比如美术门类当中的绘画、剪纸、建筑、雕塑等内容，都是需要通过劳动实践结合审美的发现、理解与判断而形成的艺术的创造。在这个创造的过程中，通过不同的劳动过程，不同的工艺技艺，会呈现出不一样形式的美术作品，比如：古代工匠通过运用木工"榫卯技艺"，不用一颗铁钉，将建筑物做到扣合严密、间不容发、天衣无缝，使用百年而依旧坚固美丽；景德镇的景泰蓝工艺大师通过劳动将原胎成型烧制润色，再在铜质的胎型上，用柔软的扁铜丝，掐成各种花纹焊上，然后把珐琅质的色釉填充在花纹内烧制成器物。这些凝结高度智慧的建筑工艺作品都与劳动人民的辛勤劳动密不可分，这些惊为天人的工艺技艺也是在劳动的过程中逐渐尝试成型的。与此同时劳动创造美的过程有时并无规律可循，很多美感的呈现并非必然而是劳动过程中创造的偶然，创造者将这种劳动实践所呈现的美与审美经验与灵感相结合，就形成了具备审美属性的美术作品，所以可以说"劳动创造了美"。

最后，作为美术教师可以通过美术课堂教学，从知识传授、能力培养、价值观的建立等方面来帮助学生进行劳动教育。使学生在潜移默化中、在亲身实践的过程中，理解通过劳动创造出了绚丽多彩的服饰、精美绝伦的美食、雄伟壮丽的建筑、智能优质的交通交流工具……人们衣食住行各个方面的物质之美都是由劳动创造的。从而在美术学科贯穿渗透劳动教育，帮助学生进一步体会人类靠劳动养育、完善、成就自己，人们在劳动与创造美的过程中体会到了快乐和成就感，体验到了存在的价值。在美术创造的过程中全面提升审美与劳动综合素质，更好地适应不断发展的社会需求。通过学习理解体会通过劳动创造产生出那么多精美绝伦的艺术作品，这些艺术作品反映人类的伟大智慧与文明历程，这些都是世界人民用伟大的劳动和创造托起的。

二、劳动教育与美术学科融合的思考

（一）挖掘美术教材中的劳动相关内容，借力学科课程体会劳动内涵，在知识传授过程中渗透劳动教育

在美术教材中，按照其内容与实践形式被分为多个模块，分别是绘画、中国书画、雕塑、设计、工艺和现代媒体艺术等，这些课程内容都会涉及劳动创造。教师可以从不同的艺术模块入手，通过案例、视频、图片等，对教材内容上和创作实践的部分从劳动制作的角度进行扩展（如不同材质的选择，手工艺

劳动技艺的实践）。通过观看手工艺大师的劳动创作过程视频，了解艺术作品形成背后的创作故事；通过分析讲解作品的形式、材质语言，帮助学生理解创作者需要通过怎样的劳动创作才能将造型呈现出来，或者通过劳动改造使外部形式更优化等。

案例：素描基础——几何形体的写生绘画

我们就以绘画为例，说说绘画中的观察能力如何渗透着劳动技巧的培养。素描基础——几何形体的写生，从开始的观察方法，到通过画笔把图描绘到纸张上面，这是一个从脑力劳动转化为体力劳动的过程。我们从认识几何形体——知道它们之间的透视及基本形体结构组合—起形—上明暗色调—背景的添画，无一不是把理解的知识转化为笔端的素描画，这就是一个劳动创作的过程，我们想要把这张素描画好，可能会花费我们将近两三个小时的劳动，才能收获到劳动的果实，如果把绘画的观察能力说成是捕捉能力，那么动手绘画能力就可以说成是显现能力。为提高学生的手眼协调能力，努力达到眼到手到，就需要训练学生手的灵巧性。手的灵巧性达到一定程度，绘画技巧就会大大提高，这也是一个劳动技能不断训练得以提高的过程。

案例：雕塑模块教学

雕塑是利用一定的物质材料，通过雕、刻、塑、敲击、焊接、装配、编织等手段，创造出具有实在体积的艺术形象，借以反映社会生活，表达情感和思想内涵。所以在讲授雕塑部分的内容时，教师需要帮助学生从雕塑特有的材料性、雕塑性、立体性、文化性等四个方面进行分析，这其中前三个方面都需要通过劳动进行体会。雕塑的主要造型手段为"雕"和"塑"。"雕"即"雕刻"，是运用工具对木、石、骨等做"减法"，由表及里地通过雕、刻、凿等创造形象；"塑"即"塑造"，用黏土、陶泥等可塑性材料做"加法"，从无到有地塑造形象。泥塑作品在成型后还需要烧制，成为陶艺作品；有时还需要翻模铸造后成为铸铜、铸铁作品。现代雕塑的材料更加广泛，往往采用各种金属、纤维、有机玻璃等，从而需要敲击、焊接、编织、装配等手段。这些过程都需要劳动实践来完成。教师在分析雕塑的形式后，引导学生了解其创作的过程可以使学生体会劳动创作的内涵、意义，从而感受雕塑因其材质手法特殊复杂所呈现出大气浑厚的立体之美，体会到劳动人民在漫长的劳动中迸发出的审美智慧。

案例：工艺模块教学

工艺是人类使用工具进行劳动的产物，也是生产力发展水平的见证。工艺模块教学内容的学习要求从手工艺的历史与文化（功能审美）、设计思维与方法、设计工程与技术（材料技艺）等方面入手，这其中设计方法、设计工程与技术正是学习的重点与难点。学生要"了解并运用传统与现代媒材、技术，结合美术语言，通过观察、想象、构思和表现等过程创造有意味的视觉形象，表达自己的意图、思想和情感"。学生必须深入了解不同手工艺材料的物理性能和审美性能，在劳动的过程中提高工艺材料的驾驭能力和应用能力。这类工艺课程中包含了陶瓷、木工、剪纸、印染、编织等工艺品种，这所有的内容都需要教师在指导学生劳动实践的过程中学习完善。教师通过分析工艺作品的形式美法则，帮助学生理解美感来源与材质的选择和劳动技术制作原则，之后再展示工艺劳动制作过程，教授学生技术方法，通过实践操作设计并制作完成工艺作品。理解创作者需要通过怎样的劳动创作才能将造型呈现出来，或者通过劳动改造使外部形式更优化等。帮助学生了解美术不同模块的特点，运用不同的劳动创作手段予以实施。

案例：设计

要求设计师设计一款适合老年人使用的可携带方便座椅。结合创作草图对座椅材质、造型、色彩、结构和功能阐述，表达设计师对作品的定位与理解。围绕实用与美观，突出创意。在设计的过程中设计师除了对审美和创意要把握考量外，还需要对所使用的材质与制作的工艺进行推敲，通过人工或机械的劳动转化才能将设计转化为产品，所以之后设计草图转化为真正产品的过程中，劳动技术起到决定性的关键作用。以"座椅"为例，设计师需要考虑其美观、性能和实用性，具体怎样操作实践可以满足消费者多元的需求。

（二）在"双减"背景下，借力美术学科多元内容与活动，渗透劳动教育，帮助学生在亲身实践中提升审美、培养劳动技能

除了内容外，创作实践是实现美术教育的重要载体，而创作实践本身就是劳动的过程。实践操作能力也是人的最基本的能力，加强劳动技术教育是培养学生实际操作能力的重要手段。劳动能力的培养可以通过美术多元学科课程和学科活动来完成。渗透劳动教育的学科活动除了对课上教学内容的再探究，也可以以"双减"为契机，结合课后延时服务进行课下拓展，以校内外相结合的方式开展。第一类是基础性的学科活动，对接不同学段的课堂教学，进行课上创作指导与劳动实践，如橡皮章刻印、剪纸、泥塑等，在课堂教学的过程中简单体验尝试材质与技法，进行审美创造，通过劳动实践完成创意；第二类是课后拓展性的学科活动，主要通过初高中选修课、艺术拓展课等形式围绕不同主题开展学习进阶培养的学科实践活动，如开展油画教学、木刻版画教学、陶艺成型与烧制、建筑纸立体构成教学等，通过选修课程的形式，在美术学科课程教学外，开展有主题、有针对性的专业学习与实践指导；第三类是跨学科的探究活动，结合研究性学习开展学科实践活动，如走进景德镇制作瓷器，走进工艺美术厂探究景泰蓝的"铜胎掐丝珐琅"工艺，观看工艺名家制作过程，通过传统技艺在铜质的胎型上，用柔软的扁铜丝，掐成各种花纹焊上，然后把珐琅质的色釉填充在花纹内烧制成器物。学生通过自身的感悟与亲身体验，体会不同的技艺，感受劳动的收获和快乐，提高动手能力和创新能力。

案例："造型表现"领域《土与火的艺术》

陶器艺术是土与火的艺术。课程中可通过对陶瓷艺术作品的欣赏，让学生感受陶瓷艺术的独特之美，认识理解造型艺术的不同表现语言，不同表现形式，通过劳动探索与实践，学习制陶技艺，感受陶艺创作乐趣。本课的关键词是火、瓷器。任何一件优秀的作品都要通过土与火的洗礼，才能成为真正的陶瓷作品。通过图片了解陶器与瓷器的区别，了解它们制作的方法。陶艺成型的方法有很多，这里主要介绍四种:（1）泥条盘筑法。制作时先把泥条搓成长条状，再一圈圈通过围绕、粘贴完成所需形状。保留制作痕迹会呈现质朴的艺术效果，现代陶艺追求泥土单纯，朴拙、原始之美。（2）拉坯成型法。拉坯成型是配合机械圆盘的旋转，将泥团拉成各种形状，拉坯是体验感受泥性最直接的方法。（3）泥板成型法。泥片柔软可以随意扭曲、挤压塑造形体。两块泥板要先用锯齿划出痕迹，再用泥浆填补缝隙使其更牢固。（4）手捏成型法。通过捏、塑、拍、挖等方法塑造作品。

游戏环节：通过展示几件作品，让学生看实物辨别技法。

劳动实践：桌子上已经准备好了泥片和泥条，让我们创作一件有趣又实用的陶艺作品吧。

案例："十竹斋木版水印"选修课课例

"十竹斋木版水印"是国家级非遗项目。木版水印，顾名思义，就是在木质的雕版上用水质的墨和色来进行印刷。木版水印的操作纯粹手工，技术含量非常高，是一种历史悠久、极富民族特色的特种印刷技艺，是体现中国人创造辉煌文明的活化石，至今仍为我们提供智慧的精髓。木版水印版画工艺由勾稿、刻版、印制、装裱这几部分构成。

展示国家级非遗"十竹斋木版水印"雕版，学生传看，可以用手摸。了解刻版即雕刻版面，古称"镂版"或"雕版"，是木版水印工艺中一个技艺性很强的重要环节。刻版用的刻刀，犹如画家手中的画笔。刻者握刀如笔，目注手随，要求表现出画稿的形态和气韵。

工艺传授：

1. 刻线

要把原本毛笔线条的表现效果，真实生动地通过刀刻体现在版面上，其难度可想而知。刻者以刀代笔，要灵活掌握走刀的力度，通过刀的走向和力度的变化，将线条的转折、顿挫表现出来。操刀者不但要练就娴熟的技巧，做到"陡到定线，游刃有余"，再依据墨线一丝不苟地雕刻，细心领会，传达出墨线的笔法和特征。

（1）认识拳刀：刻版的刀具分很多种，其中最主要的是"拳刀"。

（2）拳刀的作用：拳刀又称"斜刀"或"偏口刀"，主要用于雕刻各种线条，无论是曲、直、长、短、粗、细、纵、横，或是交错的线条，都用此刀刻成。用拳刀刻出的线条刚适度，能真实地表现出不同线条的特点。这种刀的宽度窄，只使用刀尖，用起来非常灵活。

（3）拳刀的构成：由刀条、木柄、刀楔三部分组成。刀条如钢锯锯条，既有硬度又具韧性。其刀刃略似斜口，而刃呈月牙形。木柄多用红木或黄杨木制成，上大下小，中有凸出柄外的握手，握拿舒适，便于用力。侧面通体有刀槽，下有铜箍。刀楔以硬木制成，用于调节刀条的上下位置。

（4）拳刀的运用。持刀姿势：右手将刀柄全部握入手中，拇指按于柄端，其余四指紧握刀柄。行刀时，手腕稍悬空，五指运力，启动刀柄。由于拳刀刀刃为弧形，所以在刻版时只是拳刀的刀尖着木。拟刻深些，刀身略直；拟刻浅些，刀身稍倾。拳刀在转弧形时，一面右手拿刀转动，一面左手转动版子协助，这样雕刻出的线条才能流畅、挺劲。刻者悬腕执刀，运用腕力使刀在版上走得挺而稳健，每刀起始和收尾、两刀的交叉和衔接都要十分到位。只有这样，雕刻的版面才能有干净利落的效果。线两边的功夫，一边刻挺了，另一边也同样要挺，稍有偏颇，整个版面就报废了。一根线要刻得均、挺，就要求刻时的手劲用得匀而稳。刀尖要放得下、提得起，吃木的深度完全在手的掌控中。以木为纸，以刀为笔。下刀前，看清笔的走势。这样，刻出的线条才能气韵贯通。

2.剔空

也称为"铲底"，就是把版样轮廓线或其他墨迹以外的空地剔除。它是每套木版完成雕刻后的收尾工作。

（1）剔空工具：圆口刀（大、小）、平口刀（大、中、小）。

（2）剔空工具的作用及运用：大、小圆口刀配合起来使用，先用大圆口刀剔除大片的多余木面，然后用小圆口刀剔除细部多余的地方。刀贴着线条的边沿铲，要铲得干净整齐。接着，再用大圆口刀将空白不平的地方铲平。最后，用平口刀边铲边刮，直至完成。剔空时千万不可疏忽大意，一不小心就会损坏版面。

3.学生刻版实践，教师逐一辅导

（1）用刀姿势正确；

（2）注意左右手的配合；示范刻线、剔空的刀法。

4.本课学习小结

交流观摩刻版作品，教师讲评、交流刻版体会：是否掌握用刀方法？手疼吗？对自己的勾描功夫满意吗？是否渴望尽快看到刻版成品？"劳动者用勤劳的双手和智慧，创造了人类的文明。"对这句话是否有新的体会？

学生填写学习记录单。

"十竹斋木版水印"刻版学习记录单

班级　　　　　　姓名

工艺	主要工具	雕刻哪部分	画一画工具	学习体会
刻线	拳刀			
剔空	圆口刀			
	平口刀			

（三）教师通过多元艺术形式的讲授与实践，帮助学生进一步体会通过劳动实践创造多元的艺术形式，丰富对于劳动过程内涵和价值的认知

美术教学中渗透着劳动技能的培养，美术教学的效果是看学生是否把掌握的基本知识和基本技能转化为科技创新能力和审美能力，而这种创新能力和审美能力是通过劳动技能体现出来的。因此美术教学中渗透劳动技术教育，让学生选择不同的表现媒介，进行多样的劳动技术操作训练，掌握更多的劳动技能，对学生的知识更新和创造力的发展有很重要的作用。

案例:《现代创意钟表设计》

工业设计与产品设计集合审美与实用于一身的特点，八年级美术上册钟表的设计这部分内容，教师以设计项目式教学的方式指导学生在创意草图基础上，通过丰富实用的材质将设计呈现出来，在设计草图向实物转化的过程中就需要劳动技术的支持，并且为了贴合现代设计的主题，就需要用到新型的、多元的、环保的、轻便的材质来进行设计，这些不同的材质也使得设计的成果更加的多样化，通过不同的制作与加工，呈现出丰富的更具有创意的设计产品，激发学生的创意思维，呈现多元的环保的理念，在制作的过程中让学生充分体会材质的美感，工艺的多样以及创作的激情与乐趣。

学生设计现代创意钟表可用到的材料分析：

（1）纸材（教师用劳动做好的局部零件示例，帮学生扩展思路）：面的折叠或穿插，凸显几何形体的运用；线的重复或交错，凸显线条的丰富表现力；镂空的光影效果和处理方式，综合了剪纸效果会与空间互动的特点。

（2）线材：金属线、毛线等，通过编织、缠绕悬挂等技术劳动手段处理。

（3）布料：根据机理、色彩、透明度，设计不同的缝合形状，其间注意运用缝合劳动技巧结合布艺特点体现美感与创意。

（4）金属：可替代前几种材料作为支撑材料，结合劳动焊接工艺，做出多变的造型，使得设计更加具有现代感。

下图是部分学生设计制作的作品：

三、注重多元评价方式

（一）注重学生学习过程中的劳动认知与表现，采用多元化的评价方式进行考量

在传统美术活动中，形式稍嫌单一，结合劳动教育理念后的美术活动形式千变万化，打破课程形式与课程场地的局限后，活动过程需要我们随机应变地做出及时评价，如进行活动设计和过程评价，这就需要我们采用多元化的方式。比如传统评价方式以外的利用"互联网+"，在微信朋友圈或者网络平台上、PPT制作等都可以成为学生作业呈现的形式。并由社会、家庭、学校三位一体进行科学性的评价，而这个评价体系的构建需要不断提升和激发潜能，还需要进一步的思考。

（二）评价内容可从多方面入手

在知识方面，以理解劳动在人类发展和美术作品创作上的作用和意义，结合美术的审美要点与劳动的实际操作要点的理解进行评价；在能力方面，以掌握基本美术实践能力结合劳动技能、正确使用工具、结合工具的运用体会不同的艺术创作技法等方面进行评价判断；在过程中，以在课堂上是否亲身参与、课外是否真正实施将所学活学活用于生活实际为标准，并根据学生劳动结果即作品的优劣来进行评价；用艺术创作的手段来对生活进行美化能力是否有所提升进行评价；同时按照已有的劳动素养评价标准进行评价。在情感态度价值观方面，在美术创造的过程中全面提升审美与劳动综合素质，更好地适应不断发展的社会需求；通过学习、理解体会通过劳动创造产生出精美绝伦的艺术作品，形成劳动自豪感；在实践创造的过程中形成吃苦耐劳、热爱生活的优秀品质。

综上所述，笔者将不断挖掘和继续探索，在美术教学活动中贯彻渗透劳动教育理念，在创造力培养的过程中提升劳动的素养，通过师生共同的劳动创造，让美术教学更加开放，让学生拥有审美的眼睛，挖掘生活之美，同时在实践中体会劳动创造的乐趣，用双手来体会艺术创造之美，帮助每一位学生拥有乐观健康、正能量的身心。以此为目标，不断地思考、努力与探索。

利用 Arduino 智能系统控制植物育苗的研究

吴 培

Arduino 智能系统注重工程实践流程的整体设计，需要从问题界定、需求分析、决策平衡、设计、实施、测试和展示分享等各个环节考虑。设计这个合理的问题导向，选择适合的教学方法，选择合适的教学案例，有助于学生的工程实践思维的养成，并且培养了生命观念、工程思维、计算思维、创新设计、图样表达等核心素养。

一、课程研究的背景

《智能控制的火星基地食物供给》这个主题，特别适合对 STEM 教育进行研究。笔者从中选择了利用 Arduino 智能系统，控制植物的育苗，通过这个智能系统时时刻刻显示空气的温湿度和土壤湿度，如果土壤湿度低于标准值时，需要通过喷淋系统及时补水，确保育种单元的正常工作。笔者认为：此系统注重工程实践流程的整体设计，需要从问题界定、需求分析、决策平衡、设计、实施、测试和展示分享等各个环节考虑，教师的分析引导和学生的自主探究，这样的整体设计是解决此系统行之有效的方式。

二、项目设计的整体过程

整体设计的过程中，为了更好地实现此系统，笔者选择的开发策略为源自真实问题设计基于 STEM 教育的学习项目，其中包括：综合性原则、探究性原则、时代性原则和合作性原则。在 2020 年 7 月 23 日，我国的"天问一号"发射升空探索火星，准备在不远的将来，在火星建立基地，让我们人类在火星上生活和工作，但是，目前的情况食物和水源还是不能实现自己自足，需要建立食物供给系统，所以，笔者选择的案例是《智能控制的火星基地食物供给》这个主题中的《利用 Arduino 智能系统控制植物育苗的研究》，设计这个合理的问题导向，选择适合的教学方法，选择合适的教学案例，有助于学生的工程实践思维的养成，并且培养了生命观念、工程思维、计算思维、创新设计、图样表达等核心素养。

（一）设计原则

在设计过程中，为了培养学生的工程实践思维，将从以下四个原则进行阐述说明。

1. 综合性原则

智能系统控制植物育苗的设计需要结合生物、信息技术、通用技术和数学等多个学科的知识，这样融入多学科的知识来完成这项综合项目，有助于学生理解 STEM 教育、有助于提高学生的综合能力、有助于培养学生工程实践思维。再加上 Arduino 这个控制单元，使得这个项目的真实性和可操作性提升了很多。

2. 探究性原则

在完成利用 Arduino 智能系统控制植物育苗这个项目的过程中，学生通过探究植物育种箱的结构、Arduino 的控制原理、植物的育苗、箱体内部结构的规范性（绘制草图、三视图、下料图和制作等），可以培养学生的创新设计和图样表达的能力，发展学生的探究能力。

3. 时代性原则

在火星上实现智能控制符合这个时代的发展，充分体现了前沿技术的发展。2021 年 5 月 15 日，"天问一号"探测器成功着陆火星，执行我国首次火星探测任务，开启一段全新的旅程。"天问一号"不但寄托着中国人的星际探索梦想，还要将人类持续了 60 多年的火星探索，推向新的高度。这个项目正好是我国火星探索计划的一部分，让学生在 STEM 课程的学习中感受时代的发展和新技术带来的魅力。

4. 合作性原则

在利用 Arduino 智能系统控制植物育苗这个项目过程中，学生 6 人为一组，相互沟通，教师激发起全体同学的学习兴趣，使每个学生都积极主动地去探索、去学习。在 STEM 教学中，学生逐步掌握较为系统全面的知识点，为完成此项目打下良好的基础。

在完成过程中，利用 Arduino 智能系统控制植物育苗的研究这个项目，笔者采用了基于问题的项目式教学这个策略，来实施这个课程。首先界定了此项目的问题，是由生物、信息技术、通用技术和数学等多个学科联合来完成的。

（二）STEM 教学目标

结合多学科知识点和 STEM 的教育理念，并且参照国家课程标准，笔者确定此项目的 STEM 的教学目标如下。

学生能够说明植物育种箱中的各种植物的作用和生长的环境，如温湿度、土壤湿度等。在育种箱内能够实际地应用，培养学生的生命观念。

通过搭建植物育种箱，让学生掌握结构的设计、图样的绘制，提升学生的创新设计、图样表达的能力。通过对整体设计分析，提升学生在面对技术问题时进行要素分析、整体规划、比较权衡的能力，能够更清楚地认识到整体设计对项目是非常重要的。

通过对智能硬件的搭建和米思齐软件的使用，熟练掌握温湿度传感器、土壤湿度传感器的使用方法，记录植物生存环境的情况，并实时更新。通过测量实际的土壤湿度值，掌握 Arduino 主控板对水泵电机的控制，更好地实现喷淋灌溉功能。培养了学生的工程思维、计算思维的能力。

通过整体的设计，激发了学生的想象力和创新意识。有效引领学生自主学习和自主探究，制订计划，主动地自我控制学习过程，培养学生的自主、合作、探究的学习方式和工匠精神。

（三）项目的规划

教师先制定了概念层级图（见图 1）。学生在教师的引导下主动地查阅相关资料和思考相关问题，制订了项目的规划。

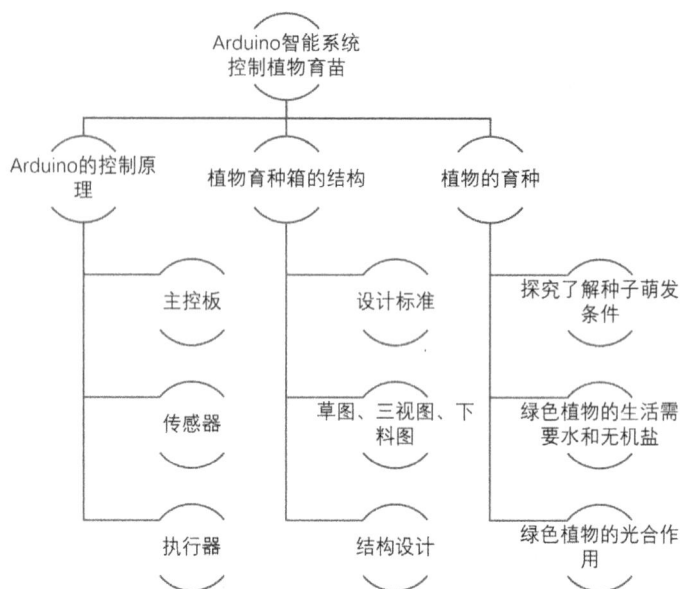

图 1　概念层级

学生自主地把自己分成了设计部门、制作部门、展示评价部门等，进行了具体的分工（见表 1）。此项目为 10 周的内容，每周两课时，每个组开始实施自己的项目时设计、规划了项目的进度，设计了项目进度表（见表 2）。

表 1　分组

组名	
组长	
成员	
项目分工	
草图	
下料图	
三视图	
实际制作	
硬件及程序设计	
汇报文档 word	
汇报展示 PPT	

表2 项目进度

组名：　　　　　　　姓名：

项目	日期	完成任务	完成人员	具体内容	备注
1	月　日				
2	月　日				
3	月　日				
4	月　日				
5	月　日				
……	……				
10	月　日				

（四）项目的实施

在项目实施过程中，教师不断鼓励学生做更多的思考和尝试，同时对于项目中存在的问题也会给予适当讲解和指导，教师定期跟各组组长沟通了解项目进展，必要时出面主持项目的推进速度保证项目有条不紊地进行。

设计部门根据问题的界定，在火星基地构建植物育苗结构，绘制图形。首先是草图的设计。"草"，顾名思义，说明初始化表达设计或者形体概念的阶段，充满了可以继续推敲的可能性和不确定性，但是应该能够表达初期的意向和概念。"图"，则说明了其具有图纸特点、大致的比例和形体的准确度。学生根据火星的植物育苗箱的构造，绘制了外形和内部结构的图形，如图2所示。

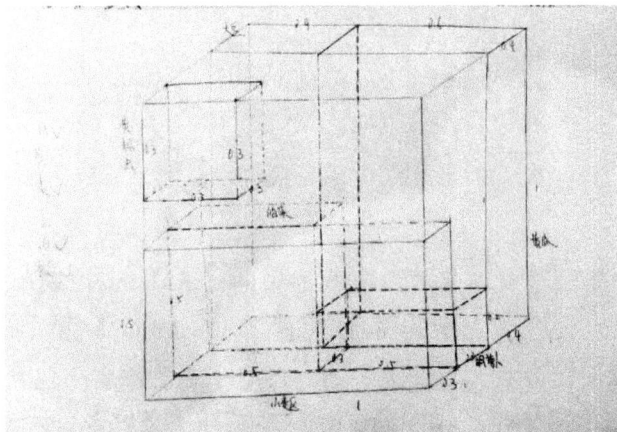

图2 植物育种箱的草图

其次是三视图。该图是能够正确反映物体长、宽、高尺寸的正投影工程图（主视图、俯视图、左视图三个基本视图），为三视图，这是工程界一种对物体几何形状约定俗成的抽象表达方式。

第三是下料图。根据实际的需求，定了亚克力板、桐木条和瓦楞纸。亚克力板的尺寸为 $1000 \times 1000 \times 10$，桐木条的尺寸为 $100 \times 8 \times 8$，瓦楞纸板的尺寸为 $1500 \times 1000 \times 5$（不标记单位为毫米），再绘制下料图。下料图就是说明组成产品的每一个部件的尺寸规格要多大。

第四是组装图，就是将成品展开分解，标出每一个部件位置，让工人依图一一装配。这个就像小孩按图面搭积木一样。

实施部门开始工作了，主要是结构的搭建和软件的编程。在搭建方面要考虑的就是连接方式。连接方式方面，学生用的材料，外框为亚克力板，内部材料为桐木条和瓦楞纸，用了以下几种连接方式：（1）拼插法，是用两块或两块以上的亚克力板、桐木条和瓦楞纸，以相互嵌入的方式连接在一起。（2）粘接法。为了结构固定，用胶水或者胶带相互连接。（3）粘厚法。用胶水或者胶带使桐木条、瓦楞纸板相互连接在一起，使之变厚。（4）广告钉法。两块瓦楞纸以垂直的方式连接到一起。育种箱整体结构如图3所示。

图3 植物育种箱

智能硬件及程序设计方面，笔者选用的是 Arduino 控制单元，这个比较简单易学，学生很容易上手，而且很好实现 Arduino 智能系统的相关功能。Arduino 是一款便捷灵活、方便上手的开源电子原型平台，包含硬件（各种型号的 Arduino 板）和软件（Arduino IDE）。它适用于爱好者、艺术家、设计师和对于"互动"有兴趣的朋友们。Arduino 能通过各种各样的传感器来感知环境，通过控制灯光、马达和其他的装置来反馈、影响环境。板子上的微控制器可以通过 Arduino 的编程语言来编写程序，编译成二进制文件，收录进微控制器。

Arduino 控制器如图 4 所示。

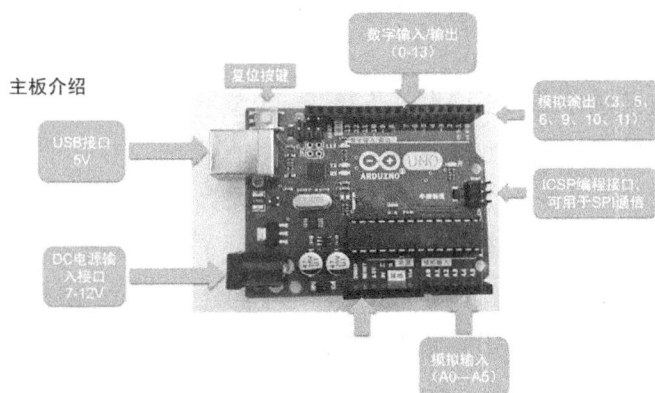

图 4　Arduino 控制器

根据设计需求，依次连接电机驱动板、IO 扩展板、土壤湿度传感器、温湿度传感器、显示器和水泵，完成相应的硬件结构的搭建。如图 5 至图 8 所示。

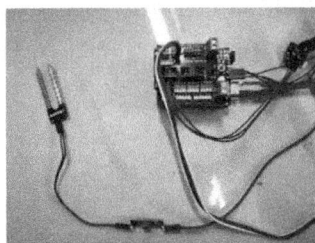

图 5　连接土壤湿度传感器

图 6　连接显示器显示数值

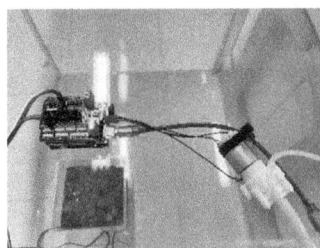

图 7　连接水泵

图 8　连接喷淋系统

这里面我们详细介绍一下温湿度传感器和土壤湿度传感器的原理。

湿度传感器，英文名称为 humidity transducer，是一种能感受气体中水蒸气含量，并转换成可用输出信号的传感器。主要应用于机械工程、传感器、气体及湿度传感器等方面。其中湿敏元件是最简单的湿度传感器。湿敏元件主要有电阻式、电容式两大类。湿敏电阻的特点是在基片上覆盖一层用感湿材料制成的膜，当空气中的水蒸气吸附在感湿膜上时，元件的电阻率和电阻值都发生变化，利用这一特性即可测量湿度。

土壤湿度传感器又名土壤水分传感器、土壤墒情传感器和土壤含水量传感器。主要用来测量土壤容积含水量，做土壤墒情监测及农业灌溉和林业防护。土壤湿度传感器是判断土壤中水分含量的多少来判定土壤的湿度大小。当土壤湿度传感器探头悬空时，电路中的三极管基极处于开路状态，三极管截止输出为 0；当插入土壤中时由于土壤中水分含量不同，土壤的电阻值就不同，三极管的基极就提供了大小变化的导通电流，三极管集电极到发射极的导通电流受到基极控制，经过发射极的下拉电阻后转换成电压，形成土壤湿度值。

通过导线把硬件连接好之后，我们将通过软件来控制各种功能了，选用的软件为北京师范大学傅骞教授团队开发的"米思齐"。米思齐编程软件（Mixly）是一款基于 Google 的 Blockly 图形化编程框架，开发的一款免费开源的图形化 Arduino 编程软件。米思齐编程软件采用了图形化的编程方式，无须使用难学的代码，直接使用图形模块即可快速进行 Arduino 编程。图 9 和图 10 展示了利用米思齐编程软件来控制智能硬件的方法。

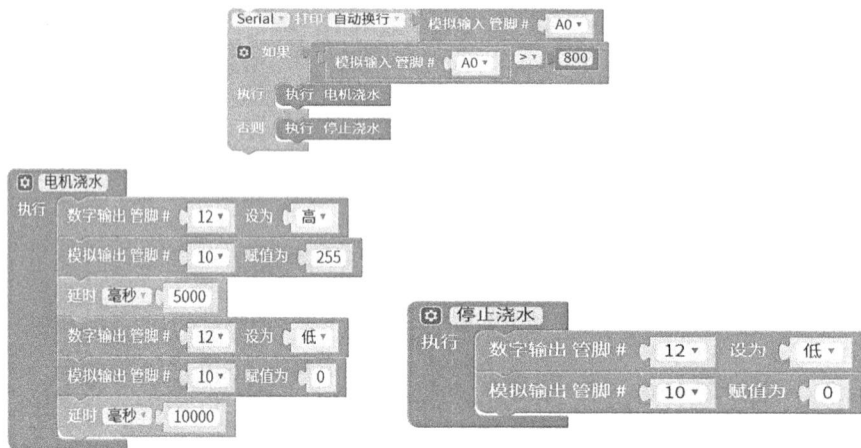

图 9　执行智能浇水功能

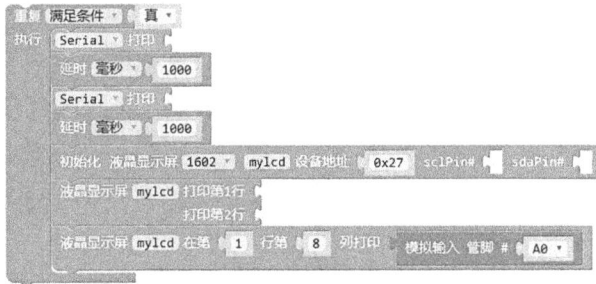

图 10　执行自动显示育种温度和湿度

　　程序含义：土壤湿度传感器，接入到 A0 端口，土壤湿度值如果大于 800，则执行浇水；如果小于等于 800，则停止浇水。电机浇水，接入到 12 管脚，设置高电平，浇水时间为 5 秒，然后停止 10 秒，以便于土壤吸收。设置低电平，停止浇水。通过硬件的搭建和大量的实验，测出土壤湿度值，土壤湿度值为 800 要根据花盆大小、土壤数量不同而设定。保障植物不干枯，人类在火星上正常生活和工作。

　　程序含义：温湿度传感器的型号为 1602，温度和湿度二合一。每过一秒刷新一次温湿度的值，并且还显示土壤湿度传感器的值。这个功能自动显示育种温度和湿度，便于人们观看。

　　根据以上的设计和搭建，笔者总结了 STEM 的相关知识，如图 11 所示。

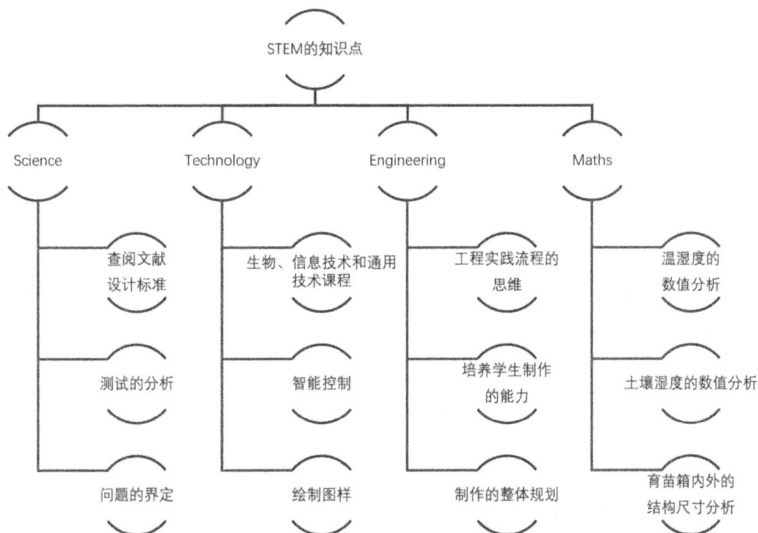

图 11　STEM 相关知识

（五）项目的评价

由于此项目每个组的分工不同，我们要按照细化的评价内容进行评价，要多角度、多方位地评价，包括：（1）对学生整体项目设计的评价，包括问题的界定、项目的规划；（2）对学生草图、三视图、下料图绘制的评价等；（3）对学生在结构制作、智能硬件的选择上进行评价；（4）对项目的实施效果、完成度和展示总结方面进行评价。（见表3）

表3

评价内容	优秀范例	完成	需要改进
明确设计问题	设计表达清晰且准确。25分	能够将问题说清楚。18分	对于问题表达不够清晰。10分
图样的绘制	图样中的细节修改完善，表现完整，结构清晰。25分	结构显示比例有问题，个别设计点不突出。18分	图样绘制不完整、绘制不规范。10分
项目的制作	结构设计合理，智能控制选择使用无误。25分	结构有瑕疵、空间利用不全。能够利用智能硬件。18分	空间浪费严重、智能硬件使用不当。10分
团队展示总结	口齿清晰，分工明确，有设计，有规划。按时完成。25分	表达一般，团队分工不明确，能够按时完成设计作品。18分	表达欠妥，没有明确分工，不能按时完成设计作品。10分

评价项目共计100分，教师和其他组同学同时打分。

三、研究结论

通过对利用Arduino智能系统控制植物育苗的研究，培养了学生的工程思维、计算思维的能力，通过整体的设计，激发了学生的想象力和创新意识。有效引领学生自主学习和自主探究，制订计划，主动地自我控制学习过程，培养学生的自主、合作、探究的学习方式和工匠精神。在实际教学中，要注意对STEM教学思想的渗透。既要注意整体设计的思想渗透，也要注重国家课程标准中各个学科的知识的综合应用。

四、研究反思

（一）STEM项目式学习有利于提升学生的综合素养

此项目有利于学生工程实践思维的培养，但是对学科的知识难度，还是有一些的，根据分工不同，不能兼顾到所有学生的知识获得。这样有一定的单一性。

（二）学生的学习积极性需要提高

展示过程中个别组学生缺少主动的学习态度，虽然对同学和老师的评价内容非常感兴趣，但是在完成改进的过程中，对相关的工作过程缺少思考，比如米思齐程序的编程、Arduino 硬件的组装和测试等。

（三）展示的多样性和主动性

展示环节是很重要的，通过展示汇报可以把项目制作的亮点和不足体现出来，其他组同学和老师在最终建议中，对项目提出改进方案，有效解决了教学难点。

学生认识到设计创作来之不易，主动意识到自身的问题，改善学生被动的学习方式，进一步提高学生总结归纳的能力和兴趣。根据本组的问题，学生需要开展深度合作学习，老师在课堂中要多观察指导，根据学生的展示内容和总结，要有一定的总结提升。

有效提升自控力　遇见未来的自己

毕帼英　刘　娟

当健身计划遇到美食诱惑，当单词打卡遇到朋友邀约，当早起读书遇到温暖被窝，当制定的学习目标遇到手机、游戏、动漫……这些外界新异刺激的丰富和唾手可得时刻抢占着我们的注意力和时间。

明明知道不应该这么做，但就是控制不住自己。

是什么阻碍了我们目标的实现？

这就要从大家常说的自控力谈起了。

一、认识自控力

斯坦福大学心理学家凯利·麦格尼格尔教授将自控力定义为控制自己的能力，也就是指能够完全自觉地、有意识地控制自己的注意力、情绪、行为的能力。他指出一个人的自控力对他的学业成就、事业发展、健康水平和人际关系情况有着重要影响。

曾在我校高二学生中开展过的一项调查研究显示，67%的学生认为自己自控力"较弱"，15%评价为"很弱"；而当自控失败时，会自我归因为"我太弱了"、"太糟了"等；可以看到，学生们在自控这件事情上负面体验较多，有着比较低的自我效能感。

当前，新高考改革对高中生涯教育提出了新的要求，需要在高中阶段进行生涯探索，有效管理自己的学习和生活，这对于自控力仍在发展当中的高中生来说具有重要意义。

二、我们为什么缺乏自控力

我们先看一个有趣的实验：2007 年，40 名来自哈佛大学和德国莱比锡马克思·普朗克研究院的学生，与 19 只来自同样声名显赫的莱比锡沃尔夫冈·科勒灵长类动物研究中心的黑猩猩，展开了一场史无前例的比赛。

参赛者的目标是：暂时忍住不吃零食，以此赢得更多的零食。

比赛的第一个环节，是让所有的参赛者选择 2 份或 6 份自己最喜欢的零食作为奖励。这个选择很简单，因为人和黑猩猩都知道 6 比 2 好。

比赛的第二个环节，每个参赛者都被告知有机会立刻吃掉 2 份零食，或者等待 2 分钟后，可以吃到 6 份零食。

黑猩猩和人类，你认为是谁更能忍耐？

结果你一定想不到，竟然有 72% 的黑猩猩选择通过等待获取更多的奖励。而仅有 19% 的人类被试愿意等待。

也许你不愿意相信，但从实验结果看，面对近在眼前的诱惑，人类被试所表现出来的自控力并没有比猩猩强大多少。这是因为人的自控行为受多重因素的影响，是一个复杂的决策过程。

（一）"有限理性"使人更容易被奖励蒙蔽双眼

在行为经济学里，有一个著名的理论叫作"有限理性"（bounded rationality），它是指介于完全理性和完全非理性之间的在一定限制下的理性。经济学家们认为，由于受有限理性的影响，人们在做决策时更倾向于选择"满意方案"，而非"最优方案"。在这场自控力的公开赛里，人类觉得 6 份零食比 2 份零食更有价值，这是理性的判断。然而，当研究人员将 2 份零食放在桌上，问："你是现在就想要，还是想等等？"81% 的人类被试改变了主意。他们并不是数学不好，只是当诱惑真实存在时，"有限理性"使人们认为眼前的 2 份零食就是一个即刻可得并令人满意的奖励，为确保我们不会错过任何奖励，大部分被试便选择了"即刻满足 +2 份零食"的"满意方案"，而放弃了"等待 +6 份零食"的"最优方案"。

（二）"延迟折扣"降低了我们对未来奖励价值的主观判断

"延迟折扣"是指，对于决策者来说等待会降低奖励在我们心中的价值。在实验中，我们看到在大多数人类被试心目中用 2 分钟的延迟换来的 6 份零食，并比不上 2 份能马上获得的零食。可见，即使很小的延迟也能大幅降低决策者对于奖励价值的感知。随着获取零食的时间离我们越来越远，每份零食的价值都缩水了。"延时折扣"不仅解释了实验中出现的"古怪"现象，也解释了为什么我们明知想要实现自己规划好的生涯发展目标，必须通过长时间的不懈努力，但却沉溺于当下的轻松而迟迟不肯行动，因为通过等待才能到达的目标使成功的幸福感缩水了，因此我们宁可享受即刻的快乐，比如迟迟不去复习，只为享受今天的轻松。而这么做的代价就是，在考前担惊受怕，或是到考后后悔。长此以往，我们设定的生涯发展目标将无法实现。

（三）大脑处理"即时奖励"和"未来奖励"的方式不同

为什么"未来奖励"没有"即时奖励"那样诱人呢？这就要从大脑处理这两种信息的方式说起了。通常，在人类进化过程中，更早出现、更原始的奖励系统更容易被"即时奖励"所激活，从而产生多巴胺，令人感到满足和快乐，这一过程几乎是本能的反应。令人遗憾的是，"未来奖励"则涉及更多的更复杂的认知行为，较难以激活这一系统。"未来奖励"想要战胜"即时奖励"，则需要前额叶皮质调用之前的相关经验和记忆信息，对当下的情况和未来的可能进行分析、思考、判断，这一过程却并非易事。

（四）明日复明日，明日何其多

无论我们是从经济学、心理学还是从神经科学领域寻找解释，最终这些有关诱惑和拖延的问题都会归结到一个人类特有的问题上——我们如何看待未来。

明天会更好，所以把不想做、难做的事留给明天。

心理学家的研究表明，当人们在一项活动中表现出了拖延和不佳的行动力时，若让他们基于自己的实际情况预测未来在该项活动中的表现，人们更倾向于高估自己在未来的行动次数，认为明天会比今天有更多时间用来完成这项既定活动。然而，事实是他们在之后的实际表现却普遍地低于预估。似乎这种盲目乐观的预估可以弥补之前的糟糕表现，从而取得内心的平衡。于是，我们便更容易贪图眼前的享乐，而将努力和奋斗安排在未曾到来的一个又一个明天，久而久之便离既定的目标越来越远了。

（五）压力使我们更容易被坏习惯操纵

当我们情绪低落时，大脑更容易受到诱惑。为什么压力会产生这样的作用呢？因为大脑为了保护人不受伤害，而产生了趋利避害的本能。它不仅仅会保护人的生命安全，也想维持人的心情舒畅。压力会带来焦虑、愤怒、悲伤、自我怀疑等负面情绪，大脑感受到了有害的刺激威胁，从而激活了寻找奖赏的功能。因此，当感受到压力时，大脑就会指引你，去做它认为能使你快乐起来的事情。这时，大脑会倾向于使我们回到固有的行为习惯。如果通常情况下，我们应对压力的方式是回避困难和沉迷享乐的话，那情况就不太妙了，因为那时，相比通过努力可能获得的美好未来，当下唾手可得的游戏、娱乐、美食等享受便显得那样吸引人。

三、提高自控力的生物学基础

发表在《美国科学院院报》上的研究也揭示了自控力的神经机制：高延迟满足者在完成意志控制任务时前额叶皮质兴奋度更高，而低延迟满足者奖赏回路（与成瘾有关的区域）兴奋度更高。而在人类进化和个体成长的过程中，先有奖赏回路的发育，负责高级决策的前额叶皮质则发育较晚，青少年前额叶皮质仍在发展中。2020 年 1 月 7 日，宾夕法尼亚大学医学院的研究人员在美国国家科学院院刊（PNAS）发表的一项研究结果称，他们发现了调控大脑高级功能的重要环路。在这项研究中，他们研究了 727 名年龄介于 8 至 23 岁的儿童与青少年各脑区之间的解剖学、功能性连接的耦合度后发现，前额叶区域之间的耦合度随年龄增长而增长，而前额叶的一些脑区之间的耦合度与自控力、执行功能呈正相关关系。这也意味着，儿童和青少年的前额叶脑区之间的耦合度不高，也许与他们的自控力和执行能力没有成年人强有直接关系。

但研究表明大脑具有可塑性，自控力像肌肉一样，可以通过锻炼而增强，前额叶是人脑中最晚演化出的部分，也因此最少受基因控制，更多地通过训练可被塑造，前额叶皮质的灰质增多，自控力增强。

四、如何培养和提高自控力

（一）自控的基础是自知之明

接纳与承诺疗法（Acceptance and Commitment Therapy，简称 ACT）是兴盛于美国的新一代认知行为疗法。它强调对此时此刻经验的一种积极而非评判性的容纳，即拥抱痛苦，接受"幸福不是人生的常态"这一现实，促进认知解离，再通过关注当下，建立和实现自己的价值观。

（二）减少自己被诱惑的机会

认知解离（cognitive defusion）意味着隔离、分开，或者与我们的想法保持距离：退后一步，看到它们的本来面目——除了文字和图画，什么也没有。具体言之，就是为诱惑和自己之间创造物理（视觉）或时间上的距离。

一是通过创造空间距离来减少诱惑。例如，某研究发现，糖果罐摆放在不直接看到的位置（比如抽屉里），会使办公室人员吃糖的数量减少 1/3。虽然打开抽屉取出糖果并没有比直接从桌面上取糖果麻烦多少，然而却能在很大程度上降低人们吃糖的欲望。

二是通过创造时间距离来减少诱惑。在人类与猩猩的比赛中我们看到，仅仅 2 分钟的等待就会降低未来奖励在人心目中的价值。我们何不利用"延迟折扣"来抵御诱惑呢？当你被眼前的游戏、微博、抖音吸引，准备停下手头的作业开时娱乐时，不如试着创造一个时间间隔，设定自己 10 分钟以后才可以玩，10 分钟虽不长，但却能在很大程度上降低"即时满足"的强烈冲动，弱化奖励系统的活跃程度，让你更专注于眼前的学习任务。

（三）遇见未来的自己

在你的头脑中设想一下未来自己的模样，创造一个关于未来的记忆，想象自己从事什么样的事业、过着什么样的生活才是令你满意的。这个过程可以详细一些，你给未来的自己发条信息，想象一下未来的自己。预先对未来的自己做出承诺，为了能够在未来，成为那样的自己，做好再前行路上拒绝各种诱惑的准备，让行为偏离预定目标变得更加困难，同时用奖励或者威胁来激励自己向既定目标努力。

（四）先定一个小目标

见过未来的自己后，你是否被美好的憧憬激荡得心潮澎湃？可看看自己当下的处境，又觉得目标太遥远、太不切实际，于是灰心和失望便会涌上心头，重新陷入压力—享乐的循环。

请深呼吸，冷静下来。

先定一个小目标。相比于看似高不可攀的远景目标，分阶段制定通过切实努力能够达到的小目标，在攻克小目标的过程中，逐渐靠近远景目标是更容易让人产生成就感，提高自我效能感的方式。在这个过程中，我们的正向、积极的行为会逐渐替代消极、错误的行为，自控力也会逐渐被塑造起来。

（五）好习惯使你更有自控力

心理学界的主流观点认为，自控力像肌肉的力量一样是有限的，任何有意识的行为都会或多或少地消耗自我控制力，这种消耗会反映在血糖、心率、呼吸等的变化上。当承受压力、焦虑等负面情绪时，我们的自制力会受到抑制，更容易做错事。但最新的研究表明，情绪低落并不意味着我们马上会无节制地饮食、浪费时间或消费。换言之，如果我们建立了良好的习惯，就能在疲惫或愤怒时不会错得太离谱。

另外，自控力和肌肉的力量一样是可以锻炼并增长的，通过习惯的培养可以帮助我们训练自控力肌肉。在实验室里，心理学家让被试坚持使用不利手完成设计的任务，经过一段时间的训练以后，这些人在完成其他任务时的自控力也得到了提高。